우리아이
공부머리

# 우리 아이 공부머리

잔소리 없이도 학습능력이 자라나는 과학적 교육비법

Brain-based Learning

곽윤정 지음

지식플러스

추 천 사

아이의
무한한 가능성을
활짝 열어주는 책

　　어릴 때에는 엄마, 아빠가 알려주는 대로 움직이던 아이가 어느 순간 놀랄 만한 생각과 표현을 하고 어른처럼 생각하고 판단하며 의사결정까지 내리는 것을 보면 감탄하게 됩니다. 이러한 아이의 발달을 이끌어내는 가장 중요한 재료가 바로 우리의 뇌입니다. 일반적으로 대부분의 아이들은 무궁무진한 발전을 기대할 수 있는 좋은 재료의 뇌를 가지고 태어납니다. 물론 부모 유전자의 영향으로 더 빨리 능력을 드러내는 뇌의 영역이 아이들마다 다르긴 하지만 가능성이 문이 활짝 열린 상태인 것만은 분명합니다.

　　문제는 어른들의 욕심과 뇌발달에 대한 잘못된 신념에 있습니다. 과학과 의학의 발달로 수수께끼 같던 뇌에 대한 지식이 축적되는 동시에 우리나라에서는 아이의 뇌발달을 가속화시켜서 영재를 만들고자 하는 조기교육, 선행학습 열풍이 불어 닥쳤습니다. 어릴 때부터 언어, 수학, 과학, 예술 등을 가리지 않고 학습시키면 이것이 아이의 뇌에 각인되고, 뇌의 가소성 plasticity, 可塑性을 촉진시킬 것이라고 굳건히 믿었습니다. 그렇지만 아기 뇌의 신경세포는 타버리기 쉬울 정도로 가느다란 전선과도 같습니다. 그렇기에 과도한 학습, 조기교육은 과잉학습장애증후군을 일으켜 오히려 정말 공부를 해야 하는 가장 중요한 시기에 공부에 대한 정이 떨어지게 만듭니다.

이 책은 뇌과학 이론에 근거한 자녀양육 지침서입니다. 아이 뇌에 대한 오해와 무모한 욕심으로 인해 아이의 뇌가 상처받지 않고 건강하게 성장하려면 부모가 무엇을 해야 하고, 또 무엇을 경계해야 하는지를 제시해주고 있습니다. 또한 아이에 대한 사랑과 기대가 크지만 이를 어떻게 긍정적으로 표현하며 아이를 이끌어야 할지 고민하는 부모들에게 도움이 될 만한 정보가 가득합니다.

무엇보다 어렵고 난해한 뇌과학 이론을 적절한 비유와 실험 결과를 토대로 설명하고 연령별로 나타나는 아이들의 행동을 뇌발달적 특성과 연결하여 명쾌하게 짚어주는 것이 이 책의 가장 큰 장점입니다. 자녀양육의 가장 중요한 바탕이자 출발점은 바로 자녀에 대한 이해입니다. 나이에 따라 아이의 행동이 어떻게 달라지며, 뇌가 아이의 행동에 어떤 영향을 미치는지를 정확하게 이해하고 있을 때 부모는 자녀를 위한 길잡이의 역할을 해낼 수 있습니다.

이 책은 부모뿐만 아니라, 아동의 발달에 따른 교육방법과 교수법을 연구하는 많은 전문가들에게도 꼭 필요한 책입니다. 아동의 발달적 수준과 상태를 정확하게 파악해서 그에 적절한 교육적 투입을 적용하기 위해서, 활짝 열려진 기회의 창을 가진 아동의 발전과 성장을 돕기 위해서도 그렇습니다. 자녀에게 사랑과 친밀감을 기반으로 발달의 길잡이가 되어주기를 바라는 부모와 전문가들에게 이 책을 권합니다.

以愚 문용린 (서울대 명예교수)

prologue

우리 아이가 즐겁게
공부할 수 있는
방법을 찾아서

'우리 아이를 어떻게 키우면 좋을까?', '내가 지금 아이를 제대로 키우고 있는 것일까?' 자녀를 양육하다 보면 이런 의문이 끊임없이 반복됩니다. 아이의 적성과 역량을 키워줘야 한다는 마음의 결심은 분명하지만, 입시라는 큰 관문을 생각하면 왠지 사교육에도 눈길이 가고 주변에서 성공적으로 명문대 진입에 성공한 이야기를 들으면 나의 교육철학이 초라하게 느껴지기도 합니다. 우리나라 부모라면 이런 경험과 감정에서 벗어나기 어려울 것이라 생각됩니다.

요즘 들어 부쩍 누구의 공부법이니 아이의 성적을 엄청나게 향상시켜준다는 학원이니 하는 것들이 넘쳐납니다. 그런데 여기에는 간과되어 있는 것이 있습니다. 이 많은 공부법이나 사교육이 우리 아이만의 능력과 특성을 얼마나 고려하고 있는지, 과연 우리 아이들이 건강하고 즐겁게 공부할 수 있는 방법인지 하는 것 말입니다. 만약 그렇지 않다면 정작 공부에 집중해야 하는 중요한 시기가 되었을 때 아이들은 공부라면 지긋지긋하고 넌더리가 나서 공부로부터 도망쳐버릴 것입니다. 어릴 때부터 매일매일 빈틈없이 짜인 학원과 과외에 쳇바퀴 돌 듯 생활하다가 어느 날 갑자기 모든 것을 거부하는 아동과 청소년의 예를 어렵지 않게

## prologue

찾을 수 있습니다. 이런 상황이 발생하면 부모는 조바심이 나서 잔소리를 쏟아 붓다가 가장 애틋한 부모-자녀 관계를 멀어지게 하는 우를 범하기도 합니다. 이런 고민을 조금이라도 해결하고자 하는 노력으로 이 책을 집필했습니다.

이 책은 자녀의 학습과 교육에 관한 뇌과학 연구결과를 담고 있습니다. 특히, 현재 한창 성장 중인 아동기의 인지능력 발달과 학습에 대한 연구에 초점을 맞추었습니다. 그렇다고 해서 어떻게 하면 공부를 잘 할지, 성적을 올릴지를 중점적으로 다룬 책은 아닙니다. 그보다는 인지발달에 있어 가장 중요한 시기인 아동기에 뇌가 어떻게 변화하며 학습에 대한 준비를 갖추는지에 대한 연구결과와 뇌발달에 도움이 되는 환경 요인과 방법에 대한 다양한 학계의 발표 내용을 담았습니다. 아이들에게 정말 좋은 교육과 자극은 무엇인지, 부모로서의 욕심과 불안을 내려놓고 무게중심을 잡으려면 어떻게 해야 하는지를 중심에 놓았습니다. 우리나라의 많은 학생들과 부모들에게 조금이나마 도움이 되기를 바라는 사명감이 이 책의 출발점입니다.

크게 초등학교 1~2학년, 3~4학년, 5~6학년으로 구분해서 각 시기별 뇌발달 특징과 정보를 담았는데, 초등학교 1~2학년은 공부머리와 인성

*prologue*

이 형성되는 중요한 시기입니다. 그렇기에 이 시기 자녀들의 뇌발달 촉진에 도움이 될 만한 내용을 다루었습니다. 또한 초등학교 3~4학년은 학습의 준비기로서 어떤 습관이 뇌발달에 도움이 되는지를 제시했습니다. 그리고 마지막으로 5~6학년은 사춘기라는 힘든 고개를 넘어가기 시작하는 시기로서 건강한 정서를 유지하고 집중력과 기억력을 키울 수 있는 방법을 소개하였습니다. 그리고 책의 서두에는 뇌발달에 대한 기초지식을 담았고, 말미에는 부록 형식으로 뇌의 각 영역에 대한 정보를 다루었습니다.

아이들의 생김새가 모두 다르듯이 뇌의 기능과 발달상태, 심지어 모양도 모두 다릅니다. 이렇게 다른 아이들에게 모두 똑같은 방법으로 공부하고 학습하며 같은 길을 가도록 강요하는 것은 적절하지 않습니다. 아마 부모라면 모두 이 생각에 공감할 것입니다. 그리고 자녀가 자신만의 능력을 찾고 그에 맞는 공부를 즐겁게 해서 행복하고 건강한 어른이 되기를 바라는 마음도 똑같을 것이라 생각합니다. 그러기 위해서는 우리 아이의 뇌발달 수준과 상태를 이해하고 그에 맞는 방법을 찾아야 합니다. 이 책이 아무쪼록 자녀를 이해하고 자녀에게 적합한 교육방법을 찾는 데 길잡이가 되기를 바랍니다. 지금 부모들의 고민이 곧 저의 고민

*prologue*

이기에 우리 아이들의 능력을 꽃피우고 즐겁게 공부할 수 있는 방법을 찾는 데 일조할 수 있다면 더할 나위 없는 기쁨이 될 것입니다.

  이 책을 쓰는 내내 조력과 헌신을 아끼지 않으신 지식플러스의 성준명 이사님과 출판사에 감사드립니다. 그리고 항상 새로운 교육영역에 대한 혜안으로 길을 안내해주시고, 뇌과학으로 입문할 수 있도록 지도해주신 문용린 선생님께 감사드립니다. 그리고 엄마라는 역할의 무게와 기쁨을 동시에 느끼게 해주는 소중한 세인, 다인과 가장 큰 지지자인 이현웅 선생님 그리고 가족들께 사랑과 감사를 전합니다.

contents

**추천사** ● 아이의 무한한 가능성을 활짝 열어주는 책    4
**프롤로그** ● 우리 아이가 즐겁게 공부할 수 있는 방법을 찾아서    6

## Part 1
### 예비학교
### 뇌발달 시간표를 알아야 공부머리가 자란다

공부머리에도 '적절한 때'가 있다    14
뇌와 함께 발달하는 인지, 정서, 감각    21
우리 아이 뇌발달을 위한 4가지 핵심원리    27

## Part 2
### 초등학교 1~2학년
### 공부머리가 생기고 인성이 형성된다

초등 시기는 뇌의 두 번째 변신기다    36
놀이 과정에서 공부머리와 사회성이 자란다    50
  Play ▶ 공부머리가 자라는 놀이    66
신경전달물질이 인성과 공부를 좌우한다    68
우리가 먹은 음식이 바로 뇌다    80
초등 스트레스가 평생 간다    93
  Check 아이를 위한 회복탄력성 검사    100

우리 아이 공부머리 키우기    102
우리 아이, 정말 궁금합니다    107

**Part 3** 초등학교 3~4학년
# 습관이 공부머리를 좌우한다

| | |
|---|---|
| 아이마다 생김새가 다르듯 뇌도 다르다 | 116 |
| 우리 아이의 뇌를 망치는 중독 | 130 |
| 땀 흘리며 뛸 때 뇌는 쑥쑥 성장한다 | 147 |
| Play ▶ 공부머리가 자라는 놀이 | 157 |
| 좋은 인성과 공부머리를 만드는 습관 | 160 |
| 학습에 필요한 뇌 준비 방법 | 171 |
| Check 아이를 위한 정서지능 검사 | 181 |
| Check 학부모를 위한 정서지능 검사 | 185 |

| | |
|---|---|
| 우리 아이 공부머리 키우기 | 187 |
| 우리 아이, 정말 궁금합니다 | 191 |

**Part 4** 초등학교 5~6학년
# 건강한 정서가 공부머리를 지탱한다

| | |
|---|---|
| 감당하기 힘든 사춘기 뇌 | 198 |
| 아들의 뇌와 딸의 뇌는 다르다 | 211 |
| 집중력과 기억력을 키우는 뇌 활성화 방법 | 229 |
| Play ▶ 공부머리가 자라는 놀이 | 244 |
| 행복한 삶의 핵심, 정서 | 246 |
| Check 내 아이를 위한 자아존중감 검사 | 260 |
| Check 내 아이를 위한 학교생활 적응 검사 | 262 |

| | |
|---|---|
| 우리 아이 공부머리 키우기 | 264 |
| 우리 아이, 정말 궁금합니다 | 269 |

**부록** # 아이를 위한 엄마의 뇌 공부  277

# Part 1
### 예비학교

# 뇌발달 시간표를 알아야 공부머리가 자란다

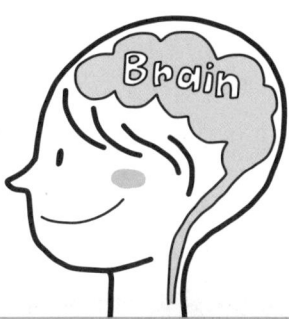

# 공부머리에도 '적절한 때'가 있다

## 📚 한번 잃은 기회는 다시 돌아오지 않는다

1970년에 미국 전체를 충격에 빠뜨린 사건이 있었다. 이른바 지니 와일드 사건이다. 사람들이 지니 와일드를 발견했을 때 그녀는 열세 살이었다. 경찰과 복지기관의 직원이 들이닥쳤을 때 지니는 짐승처럼 어두운 골방에 온몸이 묶여 있었다. 빛이 들어오고, 낯선 사람들이 보이자 지니는 알 수 없는 괴성을 질러대며 구석으로 가서 고개를 처박았다. 지니는 걷지도 못했고 음식을 씹지도 못했으며 물론 말도 하지 못했다.

지니의 아버지는 정신이상자였고, 어머니는 장애인이었다. 그러나 지니의 오빠는 모든 기능이 정상이었고, 이로써 지니 역시 태어났을 때는 정상적인 아이였으리라고 유추할 수 있었다. 그런데 지니의 아버지가 지니가 지르는 소리를 듣기 싫다고 골방에 가두어놓고 인간과의 상호작용을 완전히 차단한 채 최소한의 이유식에 해당하는 음식과 물만 제공했던 것이다. 즉, 지니는 태어나서 13년 동안 한 번도 말하기, 걷기, 눈맞춤, 사회적 기술 등을 학습해본 경험이 없었다.

지니는 다행히 이웃의 신고로 발견되었지만 유능한 심리학자, 아동학자, 언어학자, 의사 등의 도움을 받았음에도 불구하고 10여 년 동안 불과 단어 몇 개만 익혀 말하는 수준으로밖에 회복되지 못했다. 정상적인 부모를 만났더라면 아무런 문제없이 성장했을 지니. 그런데 어린 시절 학습의 기회를 빼앗긴 지니는 결국 인간다운 인간으로 돌아올 수 없었다.

언어는 인간다운 삶을 살아가기 위한 가장 중요한 도구이다. 인간은 언어 덕분에 무엇인가를 배울 수 있고 기억할 수 있으며 사고할 수 있다. 인간에게 언어가 없다고 상상해보자. 언어가 없다면 아주 간단한 의사표현도 할 수 없을 것이며, 누군가에게 생각을 전달할 수도 없을 것이다. 더욱 심각한 것은 언어가 없으면 생각도 할 수 없고 사고능력도 발달하지 않을 것이라는 점이다. 또한 지니 와일드의 지능지수는 강아지 정도에 불과했다고 하는데, 이는 인간에게서 언어를 빼앗으면 결국 지능도 발달할 수 없음을 보여준다. 지니 와일드 사건으로 우리가 얻을 수 있는 결론은 다음과 같다.

### 결정적 시기, 적절한 자극이 모든 것을 결정한다

첫째, 언어를 습득하는 데에는 정해진 시간이 있다. 정해진 시간에 언어를 습득하지 못했기 때문에 지니의 뇌에서는 언어세포가 사라졌고, 평생 언어를 제대로 쓸 수 없었다. 이미 사라진 뇌세포는 다시 복구되지 않기 때문에 정해진 시간에 배우지 못한 언어를 체득하는 것은 불가능하다.

둘째, 언어를 배울 수 있는 생물학적 기제, 즉 언어와 관련된 뇌의 영역이 있으며 언어를 가장 잘 배울 수 있는 뇌발달의 결정적 시기가 있다. 뇌가 활짝 열려 있는 결정적 시기에는 무엇이든 받아들일 수 있으며 빨리 배울 수 있다. 태어나서 성장하는 동안 부모 혹은 양육자를 통해 지속적으로 듣는 다양한 소리, 말, 단어, 문장 등은 한 아이가 언어를 구사하게 하는 밑거름이며 언어발달의 결정적 시기가 되면 뇌가 이를 바탕으로 엄청난 속도로 언어를 습득한다. 뇌에 전달되는 모든 자극은 언어를 처리할 수 있는 능력이 형성되는 데 기여한다. 인간이 소리를 낼 수 있는 생물학적 기제(성대)와 언어를 익힐 수 있는 생물학적 기제(뇌세포)를 모두 가지고 있다는 것은 정말 중요하다.

셋째, 언어를 갖지 못하면 다른 능력도 발달할 수 없다. 어린 시절에 제대로 사람의 말소리를 듣지 못하면 인지적으로도 성장할 수 없다. 우리는 많은 지식을 언어라는 매개를 통해서 얻는다. 우리에게 언어가 없다면 어떻게 될까? 아마 원시인들처럼 알 수 없는 울부짖음과 괴성으로 무엇인가를 알리고자 했을 것이다. 언어라는 상징을 학습하였기 때문에 우리는 많은 정보를 얻고 다른 사람에게 전달할 수도 있는 것이다. 언어를 학습하는 과정을 통해 우리의 지적인 능력은 향상된다. 언어발달이 가장 왕성한 시간에 지니는 어두운 골방에 묶인 채 사람의 목소리를 전혀 듣지 못했다. 그렇게 언어 담당 뇌세포는 죽어갔고, 도미노처럼 인지능력과 관련된 뇌세포 역시 줄줄이 사라졌다.

결국, 모든 능력이 제대로 발달하기 위해서는 관련된 뇌 영역이 결정적 시기에 있을 때 자극을 받아야 한다. 어린 시절 어른들이 '배우는 것도 다 때가 있다'며 혀를 끌끌 찬 것은 그저 노파심만이 아니라 과학적 진리였던 것이다.

## 뇌발달의 메커니즘

뇌발달의 결정적 시기에 대해 이해했다면 아마도 이런 궁금증이 생길 것이다. 학습능력도 인성도 다 발달하는 때가 있다는데 그 시기는 과연 언제일까? 각 영역은 어느 시기에 발달할까? 뇌발달은 어떤 메커니즘으로 이루어지는 것일까? 뇌발달의 원리를 알아야 적절한 때에 적절한 자극을 제공해서 아이의 발달을 도울 수 있기에 이는 매우 중요한 문제다. 우선 예를 하나 들어보도록 하겠다.

건강을 위해 한동안 근육운동을 한 적이 있다. 다양한 기구와 덤벨을 이용해 팔이며 다리가 금방이라도 터질 지경이 될 때까지 같은 동작을 반복했다. 그렇게 고통스러운 과정을 거쳤는데도 근육량을 측정해보면 시작하기 전과 후가 거의 대동소이했다. 그런데 그렇게 지루한 과정을 반복하며 약 3개월을 보냈더니 약간의 변화가 나타나기 시작했다. 근육량이 달라지기 시작한 것이다. 한번 변화되기 시작하자 근육량이 늘어나는 속도는 상당히 빨라졌다. 그런데 놀라운 것은 그다음부터였다. 어느 정도 근육이 탄탄해졌다고 생각하니 긴장도 풀리고 느슨해져서 한동안 운동을 게을리 했다. 그로부터 한 달 후 다시 측정해보니 근육량은 운동을 시작하기 전과 별반 다를 바 없어졌다. 얼마나 허무하고 허탈하던지……. 우리의 뇌가 발달하는 원리도 이와 마찬가지다.

### 뇌는 사용하면 사용할수록 단단해지고 튼튼해진다

뇌발달 메커니즘이라고 하면 많은 사람들이 거창한 원리를 상상하지만 사실은 매우 간단하다. 앞서 예로 들었듯 뇌발달의 첫 번째 메커니즘은 바로 '반복'이다. 일상생활에서 반복학습의 결과는 얼마든지 목격할 수 있다. 처음에는 서툴렀던 게임이나 문제풀이를 반복하다 보면 어느새 숙련되는 경험을 누구나 해보았을 것이다. 물론 그 반대의 경우도 있다. 반복하지 않았더니 어느 순간 그 기능과 기술, 심지어 능력까지 사라지는 경험 말이다. 이를 실험을 통해 증명해내 1980년대 노벨 생리학상을 받은 두 사람이 있다.

하버드대학교 교수였던 데이비드 허블David Hubel과 토르스튼 위즐Torsten Wiesel은 원숭이와 고양이를 대상으로 실험을 하여, 어떤 영역이든 반복하지 않으면 뇌의 기능뿐만 아니라 뇌세포 자체가 사라진다는 사실을 밝혀냈다. 그들은 모든 뇌의 기능이 정상인 아기 원숭이와 고양이의 눈 한쪽을 외과수술로 꿰매 완전히 봉합한 후 약 3개월 동안 매우 좋은 환경에서 키웠다. 그런데 3개월 동안 아무런 자극을 받지 못했던 한쪽 눈의 봉합 상태를 풀었을 때, 태어날 때는 정상이었던 눈이 이제 더 이상 정상이 아니었다. 앞을 보지 못하게 된 것이다. 두 연구자는 원숭이와 고양이의 안구 상태와 눈에 보이는 물체를 지각하고 인식하는 뇌세포가 자리 잡고 있는 후두엽을 조사했다. 동물들의 안구 상태는 정상적인 다른 눈과 다르지 않았다. 문제는 뇌세포였다. 시각피질이 있는 후두엽 중 봉합된 눈과 연결되어 있는 부분의 뇌세포가 손상된 것이다.

우리의 안구는 물체의 상이 눈에 맺히도록 하는 역할을 하며, 눈에 보인 물체가 구체적으로 무엇인지 움직임, 색상, 크기 등을 지각하고 인식하는 기능은 뇌의 뒷부분에 해당하는 후두엽에서 담당한다(뇌의 구성, 각 영역의 기능 및 능력에 대해서는 부록 '아이를 위한 엄마의 뇌 공부'를 참고하기 바란다). 그런데 실험에 사용된 원숭이와 고양이는 3개월 동안 한쪽 눈과 연결된 후두엽에 아무런 자극이 전달되지 않았기에 뇌세포들이 정보를 주고받을 기회를 잃어버린 것이다. 우리의 뇌세포는 외부의 충격으로 인해서도 손상을 입지만, 이렇게 아무런 자극을 주지 않아 활성화가 되지 않는 시간이 길어지고 반복되면 스스로 죽기도 한다. 즉, 퇴화되어버리는 것이다.

근육과 마찬가지로 뇌는 사용하면 사용할수록 단단해지고 튼튼해진다. 뇌세포는 서로 정보를 교환하며 시냅스를 만드는데 한 번의 시행으로 만들어진 시냅스는 그렇게 단단하지 않다. 그렇지만 반복적으로 정보를 주고받고, 자주 사용하면 할수록 연결된 시냅스는 단단해지고 견고해진다. 그 반대의 경우도 성립한다. 사용하지 않으면 근육이 사라지는 것처럼 한번 연결된 시냅스라 해도 사용하지 않으면 점차 약해지고 퇴화되어버리며, 마침내 뇌세포가 손상되기도 한다.

단지 학교 학습, 공부에만 이러한 뇌발달의 메커니즘이 적용되는 것은 아니다. 대인관계 기술, 정서통제 및 조절 능력에도 마찬가지로 적용된다. 사람들과 원만하게 지내는 기술, 다른 사람을 잘 이해하고 공감하는 능력을 발휘하는 연습을 하지 않으면 마치 처음부터 그러한 기술과 능력이 없었던 사람처럼 될 수도 있다.


### 영역별, 능력별로 결정적 시기가 다르다

뇌발달의 두 번째 메커니즘은 짐작하겠지만 각 영역별로 발달시기가 다르다는 것이다. 많은 의학자와 생리학자, 심리학자들이 공통적으로 제시하는 뇌발달 단계는 다음과 같다.

첫 번째 단계는 오감이 발달하는 단계로 0세부터 3세까지이다. 이 시기에는 아기의 뇌가 폭발적으로 성장한다. 인지, 정서를 비롯하여 인간의 모든 정신활동이 골고루 발달하는 시기인 것이다.

두 번째 단계는 전두엽의 발달이 가장 활발하게 이루어지는 단계로 3세부터 6세까지가 이에 해당된다. 뇌의 이마 부분에 해당되는 전두엽은 우리 뇌의 CEO 역할을 담당한다. 즉, 전두엽은 사고, 판단, 주의집중력, 언어, 감정 등 인간의 뇌에서 일어나는 모든 기능과 작용에 적극적으로 관여한다. 심지어 인간의 도덕성과 인간성까지도 담당한다. 그러므로 두 번째 단계에서 인간은 인간으로서 살아가는 데 필요한 모든 지적 기능과 성품의 기초를 정립한다.

세 번째 단계는 언어발달의 단계로 6세부터 12세까지를 이른다. 인간의 언어는 주로 측두엽에서 담당하는데, 특히 좌측 측두엽에서는 언어라는 상징이 갖고 있는 의미를 이해하고, 말이라는 형태로 표현하도록 만들어준다. 세 번째 단계 이전까지 모국어를 학습했다면, 이 단계부터는 모국어와 다른 언어를 구별하고 이해하는 능력이 급격하게 성장하므로 효과적으로 외국어를 학습할 수 있다.

네 번째 단계는 시각피질이 자리 잡고 있는 후두엽의 발달 단계로 초등학교 고학년 이상의 연령대를 말한다. 시각피질의 발달 덕분인지 이 시기의 청소년들은 자신의 외모에 특별히 신경을 쓰며, 남들과 자신을 비교하며 자신이 어떤 사람인지 인식하기 시작한다. 이것이 바로 자아개념이다.

두뇌발달의 4단계는 양육환경의 초점이 단계별로 달라져야 함을 의미한다. 갓 태어난 아기가 세상에 잘 적응하여 자신의 삶을 행복하고 성공적으로 이끄는 성인으로 성장하기 위해서는 풍부한 환경이 필요하다. 단, 모든 환경과 자극을 한꺼번에 조성하는 것이 아니라 다양한 환경과 자극을 받아들일 준비가 된 결정적 시기에 맞추어 제공해야 한다는 원리를 반드시 기억하기 바란다.

# 뇌와 함께 발달하는 인지, 정서, 감각

## 뇌는 모든 것의 출발점이다

뇌는 우리의 삶 그 자체다. 우리는 뇌가 있기에 사고하고 느끼고 판단하고 기억할 수 있다. 뇌가 없는 인간은 존재할 수 없고, 뇌 없이는 단 한순간도 살 수가 없다. 이처럼 뇌는 우리의 생존을 가능케 하고 인생을 결정지을 만큼 막대한 영향력을 행사하지만, 사실 뇌에 대한 연구가 시작된 지는 불과 20년여밖에 되지 않았다.

과학기술의 발달은 뇌 연구에도 많은 영향을 미쳤는데, 가장 획기적인 사건은 바로 살아 있는 뇌를 관찰할 수 있게 된 것이다. 이전에는 기껏해야 죽은 사람의 뇌를 관찰하는 것이 고작이었지만, 전자현미경과 단층촬영법 등이 등장하면서 사람이 말하거나 움직이거나 계산을 할 때 뇌의 어떤 부분이 활성화되는지를 실시간으로 볼 수 있게 되었다.

이렇게 뇌에 대한 지식이 하나둘 알려지기 시작하면서 의학 및 의료 분야도 함께 발전했을 뿐 아니라, 교육과 학습·양육 분야에도 많은 변화가 나타났다. 우리가 관심을 둘 부분은 바로 이 교육과 학습·양육 분야이다. 뇌과학은 과연 우리 아이들을 어떻게 키우고 교육해야 좋을지를 알려주는 나침반 역할을 한다. 뇌발달에 관한 지식이 전무할 때는 학습은 무조건 일찍 시작하는 것이 좋다고 생각했다. 아이가 받아들이든 말든 일단 학습 자극을 주면 안 주는 것보다는 도움이 될 것이라고 생각했기 때문이다. 그래서 목도 가누지 못하는 아기에게 영어 테이프를 들려줬고, 일찍부터 글자를 익히게 했다.

하지만 이는 뇌에 대한 무지에서 나온 행동이다. 언어, 인지, 신체, 정서 등등 다양한 영역을 담당하는 뇌의 부위는 동시에 발달하지 않고, 그렇게 일찍부터 발달하지도 않는다. 각 영역은 최적의 발달시기가 따로 있다. 이러한 사실이 밝혀지면서 '적기교육'이라는 말이 생겨났다. 즉, 뇌가 학습할 준비가 되었을 때 학습을 시작해야 한다는 것이다. 이는 다른 말로 뇌기반 학습Brain-based Learning이라고도 부르는데, 여기서 중요한 것은 뇌가 최적의 상태로 발달할 수 있도록 학습 환경을 조성해줘야 한다는 점이다.

아이와 어른의 뇌는 다르다. 아이가 처음부터 어른과 같은 뇌 상태로 태어난다고 생각하는 사람들이 있는데 이는 철저한 오해다. 인간의 뇌는 태어나기 전에도 수없이 다양한 형성과정을 거치고, 태어난 이후에도 엄청난 변화를 거쳐 완성된다. 그렇기에 아무 때나 무작정 자극을 준다고 해서 아이의 뇌가 이를 받아들이리라 생각하면 곤란하다. 그것은 부모의 욕심이자 헛된 기대일 뿐이다. 인간 뇌의 성장에 대해 흔히 사용하는 비유가 있는데 바로 '지렁이에서 인간으로'라는 말이다. 수정 직후 태내에서 뇌가 처음으로 생성될 때는 지렁이의 뇌, 즉 척수만 존재하는 상태이다. 그러다가 태아기 동안 1분에 25만 개라는 놀라운 숫자의 뇌세포를 만들어내며 수정된 지 9개월이 되면 비로소 뇌의 형태를 갖춘다.

수정란이 자궁벽에 착상된 후 약 4주가 지나면 심장이 뛰기 시작하고 8주 정도에는 인간이 갖추어야 할 웬만한 기관이 모두 만들어진다. 뇌 역시 정자와 난자가 만나 수정된 후 약 25일 정도에는 겨자씨 크기 정도였다가 점차 지렁이의 뇌로 성장한다.

지렁이의 뇌는 점점 분화하여 뇌 신경세포가 급속도로 증가하고 약 100일이 지나면 어느 정도 인간의 모습을 띤다. 임신 7개월 정도에는 탁구공만 한 크기가 되고 9개월이 되면 성인의 주먹 정도 크기로 커진다. 이때는 단순히 뇌세포, 즉 뉴런이 양적으로 증가할 뿐만 아니라 뉴런과 뉴런을 연결하는 신경통로, 이른바 시냅스 회로가 형성되어 뇌의 발달이 이루어진다. 양적 증가뿐 아니라 질적 증가도 나타나는 것이다.

일반적으로 임신 기간 중에는 태아가 정보를 받아들이고 이해하는 능력이 없다고 생각할 수 있지만 8주 이후부터 태아는 신생아와 비슷한 수면주기와 수면패턴을 보이고 바깥에서 들리는 소음과 큰 소리, 음악 등에 반응을 보인다. 잠을 자고 깨어나고, 다양한 소리에 반응을 보이는 행동은 뇌에서 담당한다. 그러니까 아무리 태아라고 해도 8주 정도면 뇌가 잠을 조절하고 소리를 구별하여 반응하는 발달된 행동을 보이는 것이다. 이는 뇌가 질적 성장을 하고 있다는 증거이기도 하다. 질적인 성장이란 과거에 없었던 능력이 생긴다는 의미로 인간의 사고·감정·언어·기억 능력이 제대로 발현되려면 뇌의 양적 성장과 질적 성장이 모두 이루어져야 한다.

### 뇌와 인지발달

인지기능과 관련된 시냅스는 태내에서 25퍼센트가 형성되고 출생 후 10세까지 나머지 75퍼센트가 꾸준히 만들어진다. 그렇다면 이 75퍼센트의 시냅스는 어떻게 만들어지는 것일까? 바로 일상생활에서의 다양한 경험으로 만들어진다. 특히 사고하고 계산하고 문제를 해결하는 인지능력이 그러하다.

이는 초등학교 3~4학년 정도의 아동이 보이는 인지능력은 어느 날 갑자기 이루어진 것이 아니라 어릴 때부터 다양한 경험을 한 결과 형성된 것이라는 뜻이다. 10세 이후부터는 그 전에 형성된 시냅스를 계속해서 반복적으로 사용하고 다양하게 적용함으로써 뇌발달을 더욱 정교하고 복잡하게 이루어낸다. 그러므로 10세 이전의 다양한 경험이 인지능력을 좌우한다고도 말할 수 있을 것이다.

한편 뇌의 내부에서는 극적인 변화가 일어나는데 시냅스 밀도가 5세까지는 급격하게 증가하다가 5세부터 10세까지는 급격히 감소한다. 그 이유에 대해서는 정확히 밝혀지지 않았지만 불필요한 시냅스를 제거하고 필요한 시냅스는 유지시킴으로써 뇌의 균형을 형성하는 것이라는 주장이 설득력을 갖는다. 그리하여 자주 사용하는 시냅스는 살아남고 그렇지 않은 시냅스는 자연적으로 사라진다.


### 뇌와 정서발달

즐거움, 기쁨, 슬픔, 분노 등의 정서를 느끼면 그 정서에 맞는 신체적·생리적 변화가 일어난다. 이러한 변화는 자율신경계에 의해 통제되며 신경계에서 기관으로, 그리고 근육으로 전달된다. 예를 들어 어두운 골목길에서 불안한 감정을 느끼면 이 감정이 자율신경계에 전달되면서 가슴이 두근거리고 등골이 오싹해지며, 뭐가 나타나면 금방 도망가거나 물리칠 수 있도록 근육에 힘을 주라는 정보가 전달되는 것이다.

정서는 변연계가 주로 관장하지만, 그 아래쪽에 있는 편도체도 정서에 영향을 준다. 편도체에서 담당하는 정서는 주로 공포와 관련이 있는데 공포를 느끼면 편도체는 시상하부를 자극해 뇌하수체에 신호를 보내고 부신피질에서 형성되는 스트레스 호르몬인 코티졸$^{cortisol}$을 내보내도록 만든다. 이 호르몬이 분비되면 심장의 박동이 증가하고 위협의 대상에게 촉각을 곤두세우게 된다.

정서 역시 시냅스와 깊은 관련이 있는데, 영유아기에 어머니 혹은 양육자와 정서경험을 많이 쌓을수록 풍부한 시냅스를 만들어낼 수 있다. 어머니는 아기에게 젖을 물려주고 아기와 눈을 맞추며 말을 걸기도 하고, 사랑스러운 눈길로 쳐다보기도 하면서 감정을 전달한다. 이때 아기는 그저 단순히 젖만 먹는 것이 아니라 어머니의 말 속에 담긴 감정을 우측 측두엽을 통해 받아들이고 처리하면서 감정을 학습한다. 그리고 이때 긍정적인 감정과 쾌감을 느끼는 호르몬과 신경전달물질이 방출된다. 이 물질은 아기가 안정적인 기분을 갖게 하고 더 나아가 인지지능이 건강하게 발달할 수 있도록 돕는 역할까지 한다.

반대로 어머니와 아기가 긍정적 교감보다 부정적 교감을 많이 나눈다면 어떻게 될까? 당연히 정서발달이 제대로 이루어지지 않을 뿐 아니라 갖가지 부정적 결과가 초래된다. 어머니가 아기에게 짜증을 내거나 아이의 요구에 즉각적인 반응을 보이지 않으면 아기는 스트레스를 느끼고 몸속에서 코티졸이 방출된다. 코티졸은 기분을 나쁘게 만들 뿐만 아니라 기억장치인 해마의 기능도 약하게 만들어 기억능력에도 나쁜 영향을 미친다.

### 뇌와 감각발달

아기가 맛보고 부드러움을 느끼고 냄새를 맡고 엄마의 따뜻한 목소리를 들을 수 있는 것은 모두 뇌가 제대로 작동하는 덕분이다. 우리의 오감을 담당하는 감각기관, 즉 귀, 코, 입, 피부, 눈 등이 자극을 받아들이는 기관이라면 온갖 냄새, 모양, 소리, 맛, 촉감 등이 무엇인지를 구별하고 알아차리는 기능은 뇌에서 담당한다.

그렇기 때문에 뇌의 일부가 손상되거나 문제가 생기면 감각기관에 이상이 없다고 해도 무엇을 보는지, 어떤 냄새인지, 누구의 목소리인지 등을 구별하지 못하게 된다. 이러한 감각을 판단하고 이해하는 뇌의 영역은 대뇌피질 여러 곳에 퍼져 있고, 감각을 담당하는 뇌의 영역 역시 10세까지 꾸준히 발달한다. 즉, 각 감각기관의 원활한 작동과 감각정보를 더 잘 기억하는 역할을 담당하는 시냅스가 10세까지 계속해서 만들어지는 것이다.

그러므로 원활한 인지발달과 감각발달을 위해서는 10세까지 다양한 경험을 접하는 것이 중요하다. 어릴 때부터 다양한 맛을 경험한 아이는 맛을 구별하고 이해하는 시냅스가 발달하고, 여러 가지 음악을 계속 들어온 아이는 음악에 대한 변별력과 이해력이 발달한다.

자녀의 뇌발달에 가장 좋은 방법은 틀에 박힌 책, 교재, 값비싼 학습자료로 공부를 시키는 것이 아니다. 다양한 환경에서 여러 가지 소리, 맛, 냄새, 모습을 경험하는 것이 무엇보다 중요하다. 아이가 다양한 환경을 접하고 경험할 때 감각피질이 왕성하게 발달하고, 이는 차후 학습을 위한 발판이 된다.

# 우리 아이 뇌발달을 위한
# 4가지 핵심원리

## 뇌는 뭉치면 뭉칠수록 좋아진다

스마트폰 매뉴얼을 한참 들여다보며 이런저런 기능에 놀라워하고 있을 때였다. 새로운 기기에 관심을 보이던 열 살짜리 쌍둥이 딸이 갑자기 이렇게 말했다.

"엄마, 스마트폰은 참 똑똑한 것 같아요. 못하는 게 없어요. 우리보다 똑똑한 기계인가 봐요."

그런 생각이 들 만도 하다. 이 기능에서 다른 기능으로 순식간에 이동하고, 동시에 여러 작동을 할 수도 있고, 저장되어 있는 자료들을 찾으라면 찾아내고 보내라는 데로 보내고……. 그러나 제아무리 똑똑한 기능을 자랑하는 스마트폰이나 컴퓨터라 할지라도 인간과는 비교할 수가 없다. 인간은 기계가 따라올 수 없는 인간으로서의 존엄성을 지녔을 뿐 아니라 인간의 뇌는 부품의 조합인 스마트폰이나 컴퓨터는 흉내도 낼 수 없는 독특한 특징을 지니고 있기 때문이다. 그 특징이란 바로 인간 뇌의 가소성이다.

원래 가소성이란 물리학의 개념인데 외부의 힘을 물체에 계속 가하면 그 힘을 제거해도 물체가 원래 상태로 돌아오지 않고 늘어난 상태로 남는다는 뜻이다. 이러한 개념은 인간의 뇌에도 그대로 적용된다.

우리 뇌는 약 1,000억 개의 신경세포, 즉 뇌세포로 이루어져 있다. 이 각각의 뇌세포에는 아직 발현되지 않은 잠재능력 혹은 정보가 담겨 있다. 이러한 뇌세포가 낱낱의 형태로 있을 때는 별 능력을 발휘하지 못하지만 시냅스라는 연결망을 통해 작동하면 다양한 능력을 발휘할 수 있다. 시냅스가 많을수록, 즉 세포끼리 연결이 많이 이루어져 있을수록 뇌는 정보를 효과적으로 잘 처리할 수 있다. 그렇다면 뇌세포 간의 연결, 즉 시냅스는 어떻게 만들어지는 걸까? 바로 외부의 자극이나 정보에 의해 만들어진다.

가령, 이전에는 못 보던 수학문제를 푼다고 가정해보자. 이때 수학문제는 우리 뇌에 주어지는 외부자극이다. 이 문제를 해결하기 위해서는 여러 가지 수학지식이 필요하다. 이전에 알고 있었던 낱낱의 수학정보는 뇌세포 각각에 흩어져 있지만 이 문제를 해결하려면 낱낱의 정보를 이리저리 연결해야 한다. 바로 이 과정에서 시냅스가 만들어지는 것이다. 이렇게 만들어진 시냅스는 다음에 비슷한 수학문제를 풀 때 비로소 그 능력을 발휘한다. 그리고 또 다른 종류의 수학문제를 만나면 또 다른 시냅스가 만들어지는 과정이 반복된다. 이렇게 시냅스가 만들어지는 과정을 가소성이라고 하며, 가소성을 통해 잠재력이 발현되어 비로소 능력이 된다.

이런 이유로 스마트폰이나 컴퓨터가 아무리 뛰어나도 인간의 뇌에는 비할 바가 아니라고 말하는 것이다. 조립한 부품의 기능대로만 움직이는 기계와 환경 자극에 따라서 엄청난 시냅스를 만들어내는 가소성을 지닌 인간의 뇌, 과연 비교나 할 수 있을까? 물론 스스로 학습하는 인공지능이 개발되는 등 기계도 눈부시게 발전하고 있지만 인간의 뇌 수준에 이르는 것은 아직 먼 이야기다.

그렇다면 가소성을 촉진할 수 있는 방법은 무엇일까? 답은 너무 간단하다. 간단하다 못해 허무하기까지 하다. 바로 경험, 다양하고 풍부한 경험이 가소성을 촉진한다. 풍부한 자극과 정보는 엄청난 수의 시냅스를 쉽게 만들어낸다. 시냅스의 양에 따라 뇌의 기능과 구조는 더욱 효율적이고 똑똑한 방향으로 발전할 수 있다.

그렇다고 해서 모든 환경이 가소성을 촉진하는 것은 아니다. 뇌의 가소성을 촉진하려면 부모 혹은 양육자가 아기에게 적절한 환경을 만들어 주어야 한다. 보다 정확하게 말하면 아기는 엄마의 뱃속에 있을 때부터 태내 환경에 영향을 받는다. 엄마의 뱃속은 태아에게 어느 장소보다 안전하지만 그 환경이 적절하지 못하면 엄마에게 절대적으로 의존하고 있는 태아에게 치명적일 수 있다. 가령 임신한 상태에서 약물 복용, 음주, 흡연 등을 하면 그 영향이 고스란히 태아에게 전달된다. 태어나지도 않은 아기에게 약물과 술을 먹이고, 담배를 피우게 하는 것과 똑같다. 이는 뇌의 가소성은커녕 뇌의 이상을 이끄는 환경이다. 이는 유아기나 아동기에도 마찬가지다. 그렇기 때문에 아이에게 긍정적이고 건강한 자극을 주는 것은 매우 중요하다.

가소성의 원리뿐이 아니다. 과학의 발달과 함께 뇌의 기능과 역할, 발달과정의 비밀이 하나씩 그 베일을 벗고 있고, 여기서 우리 아이들을 더욱 똑똑하고 건강하게 키울 수 있는 방법을 이끌어낼 수 있다. 우리 아이들의 뇌가 원활하게 성장하고 발달할 수 있는 기본원리를 정리해보자면 다음과 같다.

### 원리 1  시냅스가 많을수록 좋다

우리를 둘러싼 환경에서 들어오는 수많은 정보와 자극을 머릿속으로 받아들이고 제대로 활용하는 데 있어 가장 중요한 역할을 하는 것이 바로 뇌세포, 즉 뉴런이다. 뉴런은 그 연결지점인 시냅스에서 정보를 주고 받는데 하나의 뉴런에는 셀 수 없을 만큼 많은 시냅스가 존재한다. 그런데 뉴런의 수는 태어날 때부터 정해져 있고, 똑똑한 사람이나 평범한 사람이나 그 숫자가 비슷하기 때문에 뇌의 무게는 별반 다르지 않다.

중요한 것은 뉴런과 뉴런의 연결, 바로 시냅스이다. 시냅스는 우리가 태어나서 죽을 때까지 평생을 통해 발달하고 형성된다. 그렇지만 활성화가 이루어지지 않고 반복적으로 사용하지 않으면 시냅스는 소멸되고 만다. 즉, 어떤 것을 배우고 나서 반복해서 학습하지 않으면 자연스럽게 머릿속에서 사라지는 것처럼 시냅스 역시 한번 만들어졌다고 해도 사용하지 않으면 시들시들해지다가 사라져버리는 것이다.

그렇다면 시냅스는 어떻게 만들어질까? 시냅스의 형성을 좌우하는 것은 바로 경험이다. 새로운 경험을 많이, 반복적으로 할수록 시냅스가 많이 만들어지고 시냅스의 밀도가 높아지고 복잡해지면서 튼튼해진다. 이렇게 튼튼하게 형성된 시냅스는 우리의 뇌를 더욱 똑똑하게 만들어준다.

그렇기 때문에 자녀에게 다양한 형태의 경험을 제공하는 것이 무엇보다 중요하다. 다양한 형태의 경험이란 하나의 감각만을 자극하는 경험이 아닌 오감을 활성화할 수 있는 경험을 의미한다. 대부분의 정보나 지식은 시각이나 청각에 치우쳐 있다. 그런데 시청각적 정보만을 제공하면 일부 뉴런과 시냅스만 작동하고 나머지 시냅스는 소멸하게 마련이다. 결론적으로 다양한 측면에서 인간의 학습능력을 발달시키려면 시냅스의 형성과 활성화를 위한 다양한 형태의 자극을 제공해야 한다.

### 원리 2   뇌는 영역별로 최고의 발달시기가 있다

뇌의 주요영역은 한꺼번에 발달하지 않고, 영역별로 발달시기가 다르다. 예를 들어 언어능력을 담당하는 측두엽과 두정엽은 4세 이후에야 발달이 이루어진다. 언뜻 생각하면 한꺼번에 발달하는 편이 효율적이지 않을까 싶기도 하지만, 영역별 발달시기가 이렇게 다른 것이 어쩌면 다행일 수도 있다. 왜 그럴까?

뇌는 우리가 섭취하는 음식과 산소의 20퍼센트를 혼자서 다 써버린다. 매우 평범하고 일상적인 생활을 할 때의 소비량이 이러한데, 한창 발달하는 시기에는 어떨까? 더 많은 음식과 산소가 필요한 것은 당연지사다. 그나마 영역별로 발달하는 시기가 다르기 때문에 뇌가 성장하고 발달하는 가운데서도 키도 크고 몸무게도 늘어날 수 있는 것이다. 그렇지 않다면 신체에 영양을 공급하기는커녕 뇌 혼자서 모든 산소와 영양분을 소비해야 할 것이다.

뇌의 영역별 발달시기가 다르다는 사실은 육아에 있어 가장 핵심적인 원리다. 앞서 설명한 것처럼 언어발달의 핵심적인 시기는 만 4세부터 초등학교 저학년까지인데 이를 무시하고 태어난 지 얼마 되지 않은 영유아에게 영어학습을 시킨다면 '과잉학습장애'로 이어질 가능성이 높다. 그와 반대로 초등학교 고학년이 되어서야 언어학습을 하려면 좌측 측두엽이 활발하게 발달하는 시기가 지났기 때문에 어려움을 겪을 수 있다.

결국, 어린 시기부터 모든 영역의 학습을 동시에 진행하는 것은 무의미하며 뇌의 각 영역이 가장 활성화될 때 필요한 학습을 해야 그 효과를 볼 수 있다.

### 원리 3  감정이 학습을 좌우한다

뇌에서는 다양한 신경전달물질이 방출되는데 그중 세로토닌serotonin, 도파민dopamine, 노르에피네프린norepinephrine은 인간의 정서에 중요한 영향을 미친다. 직접적으로는 공격성, 우울 등을 좌우하고 간접적으로는 인간의 학습기능에도 영향을 준다. 예를 들어 우리 뇌에서 도파민이 방출되면 즐거운 기분이 드는 반면, 도파민의 양이 적정 수준보다 적으면 우울해지고 기분이 가라앉는다.

기분이 너무 우울하거나 반대로 너무 들뜨면 사소한 사고기능에도 문제가 생긴다. 우울증에 걸리면 처음에는 의욕이 없고 잠을 못 자는 증상 등이 나타나지만 심해지면 간단한 계산도 못할 정도가 된다. 반면 기분이 너무 들뜨면 집중을 할 수 없기 때문에 제대로 계산을 하지 못하고 틀리기 쉽다. 이처럼 감정이나 기분은 학습에 영향을 미친다. 신경전달물질의 수준은 주의산만, 동기저하, 폭력성향 등에 영향을 주어 학습의 성공여부까지 결정한다.

또한 위협이나 스트레스 같은 자극은 변연계, 특히 편도체에 직접적으로 영향을 주어 투쟁 혹은 도망fight-flight 반응을 일으키고 신경전달물질과 호르몬의 방출에 변화를 일으키기 때문에 무조건적으로 학습을 방해한다. 뇌과학적 관점에서 보아도 정서 상태가 안정적이지 못하면 학습 효율성이 떨어진다. 학교에서 친구 문제로 마음이 괴롭고 힘들면 수업시간에 딴 생각만 나고 집중을 할 수 없지만, 문제를 하나하나 풀어가는 과정이 즐거우면 저절로 집중이 되고 시키지 않아도 스스로 공부를 하게 된다.

이처럼 기분과 감정은 인지기능과 인지능력에 결정적인 영향을 미치므로 자녀가 학습에 집중하고 높은 학업성취를 이루기 바란다면 무엇보다 공부에 대한 흥미와 즐거움, 의욕을 갖게 하고 스트레스와 위협에서 벗어나 안정적인 정서 상태를 갖도록 돕는 것이 중요하다.

## 원리 4  사람의 뇌는 모두 다르다

뇌과학은 눈부신 발전을 거듭했다. 그로써 우리는 뇌를 정교하게 관찰할 수 있게 되었고, 뇌 신경세포 하나하나의 움직임까지 들여다볼 수 있게 되었다. 그 덕분에 알게 된 가장 근본적인 원리 중 하나는 뇌가 개인마다 다르다는 것이다. 사람들은 모두 눈 두 개, 코 하나, 입 하나를 가지고 있지만 저마다 그 생김새가 다르다. 마찬가지로 모든 사람이 뇌간, 변연계, 대뇌피질을 가지고 있지만 그 모양이나 형태는 차이를 보인다.

이러한 차이는 그 사람만의 독특한 능력으로 발현된다. 대뇌피질 중 후두엽의 부피가 큰 사람은 시각능력이나 공간능력이 발달했다고 볼 수 있고 좌측 측두엽의 부피가 큰 사람은 언어능력이 발달했다고 유추할 수 있다. 또한 음악적 재능이 출중한 사람은 우측 측두엽의 부피가 클 것이다. 이처럼 사람마다 능력이 다르다는 것은 각자 다른 뇌를 가지고 있다는 의미이기도 하다.

그렇다면 뇌의 개인차를 결정하는 요인은 무엇일까? 이는 얼굴의 생김새를 결정하는 요인과 같다. 바로 유전과 환경이다. 우리의 외모는 부모와 상당히 비슷하다. 물론 어느 한쪽을 더 많이 닮을 수도 있지만 아버지와 어머니 모두의 영향을 받아 그 생김새가 결정된다. 뇌도 마찬가지로 아버지와 어머니의 유전자에 영향을 받아 형성된다. 부모의 음악적 재능이 뛰어나다면 그 자녀도 그러한 능력을 물려받을 확률이 높다. 그렇지만 그것이 전부는 아니다.

유전뿐 아니라 환경의 영향도 무시할 수 없다. 부모의 아름다운 외모를 물려받았지만 거칠고 힘든 일을 하며 생활하면 외모가 바뀌는 경우도 상당히 많다. 마찬가지로 부모의 뇌를 물려받았다고 해도 어떤 환경에서 성장하느냐에 따라 물려받은 능력이 더욱 발달할 수도 있고 사라질 수도 있다. 음악적 능력을 물려받았어도 음악이라고는 들어보지 못하고 성장한다면 그 능력 역시 사라질 것이다. 그러므로 부모는 자녀에게 다양한 경험을 제공하여 어떤 재능과 능력을 타고났는지 판별하고, 그 능력을 키울 수 있도록 도와주어야 한다.

# Part 2
### 초등학교 1~2학년

## 공부머리가 생기고 인성이 형성된다

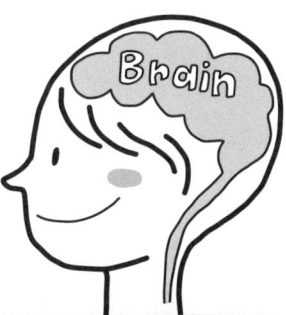

# 초등 시기는
# 뇌의 두 번째 변신기다

## 균형적으로 발달하는 좌뇌와 우뇌

초등학교에 입학한 쌍둥이 딸들은 학교 공부를 매우 신기해했다. 국어, 수학 등 과목별로 뭔가를 배운다는 사실 자체에 호기심을 보였고 하루가 다르게 어휘의 양이 증가했다. 그렇다고 해서 발전하는 모습만 보인 것은 아니다. 처음 입학했을 때는 학교 규칙을 지키는 것이 쉽지 않은 듯 보였고, 수업시간에 배우는 내용을 제대로 이해하지 못해서 곤란을 겪기도 했다.

　유치원에 다닐 때에는 수업시간이 20~30분 정도였는데 갑자기 40분이나 꼼짝 않고 앉아서 선생님의 말씀을 들어야 하는 것도 아이들에게는 쉬운 일이 아니었던 것 같다. 심지어 알림장에 적힌 숙제가 뭘 하는 것인지 물어보았더니, 마치 처음 듣는 이야기라는 표정과 반응을 보일 때도 있었다. 분명 선생님의 설명을 들었을 텐데 말이다.

그렇게 3개월 정도 시행착오를 거치더니 어느새 학교 공부의 패턴을 파악하는 것처럼 보였다. 그런데 재미있게도 수업시간에 들은 내용을 그냥 무조건 받아들이는 것이 아니라 쌍둥이들 나름대로 상상의 나래를 펼쳐서 받아들였다. 이 역시 유치원 때와는 다른 모습이었다.

어느 날엔가는 선생님의 말씀을 듣고 나서 자신이 이해한 내용을 그림이나 만화로 그리거나 뚝딱뚝딱 만들기로 보여주기도 했다. 또 다른 날에는 수업시간에 배운 내용이나 개념을 글짓기나 말로 표현하기도 했다.

이렇게 초등학교 입학 즈음부터 좌뇌와 우뇌의 기능이 모두 활발하게 발달하기 시작한다. 글을 통해 논리적인 내용을 학습하는 좌뇌와 배운 내용을 토대로 새로운 상상을 더하는 우뇌가 모두 작동하는 것이다.

### 우리 아이는 좌뇌형? 우뇌형?

좌뇌형 인간, 우뇌형 인간이라는 말을 많이들 쓰는데, 사실 그런 분류는 존재하지 않는다. 인간의 뇌는 좌뇌와 우뇌가 서로 정보를 주고받으며 활동하기 때문에 좌뇌만 활성화시키는 것도 불가능하고, 우뇌만 활성화된 사람도 존재하지 않는다.

다만 뇌를 촬영해보면, 좌뇌와 우뇌의 크기가 차이 날 수는 있다. 언어를 많이 사용하고 논리적 사고를 주로 하는 사람은 좌뇌의 기능을 자주 사용하기 때문에 좌뇌가 약간 클 수 있고, 통찰하고 종합하는 사고를 주로 하는 사람은 우뇌가 크게 나타날 수 있다. 그렇지만 인간은 좌뇌만 혹은 우뇌만 사용하면서는 살아갈 수 없다.

좌뇌와 우뇌는 기능과 역할 면에서 차이가 난다. 우선 좌뇌는 언어와 숫자를 다루며 논리적 사고를 수행한다. 또한 순차적이고 연속적인 것을 이해하고 분석적인 사고를 주로 담당한다. 그에 비해 우뇌는 예술적인 상상력과 관련이 있으며 통합적이고 종합적으로 사물을 이해하는 역할을 하며 공간적이고 입체적인 사물에 대한 정보를 처리한다.

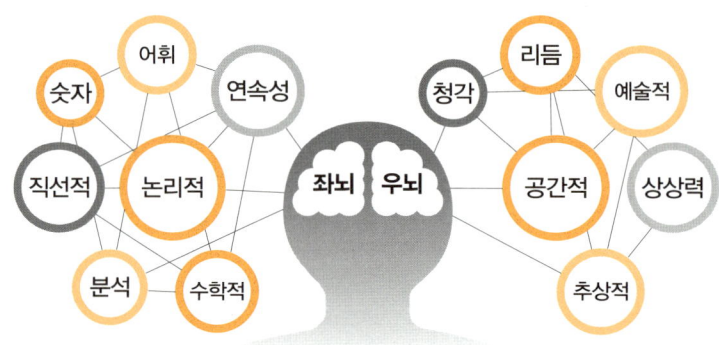

좌뇌와 우뇌가 담당하는 영역

초등학교에 입학할 즈음 사고·인지 기능과 함께 좌뇌가 발달하면서 아이는 더욱 복잡한 언어의 구조와 체계를 이해하고 받아들일 준비를 한다. 유아기에는 청각적으로 언어를 구분하는 좌뇌의 기능이 발달하지만 아동기가 되면 단순한 소리가 아닌 읽기나 쓰기와 관련된 문법, 언어의 구조, 문장 등의 복잡한 체계를 받아들일 수 있게 된다. 유아기에는 주로 듣기와 말하기에 주력했다면, 아동기에는 읽기와 쓰기 등을 활발하게 공부할 수 있다.

또한 아동기에는 공간적·입체적인 사고기능과 상상력을 담당하는 우뇌도 함께 발달한다. 그래서 이 시기에 아동들의 상상놀이는 절정에 도달한다. 이전에는 엄마, 아빠, 선생님 등 단순히 자신이 관찰한 사람의 역할을 하는 상상놀이를 했지만 아동기가 되면 예술적인 표현과 창조성이 가미된 상상놀이를 펼쳐 보인다. 미래의 새로운 직업이나 꿈을 표현하기도 하고 사소한 소품을 대단한 보물처럼 상상하면서 이야기를 만들어내기도 한다.

하지만 대부분 학교 공부나 부모가 원하는 공부는 좌뇌의 발달과 관련되어 있다. 학교 공부는 주로 글로 이루어져 있으며 수를 계산하고 논리적 사고를 하고 계획을 세우기를 권하기 때문이다. 그러나 우뇌가 담당하는 영역 또한 간과해서는 안 된다. 우뇌가 활발히 발달하기 시작하는 아동기를 어떻게 지내느냐에 따라 한 사람의 뇌 구조와 미래가 달라질 수 있기 때문이다. 우뇌가 담당하는 상상력과 창의성은 현재 우리 사회의 예술 분야뿐 아니라 산업과 과학 발달의 값진 초석이다.

## 뇌의 두 번째 변신기

많은 사람들이 초등학생 정도가 되면 뇌발달과 성숙이 거의 다 이루어진다고 생각한다. 그래서 어른의 뇌와 아이의 뇌가 별반 다르지 않다고 생각한다. 어른과 아이의 뇌가 기능이나 효율성 면에서 비슷하다고 생각하고, 아이가 어른과 유사한 수준의 사고와 행동을 하리라 기대하기도 한다. 그런데 과연 그럴까?

위대한 교육사상가였던 루소Rousseau는 어른과 어린아이는 전혀 다른 존재이기 때문에 어른이 하는 추론이나 개념을 아이에게 가르치거나 강요해서는 안 되며, 어린아이는 감각·경험·실물에 기반한 것만을 이해할 수 있다고 주장하였다. 뇌발달에 대한 이해는커녕 '뇌'라는 것 자체에 대한 개념조차 없었던 루소이지만 이 말은 너무도 정확하게 어른과 아이의 뇌 기능과 능력을 설명해주고 있다.

실제로 어른과 아이의 뇌를 들여다보면, 대뇌피질의 두께에서부터 현저한 차이를 보인다. 뇌의 상태가 다르다는 것은 수행하는 기능도 전혀 다르다는 것을 의미한다. 그러므로 어른과 아이의 능력이 다르고 서로 다른 방식으로 사고하고 행동하는 것은 당연하다.

아이의 뇌는 여러 차례의 변신기를 거쳐서 어른의 뇌로 성장한다. 변신기란 뇌가 극적으로 변화하는 시기를 의미한다. 이전에는 하지 못했던 일을 할 수 있게 되는 것이다. 가장 중요한 첫 번째 변신기는 만 2세 경에 찾아오고, 두 번째 변신기는 바로 초등학교에 다니는 학령기에 찾아온다.

### 옷장 정리와 같은 첫 번째 변신기

출생 직후부터 뇌의 변화과정을 살펴보면, 유아기 때 뇌는 첫 번째 대변신을 겪는다. 태어나서 만 2세 정도까지 아기의 뇌는 마치 꽃이 피는 것처럼 보인다. 처음에는 고작해야 한두 개 정도의 시냅스가 연결된 상태지만 이 시기에 폭발적으로 시냅스의 양이 증가한다. 하나의 뇌세포에 수십 수백 개의 연결망이 만들어져 꽃이 활짝 피는 듯한 모습을 보이는 것이다. 캄캄한 엄마 뱃속에 있던 아기가 세상에 태어나면서 오감을 통해 셀 수 없이 많은 자극을 받아들이며 시냅스가 형성된다고 볼 수 있다.

그러다가 만 2세 무렵이 되면 사용하지 않는 시냅스를 가지치기하는 첫 번째 변신기를 맞는다. 엄마 뱃속에서 나온 후 많은 자극과 정보를 접하면서 아기의 뇌에서는 엄청난 속도로 시냅스가 만들어지는데, 효율성을 위해 잘 사용하지 않는 뇌세포의 연결을 정리하는 것이다.

옷이 가득 차 있는 옷장을 생각하면 쉽게 이해할 수 있다. 2, 3년 동안 아무 생각 없이 옷을 사들이면 옷장 안에는 어느새 옷이 그득해진다. 뒤엉켜 있는 옷더미 속에서는 무슨 옷이 어디에 있는지 찾을 수가 없다. 외출이라도 할라치면 옷을 고르고 찾는 데 적잖은 시간이 걸린다. 더 이상 안 되겠다 싶어서 한두 번 입고 더 이상 입지 않는 옷들을 추려내고 나머지 옷을 계절에 따라 상의, 하의로 구분해 정돈해놓으면 옷장은 완전히 새롭게 탈바꿈된다. 옷을 고르는 시간은 놀라울 정도로 단축되고 여러 가지 면에서 효율성이 높아진다. 유아기에 나타나는 뇌의 첫 번째 변신기는 안 입는 옷들을 추려내는 과정이라고 생각하면 된다.

대부분의 사람들이 뇌세포의 연결망이 이러한 방식으로 유아기에 거의 완료되는 것으로 알고 있지만, 뇌의 발달과 연결망의 변화는 초등학교 시기에도 일어난다. 그것도 아주 활발하고 왕성하게 말이다. 이미 완성되었으리라 생각했던 아동의 뇌는 대대적인 공사에 착수해 제2의 변신기를 맞는다.

### 공부머리가 만들어지는 두 번째 변신기

이를 입증하는 연구를 살펴보도록 하겠다. 최근 미국국립보건원 National Institutes of Health: NIH 산하의 정신건강연구소와 캐나다의 몬트리올 신경학연구소 등 전 세계에서 내로라하는 뇌과학 연구소의 연구자들은 대뇌피질의 두께가 연령에 따라 어떻게 변화하는지를 살펴보는 동시에 지능의 높고 낮음에 따라 청소년들의 뇌가 어떻게 발달하는지를 살펴보았다. 오랜 시간 연구한 결과는 놀라웠다.

첫 번째, 뇌세포 간의 연결망이 유아기와 아동기에 변신한다는 사실을 발견하였다. 뇌발달을 촉진하는 메커니즘 중 하나가 '발전'과 '전지', 혹은 '꽃피우기'와 '가지치기'라고 부르는 과정이다. 이러한 과정을 통해 뇌는 외부자극에 빠르게 반응할 수 있게 되고 해결방법도 빠른 속도로 찾을 수 있게 된다.

생후 첫돌 무렵의 유아와 만 4세경 되었을 때의 유아가 외부자극에 보이는 반응의 차이를 살펴보면 이를 쉽게 알 수 있다. 유아는 걸어 다니기 시작하면서 이것저것 탐색하고 시도하며 시행착오를 많이 겪고 때로는 엉뚱한 행동을 하기도 한다. 이런 과정이 바로 시냅스가 꽃을 피우는 과정이라고 볼 수 있다. 그 후 만 4세 정도가 되면 여러 가지 방법 중 가장 적절하고 적합한 답을 찾아내고, 비슷한 장난감의 작동법이나 놀이를 빨리 익히는데 이 모든 것은 가지치기가 일어난 덕분이다.

이전까지는 이 첫 번째 변신기만이 알려졌었는데 최근의 연구를 통해 초등학교에 다닐 때 꽃피우기와 가지치기가 다시 한 번 찾아온다는 사실이 밝혀진 것이다. 즉 뇌가 효과적으로 작동할 수 있는 가능성의 기회가 이 시기에 다시 나타난다. 대뇌피질의 두께가 두꺼워지면 꽃피우기가 나타나고, 대뇌피질의 두께가 얇아지면 가지치기가 나타나는데, 이러한 대뇌피질의 두께 변화가 아동기부터 청소년 초기에도 일어난다. 즉, 이 시기에는 대뇌피질의 두께가 급격하게 늘어났다가 줄어드는데 이러한 변화는 전두엽, 두정엽, 측두엽, 후두엽의 차례로 일어난다.

두 번째 발견은 대뇌피질의 두께와 지능 사이에 밀접한 관련이 있다는 것이다. 다음 페이지 그래프를 살펴보면 세 집단으로 구분이 되어 있다. 영재는 아니지만 IQ 검사에서 높은 점수를 받은 집단, 보통 수준의 점수를 받은 집단, 그리고 일반 사람에 비해 사고능력이나 인지능력이 확연하게 높은 영재집단이다. 미국국립정신건강연구소에서는 이 세 집단별로 약 6세부터 시작하여 청소년기가 끝나는 19세까지 대뇌피질의 두께가 어떻게 달라지는지를 측정하였다.

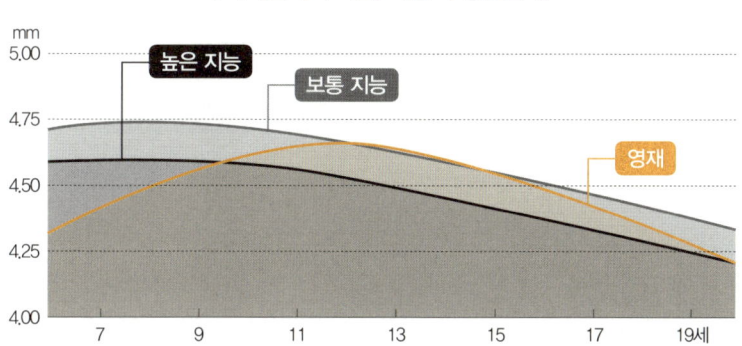

지능지수가 높은 집단과 보통인 집단의 경우는 거의 비슷한 그래프 곡선을 보인다. 즉 대뇌피질의 두께가 완만하게 줄어들고 있음을 알 수 있다. 시냅스의 꽃피우기가 9세경에 일어났다가 점차 가지치기를 하는 것이다. 그런데 영재는 아동기에는 대뇌피질의 두께가 매우 얇지만 13세 정도까지 빠른 속도로 최고 수준에 도달한다. 그리고 다시 급격하게 감소하는 경향을 보인다. 즉 대뇌피질의 두께가 역동적으로 빠르게 변화한다.

영재 아동의 대표적인 특징 중 하나가 한 가지 영역에만 집중하고 관심을 보인다는 것인데, 아동 초기에는 그러한 특징으로 인해 대뇌피질의 두께가 상당히 얇았다가 연령이 점차 증가하면서 다양한 분야를 경험하며 대뇌피질이 두꺼워지는 것으로 유추할 수 있다. 그러다가 다시 관심 있는 분야에 집중하면서 효율적인 뇌로 바뀌는 변화가 나타난다.

이를 통해 초등학교 시기의 뇌는 아직 성숙하지 못한 상태이므로 다양한 경험을 하고 많은 정보를 접할 필요가 있다는 것을 알 수 있다. 그럼으로써 대뇌피질이 역동적으로 변화할 때 뇌발달이 촉진된다.

그런데 잊지 말아야 할 중요한 사항이 하나 있다. 뇌가 발달하는 절호의 기회가 다시 찾아왔다고 해서 이런저런 학원을 다니거나 과도하게 선행학습을 하는 등의 과잉학습은 뇌발달에 전혀 도움이 되지 않는다는 사실이다. 과잉학습은 뇌세포에 과부하를 주어 스트레스를 초래한다. 초등학생도 스트레스를 느낀다. 스트레스를 느끼면 코티졸이 방출되고 이는 결국 변연계에 나쁜 영향을 주어 부정적인 기분을 유발한다. 기분이 좋지 않을 때는 당연히 집중도 어렵고 신체 상태도 나빠진다.

그러므로 이 절호의 기회에는 아이가 즐겁게 공부할 수 있도록 도와야 한다. 뇌는 적절한 수면, 적절한 학습량, 적절한 운동 등이 잘 맞아떨어질 때 건강하게 발달한다.

## 공부머리, 지금부터 천천히!

앞에서 살펴보았듯 초등학교 입학시기는 좌뇌와 우뇌가 균형적으로 발달하고, 대뇌피질의 두께에 변화가 일어나는 '공부머리'가 발달되는 시기이다. 공부머리의 발달원리와 더불어 어떻게 해야 더 효과적으로 발달을 이끌어낼 수 있는지 그 방법을 알아보도록 하자.

### 공부머리를 키우는 BDNF

'공부', '학습'이란 과연 무엇일까? 매우 다양한 정의를 내릴 수 있겠지만 뇌과학적 관점에서는 '뉴런과 뉴런 사이의 연결망, 즉 시냅스를 많이 그리고 복잡하게 만드는 것'이라고 볼 수 있다. 무엇인가를 새롭게 배우면 기존에 자리 잡고 있던 시냅스에 새로운 연결망이 만들어진다. 새로 배운 내용을 복습하면 만들어진 연결망은 더욱 견고해진다. 공부머리는 이러한 과정의 반복으로 만들어진다.

공부머리를 다루면서 빼놓을 수 없는 것이 있는데, 바로 BDNF$^{Brain\ derived\ neurotrophic\ factor,\ 뇌유도신경영양인자}$이다. 이름도 복잡한 BDNF는 뇌에서 자연적으로 만들어지는 단백질을 이르는 말이다. 뇌를 형성하는 뉴런 전체에서 이 단백질이 만들어지지만 특히 학습, 공부, 기억과 관련이 있는 곳인 해마, 측두엽, 전두엽에서 가장 많이 만들어진다. 해마는 단기

**BDNF와 뉴런의 상관관계**

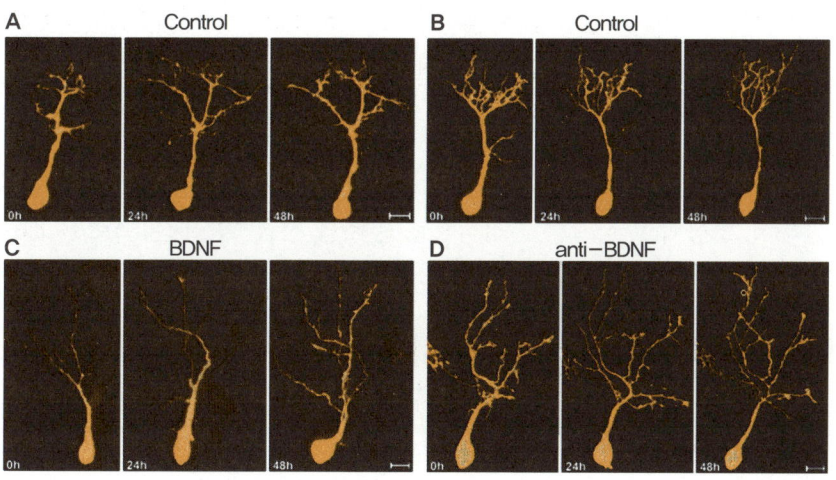

출처: 〈Development〉

기억이 머무르는 장소이고, 측두엽은 언어를 관장하는 영역이며, 전두엽은 인지와 사고 전반을 다루는 영역이다. 즉, 이 세 영역은 공부와 학습에서 빼놓을 수 없는 뇌의 핵심영역이다.

BDNF가 해마, 측두엽, 전두엽의 뉴런에서 만들어지면 세 영역의 뉴런들 간 연결망이 더욱 활발하게 생성된다. 연결망이 활발히 만들어지면 기억능력이 향상되어 공부를 잘하는 머리가 만들어지는 것이다.

BDNF 단백질이 뇌세포에 어떤 영향을 주는지는 앞의 그림을 통해 확인할 수 있다. A와 B의 뉴런에는 BDNF가 소량으로 만들어지도록 처치를 하고 C의 뉴런은 BDNF가 생성되도록 처치하였으며, D의 뉴런에는 BDNF가 생성되지 않도록 차단한 후 24시간, 48시간 동안의 변화를 관찰하였다.

BDNF가 극히 제한적으로 만들어진 A, B의 뉴런은 시간이 지나도 그 모습이 별로 달라지지 않았다. 즉 시냅스가 거의 만들어지지 않았다. D 뉴런은 시간이 지날수록 있던 시냅스마저 점차 사라지고 뉴런 자체도 말라가는 모습을 보였다. 반면 BDNF가 생성되는 C 뉴런은 시냅스가 계속해서 만들어지는 모습을 볼 수 있다. 결국 BDNF는 시냅스를 만드는 핵심원료로 공부한 내용이 우리 뇌 속에 남도록 하는 '기억 단백질' 혹은 '공부 단백질'인 셈이다.

특히, 초등학교 시기는 본격적으로 공부를 시작하는 때이므로 BDNF가 상당히 중요하다. 공부한 내용을 잘 기억하려면 시냅스의 생성이 필수적이기 때문이다. 그런데 BDNF라는 공부 단백질은 스트레스에 상당히 예민하다. 스트레스를 느끼고 불안한 마음이 들면 BDNF는 생성을 멈추고 뇌세포에 단백질 공급을 끊는다. 그러면 결국 기억력에 문제가 생기고 학습도 제대로 할 수 없다. 악순환의 고리가 형성되는 것이다.

이러한 현상은 비단 초등학생에게만 해당되지 않는다. 청소년과 성인도 스트레스를 받고 불안감에 시달리면 기억력에 문제가 생기고 집중력이 떨어진다. 이는 모두 BDNF가 공급되지 않아서 생기는 현상이다. 본격적인 학습이 시작되고 뇌가 두 번째 변신을 하는 초등학교 시기에는 무엇보다 BDNF가 끊기는 사태를 막아야 한다. 그 방법은 간단하다.

첫째, 불안을 느끼지 않도록 마음이 편안한 환경을 제공해야 한다. 뭔가 문제를 하나라도 틀릴까 봐 전전긍긍하고 학원시간에 쫓기고 항상 공부에 시달리면 BDNF 생성에 적신호가 켜지는 것은 당연하다.

둘째, 적절한 신체활동이 중요하다. BDNF는 몸을 움직이며 땀 흘리는 시간을 보낼 때 더욱 잘 만들어진다. BDNF는 아이가 재미있게 뛰어노는 동안에 그 원료를 차곡차곡 만들어놓았다가 공부를 하면 그 원료를 뇌세포에 제공하는 신기한 시스템을 따른다.

결론적으로 지나치게 서두르면 아이의 공부머리를 형성하는 데 방해만 될 뿐이며 적절하게 몸을 움직이며 공부를 해야 한다. 아이가 스스로의 학습속도에 맞추어 천천히 편안한 마음으로 공부할 때 공부머리가 원활하게 형성된다는 것을 잊지 말기 바란다.


### 아이에게 적합한 뇌 공부법

초등 시기에는 전두엽에서 시작해서 점점 뒤쪽으로 뇌세포의 연결망이 발달한다. 즉 전두엽에서 출발해 두정엽, 측두엽, 그리고 후두엽으로 발달의 경로가 이동한다.

전두엽은 전반적인 인지기능, 즉 이해력과 판단력, 의사결정능력 등을 담당한다. 또한 두정엽은 수학적 사고능력과 논리 사고기능 등을 담당하는데 초등학생 자녀가 부모에게 논리적으로 따지기 시작하고 의사표현이 늘어난다면 '아, 이 아이의 두정엽이 발달하고 있구나'라고 생각해도 무방하다. 좌우의 측두엽은 언어능력과 관련이 있는데 만 4세경부터 발달하기 시작한 측두엽은 초등학교 저학년에 이르면 매우 빠르게 발달한다. 그러므로 이 시기부터 외국어를 효율적으로 학습할 수 있으며 언어능력을 향상시키기에 좋은 시기이므로 읽기, 쓰기, 말하기, 듣기를 종합적으로 공부하는 것이 좋다.

초등학생의 뇌가 어떠한 경로로 발달하는지 정확하게 이해하고, 이에 더해 학습과 관련된 뇌의 특징을 잘 활용하면 자녀의 공부머리를 키워주는 데 큰 도움이 될 것이다. 그렇다면 어떠한 방법이 뇌의 특성을 잘 활용한 공부방법일까?

먼저 뇌의 주의집중 시간을 고려하여 공부해야 한다. 유아의 경우는 보통 7분 정도의 주의집중 시간을 보인다. 초등학교에 갓 입학한 아이의 주의집중 시간은 대략 20분 정도이다. 그러다가 학년이 올라가면 점차 그 시간이 길어진다. 주의집중 시간이 달라지는 이유는 뇌세포의 긴 줄기에 해당하는 축색에 지방과 단백질 성분인 수초 혹은 미엘린$^{myelin}$이 점차 많이 만들어지는 '수초화'가 진행되기 때문이다. 수초화가 이루어지면 뇌세포에서 뇌세포로 정보가 이동하는 속도가 빨라지고, 집중할 수 있는 시간도 점차 늘어난다.

그런데 주의할 점은 아이들마다 주의집중 시간에 차이가 있다는 것이다. 아이들마다 유전자가 다르고 자라온 환경이 다르기 때문에 뇌의 발달상태도 다를 수밖에 없다. 아직 수초화가 많이 이루어지지 않았다면, 주의집중 시간이 짧을 수 있다는 점을 염두에 두고 다른 아이와 비교하며 아이에게 스트레스를 주지 않아야 한다.

일반적인 경우 뇌는 30분 정도 활동하면 정보전달 속도가 느려지기 시작하고 50분 정도가 지나면 뇌세포가 제대로 기능하지 않는 불응기에 들어간다. 불응기란 외부자극에 반응을 하지 않는 시간이므로, 이 시간에는 뇌를 쉬도록 해주어야 다시 작동을 할 수 있다. 50분의 수업시간과 10분의 쉬는 시간은 이러한 뇌의 메커니즘을 반영한 결과이다.

하지만 이러한 공부시간 패턴은 일반적인 경우이고, 아이들마다 수초화 진행속도가 다르기 때문에 어떤 아이는 불응기가 15분에서 20분 만에 올 수도 있다. 그러므로 아이의 주의집중 시간을 잘 살펴보고 불응기는 쉬는 시간으로 정하는 것이 좋다. 그러면서 조금씩 주의집중 시간을 늘려가면 된다.

다음으로는 언제나 즐거운 마음으로 공부를 하는 것이 중요하다. 이는 뇌의 기억장치인 해마와 관련 있는데, 해마는 변연계 아래쪽에 위치한다. 즉, 기억은 정서와 버무려져 기억장치에 저장된다는 뜻인데, 가만히 생각해보면 잊히지 않는 대부분의 기억은 감정과 관련되어 있다. 결국 즐겁고 안정적인 마음일 때 기억의 저장과 유지가 잘 이루어지는 것이다. "언제까지 TV만 보고 있을 거야? 이제 공부해야지!", "게임기 빨리 안 치워? 지금 공부하기로 약속한 시간이잖아!"라는 식으로 공부시간을 야단과 꾸중으로 시작하면 아이는 자신의 능력만큼도 공부를 잘할 수가 없다. 다그치기보다 아이가 스스로 공부할 수 있도록 칭찬과 유머로 유도하면 공부한 내용을 더 잘, 그리고 더 오래 기억할 수 있다.

# 놀이 과정에서
# 공부머리와 사회성이 자란다

## 놀 줄 아는 아이가 똑똑하다

언제부터인가 노는 아이들을 볼 수가 없어졌다. 동네 놀이터에 나가봐도 어린 유아와 엄마들이 모여 있는 모습은 보여도 한창 뛰어놀 학령기 아이들은 보이지를 않는다. 굳이 노는 아이들을 찾으려면 PC방에 가면 된다는 것이 상식인 시대가 되어버렸다.

이제 우리 아이들은 더 이상 땅을 밟으며, 혹은 또래들과 한데 어울려 소리 높이며 놀지 않는 것 같다. 오히려 그런 놀이문화를 어색해하기까지 하는 듯하다. 학교에서 배우고, 학원에서 배우고, 문제를 풀고, 읽는 데에만 시간을 내느라 논다는 것을 엄두도 못 내는 것도 같다.

현재 부모들은 어린 시절에 친구들과 동네방네 다니면서 온갖 놀이를 했던 추억을 가지고 있을 것이다. 사방치기, 술래잡기, 무궁화 꽃이 피었습니다, 고무줄놀이 등등…… 번갈아가면서 술래를 하고, 편을 짜고, 점수를 내고, 때로는 금을 밟았다 안 밟았다 실랑이를 하면서 반나절을 보냈을 것이다. 많은 사람들이 이런 놀이를 그저 어린 시절의 통과의례로 생각하기도 하는데, 사실 놀이는 '그저 한가로이 시간을 보내는 것'이나 '시간을 낭비하는 활동'이 전혀 아니다.

최근 들어 놀이가 아동의 뇌발달에 얼마나 긍정적인 영향을 미치는지를 입증하는 과학적 연구결과가 속속 등장하는 것만 봐도 놀이가 얼마나 중요한지를 알 수 있다. 연구에 따르면 놀이는 사회성과 인성, 심지어 도덕성 형성에 도움을 준다고 한다. 많은 연구들이 어릴 때부터 다양한 놀이활동을 경험한 사람, 연령에 적합한 놀이에 쏙 빠져 있었던 사람들이 창의력, 적응능력, 대인관계 기술 등이 뛰어나다는 사실을 보여준다.

더 놀라운 놀이의 효과는 유대인에게서 찾아볼 수 있다. 유대인은 전 세계 인구의 0.2퍼센트에 불과하지만, 이제까지 역대 노벨상 수상자의 20퍼센트를 차지한다. 뿐만 아니라 전 세계 경제를 움직이는 억만장자의 30퍼센트가 유대인이며, 아이비리그 학생의 20퍼센트, 교수의 30퍼센트가 유대인이다. 또한 세계적으로 유명한 명사들 중 거의 절반에 가까운 사람들이 유대인이다. 그렇다면 유대인은 원래 똑똑하고 성공을 거두는 운명을 지니고 태어난 것일까?

유대인을 연구하는 학자들이나 유대인 스스로는 그에 대한 대답으로 '잘 놀고 쉬는 것'을 중요하게 여기는 문화와 풍토, 교육적 마인드를 든다. 이에 대해 조금 더 자세히 살펴보도록 하자. 종교의 영향이겠지만, 유대인은 주말에는 주중에 직장이나 학교에서 힘들게 진행했던 일에서 벗어나 가족과 함께 맛있고 건강에 좋은 식사를 하면서 각자의 경험과 고민을 나누는 것을 아주 중요한 생활원칙으로 여긴다. 이른바 안식일이다. 이 시간 동안 가족 간의 대화를 통해 위로를 받고 정신적·육체적

휴식을 취하며 다음 주의 일상으로 돌아갈 몸과 마음의 준비를 한다는 것이다.

이런저런 일로 쌓인 스트레스를 계속 속에 담아두거나 술로 풀고자 하는 시도는 건강을 해칠 뿐, 쉰다고 말할 수 없다. 유대인들처럼 '제대로 잘 쉬어야' 새로운 일을 할 수 있는 에너지가 생기게 마련이다.

또한 유대인들은 '노는 것'의 중요성을 강조하는 풍토를 지니고 있다. 이스라엘에서는 학교나 공원 등 아이들이 있을 만한 곳이라면 어디서든 네댓 명의 아이들이 함께 어울려 노는 모습을 목격할 수 있다. 이스라엘에서는 생후 3개월부터 자녀를 공동체 마을인 '키부츠$^{kibbutz}$'의 어린이집에 보내는데, 이 어린이집은 공동육아의 방법으로 아이들을 양육한다. 어릴 때부터 함께 먹고 자고 놀면서 규칙을 자연스럽게 습득하는 것이다. 멋지고 비싼 장난감이 아니라 집 안에 굴러다니는 냄비, 그릇, 수저와 같은 생활용품을 이용해서 삼삼오오 놀이를 하고, 학교에 들어가서도 이러한 방식이 이어져서 자연스럽게 무엇인가를 함께하며 논다. 그렇게 노는 과정에서 창의적이고도 기발한 아이디어가 나오고, 이것이 바로 유대인의 지혜와 경제적 성공의 토대가 되고 있는 것이다.

유대인들은 배우는 것 역시 노는 것과 똑같다는 인식을 가지고 아이들을 가르친다. 아이들이 초등학교에 입학하는 첫날, 선생님들은 글자를 꿀로 써서 아이들이 그것을 재미있게 핥아먹으며 글을 배우도록 한다. '배움은 즐겁고 달콤한 것'임을 몸으로 체험하는 의식인 셈이다. 결국 유대인의 강력한 힘은 어릴 때부터 잘 쉬고, 잘 놀고, 즐겁게 배우는 데서 나오는 것임을 알 수 있다.

이는 비단 유대인에게만 해당되는 이야기가 아니다. 실제로 주변을 살펴보면 어릴 때부터 친구들과 잘 어울려 놀았던 사람들이 성인이 되어서도 놀이를 잘 활용할 줄 안다. 즉, 스트레스를 받거나 머리를 식힐 필요가 있을 때 자신만의 휴식이 될 만한 놀이를 즐길 줄 알고 자녀들과도 신나고 즐겁게 놀아준다.

반면 필자를 비롯해 어릴 때 놀이체험을 제대로 해보지 못한 사람들은 그 반대의 모습을 보이는 경우가 허다하다. 어릴 때의 영향인지 어른이 되어서도 선뜻 잘 놀 줄을 모른다. 머리를 식힐 수 있는 자신만의 놀이도 없고, 잘하는 놀이도 없다. 그러다 보니 필자의 경우 쌍둥이 딸들과 다양한 놀이체험을 하지 못한다는 것이 가장 안타깝다. 아쉬운 대로 역할놀이나 상상놀이를 하기는 하지만, 아이들이 그다지 즐겁고 유쾌해 보이지는 않는다. 놀아보지 못한 엄마의 한계다.

잘 논다는 것은 무엇인가를 제대로 하기 위한 출발점이자 연결고리이다. 잘 놀아본 아이들은 놀이 속에서 즐거움을 느끼고, 그 즐거운 감정은 뇌 전체에 영향을 준다. 이로써 뇌가 활성화되고 뇌를 성장하게 하는 BDNF가 생성된다. 놀이 속에 공부머리를 만드는 비법이 숨어 있는 셈이다.

## 뇌를 성장시키는 놀이

놀이는 불안한 마음을 이완시켜 정서를 안정시키고, 여러 명이 규칙을 지켜가며 노는 과정에서 사회성이 길러진다. 무엇보다 놀이는 뇌발달을 일으키는 핵심자극이라는 측면에서 매우 중요하다.

아이들이 놀고 있는 모습을 보면, 어른들 눈에는 정말 '노는' 것으로 보인다. 하지만 깔깔거리고, 규칙을 지키려고 애쓰고, 이리저리 뛰고 구르며 '노는' 활동을 하는 가운데 자녀들의 뇌는 쑥쑥 자라난다. 놀이를 할 때 뇌에서는 과연 어떤 작용이 일어나는 것일까?

### 놀이는 BDNF의 자양분이다

버클리대학교의 신경심리학자인 매리언 다이아몬드$^{\text{Marian Diamond}}$ 교수는 놀이가 뇌에 얼마나 큰 영향을 주는지를 실험을 통해 입증해냈다. 쥐를 대상으로 한 이 연구에서 다이아몬드 교수는 쥐의 거주환경을 세 종류로 나누었다. 하나는 쥐들이 함께 있기에도 비좁은 데다가 아무것도 없는 공간, 다른 하나는 공간은 널찍하지만 역시 아무것도 없는 공간, 그리고 나머지 하나는 널찍하면서 중간중간 장난감도 있는 공간이었다.

몇 개월 후 매리언 교수는 환경에 따라 쥐의 뇌가 어떻게 달라졌는지를 알아보기 위해 두 가지를 확인하였다. 우선 문제해결능력과 기억력을 알아보기 위해 미로를 빠져나오는 시간을 측정했는데, 쥐가 미로에서 빨리 빠져나올수록 문제해결능력과 기억력이 좋아진 것으로 볼 수 있다.

그리고 쥐의 대뇌피질을 살펴보았다. 환경에 따라 쥐의 뇌에 실제로 변화가 나타났는지를 직접 확인하기 위해서였다. 넓은 공간에서 장난감을 가지고 논 쥐의 대뇌피질 부피가 증가했다면 놀이를 통해 뇌가 좋아졌다고 유추할 수 있다.

미로 실험에서는 세 번째 환경, 즉 넓고 여러 가지 장난감을 가지고 노는 환경에서 성장한 쥐가 가장 빨리 미로를 빠져나왔다. 그렇다면 나머지 두 가지 환경의 쥐는 어땠을까? 장난감을 전혀 가지고 놀 수 없는 환경에서 지낸 쥐들은 공간의 크기에 상관없이 미로에서 빠져나오는 시간이 거의 비슷했다.

대뇌피질을 확인한 결과도 미로실험의 결과와 동일했다. 널찍하고 장난감이 제공된 공간에서 자란 쥐들의 대뇌피질 두께가 가장 두꺼웠다. 대뇌피질이 두꺼워졌다는 것은 인지능력이 보다 발달했다는 것을 의미하므로 결국 널찍한 공간에서 장난감을 가지고 놀며 성장한 쥐들이 똑똑해진 것이다.

이 결과에서 우리는 비록 쥐라고 할지라도 장난감을 가지고 이런저런 장난을 치며 놀아본 쥐가 영리하고 지적인 능력도 탁월하다는 것을 알 수 있다. 그렇다면 사람의 뇌는 어떨까? 두말할 나위 없이 인간의 뇌 역시 놀이를 통해 더욱 발달한다.

뇌세포의 성장을 촉진하고 뇌세포를 증가시켜 뇌발달에 기여하는 BDNF는 음식이나 영양제 등으로 형성되지 않고 활발하게 사고하고 왕성하게 움직일 때 만들어진다. 우리 아이들이 사고를 하는 동시에 몸을 움직이는 활동이 바로 놀이다. 규칙을 지키면서 점수를 올리려고 이리저리 몸을 움직이고 뛰어놀 때 아이들의 뇌 속에는 BDNF가 넘쳐나게 된다. 비록 부모들이 눈으로 그것을 확인할 수 없을지라도 말이다.

### 놀이를 통해 공부머리가 만들어진다

놀이를 하면 그저 '노는 머리'로 굳어지는 것이 아니라 '공부머리'가 갖추어진다. 어떻게 그럴 수 있나 생각할 수도 있지만, 놀이를 할 때 뇌의 상태를 보면 그 답을 얻을 수 있다.

운동장이나 놀이터에서 한창 놀이에 푹 빠져 있는 아이들의 모습을 떠올려보라. 누구 하나 찡그리거나 화내지 않고 깔깔거리며 시간이 어떻게 지나가는지 모를 정도로 놀이에 몰입해 있다. 이렇게 즐거움을 수

반한 신체활동에 푹 빠져 있을 때에는 기쁨과 쾌락을 느끼게 하는 도파민이라는 신경전달물질이 우리 뇌에서 방출된다.

도파민은 우리가 살아가는 데 있어 매우 중요한 역할을 한다. 난관이 있다는 것을 알면서도 무엇인가를 해내고자 의욕을 가질 때, 자신이 세운 목표를 향해 끊임없이 노력하며 나아가고자 할 때, 수많은 경쟁자가 있더라도 반드시 성취하고자 할 때, 이를 가능하게 해주는 것이 바로 도파민이다.

도파민은 우리가 목표를 향해 나아갈 때 다른 데로 주의를 흩뜨리지 않고 집중할 수 있도록 도와주며, 목표를 완수했을 때 말로 표현할 수 없을 정도의 만족감과 쾌감을 선사한다. 아이들 중에는 엄마가 시키는 대로 하기보다는 자신만의 규칙을 가지고 승리욕을 발휘하고, 남들보다 더 잘하고 싶어하는 아이들이 있는데 이런 아이들을 일컬어 '도파민 성격'을 지녔다고 말한다. 즉, 도파민이 뇌에 쏟아져서 뇌의 모든 기능이 하나의 목표에 온통 쏠려서 끝내 해내야만 직성이 풀리고 기쁨을 느끼는 것이다.

이렇게 중요한 도파민은 가만히 있으면 만들어지지 않는다. 웃고 떠들면서 좋아하는 놀이에 즐겁게 몰입할 때 만들어진다. 도파민이 자주, 그리고 많이 분비될수록 대뇌피질 중 전두엽의 기능이 상당히 좋아진다. 전두엽은 인간의 인지능력을 담당하는 영역이므로 전두엽의 기능이 향상된다는 것은 똑똑해진다는 의미이다. 또한 시냅스의 연결망을 더욱 튼튼하고 복잡하게 조성한다. 이로써 문제해결능력뿐 아니라 집중력과 주의력이 발달한다. '놀면서 배운다'는 말은 그냥 만들어진 말이 아니라 명확한 과학적 증거를 지닌 말이다.

어릴 때 놀이를 통해 도파민이 풍부하게 생성된 아이는 나중에 공부를 할 때도 놀이를 할 때와 같은 집중력과 주의력을 보이고, 실패나 좌절을 겪어도 너끈히 이겨내고 끝까지 해보려는 의지를 갖는다. 그렇다면, 어릴 때 놀이경험을 해보지 못한 아이는 어떤 모습으로 성장할까? 어릴 때 놀이를 통해 몰입과 즐거움을 경험해보지 못했다는 것은 도파민이 방출될 기회가 적었다는 것을 의미한다. 이럴 경우 쉽게 좌절하고, 무엇을 하고자 하는 의욕이 없으며, 집중을 잘 못해서 뭔가를 진득하게 하지 못한다.

그러므로 우리 아이가 똑똑한 뇌를 갖기를 원한다면 BDNF가 넘쳐날 수 있도록, 도파민이 뇌에서 솟아날 수 있도록 동네가 떠나가도록 깔깔대며 놀 수 있는 시간과 경험을 제공해야 한다.

## 놀이 속에서 익히는 사회성과 도덕성

21세기는 리더십과 인성을 갖춘 인재를 원한다. 단순히 자신의 이익만을 위해, 부자가 되어 떵떵거리며 살기 위해 머리를 쓰는 인재가 아니라 다른 사람들에게 선한 영향력을 미치면서 사회가 행복하고 긍정적으로 변화하는 데 자신의 능력을 내어놓는 따뜻한 인재를 원한다.

이처럼 리더십과 인성을 갖춘 인재는 과연 어떻게 만들어질까? 가장 손쉬운 방법이 바로 놀이다. 혼자서 하는 놀이, 여럿이서 어울려 하는 놀이, 경쟁이 심한 놀이, 몸을 많이 쓰는 놀이, 상상력이 필요한 놀이 등등 이처럼 다양한 놀이를 통해 아이들은 다른 사람들과 어울릴 수 있는 사회성, 규칙을 지키고 승부에 승복하고 다른 사람을 존중하는 도덕성을 함양한다.

## 놀이를 통해 다친 마음을 치유한다

놀이는 그저 즐거움에만 그치지 않는다. 아이들은 놀이를 통해 자신의 생각과 감정을 언어로 표현하는 방법을 배우고 또래를 사귀며 인지적으로도 성숙해진다. 또한 놀이는 아동의 심리적 갈등을 완화시켜주고 욕구를 충족시켜주는 기능까지 한다. 어른들은 마음이 힘들거나 고통스러울 때 언어로 자신의 감정과 생각을 표현할 수 있지만, 언어적 능력이 발달하지 않은 아동들은 놀이를 통해 자신의 감정과 생각 등을 표현하고 긴장과 스트레스를 해소한다.

이와 같은 놀이의 심리적 치료적 기능을 활용한 '놀이치료'가 각광을 받고 있다. 놀이치료는 아동의 심리적 갈등이나 아픔, 즉 학대, 부모의 이혼이나 죽음 등으로 인해 생긴 마음의 상처를 놀이를 통해 치유하고자 하는 심리치료 방법이다.

놀이치료의 장점은 두 가지다. 첫째, 치료가 놀이로써 진행되기 때문에 아동은 놀이치료자에게 특별한 거부나 저항을 하지 않고 놀이에 몰두할 수 있다. 둘째, 놀이치료가 진행되는 과정에서 아동은 언제나 놀이의 주체이자 결정자이기 때문에 심리적인 치유를 넘어 성장까지 도모할 수 있다.

아동이 어떤 문제를 가졌는지와 더불어 아동의 성격과 특성에 따라 놀이치료의 소요시간과 장난감 등이 결정되며 놀이치료자와 아동의 정서적 관계가 긴밀해질수록 치료의 효과가 크다.

### 놀이 결핍이 가져온 비극

미국에서는 종종 총기사건이 발생한다. 그중에서도 가장 비극적 사건이 1966년 8월 1일 텍사스 오스틴에서 벌어졌다. 이는 미국에서 발생한 최초의 교내 총기사건이었는데 범인은 텍사스대학교 건축학과에 재학 중이던 찰스 휘트먼<sup>Charles Whitman</sup>이었다.

그는 학교로 향하기 전에 이미 집에서 아내와 어머니를 죽인 상태였으며, 학교 전체를 한눈에 가장 잘 내려다볼 수 있는 대학본부의 전망대로 무시무시한 무기들을 잔뜩 가지고 올라가 거리를 지나는 사람들을 향해 무차별적으로 총을 난사했다. 그는 96분 동안 열다섯 명을 죽이고, 서른한 명에게 부상을 입힌 후 경찰의 총에 사살되었다.

이 총기사건은 가장 많은 사상자를 낸 최악의 사건이었다. 텍사스 주정부는 찰스 휘트먼이 왜 이런 충격적인 사건을 저질렀는지 알아내기 위해, 그리고 이후에 일어날 가능성이 있는 또 다른 총기사건을 미연에 방지하기 위해 병리학, 범죄심리학, 정신의학, 사회학 등 각 분야의 전문가들을 동원하였다. 그런데 그 원인을 밝혀내기가 무척 어렵고 복잡할 것이라는 당초의 예상과 달리, 굉장히 짧은 시간 내에 너무도 명확하고 분명하게 그 원인이 드러났다.

전문가들은 찰스 휘트먼의 주변 사람들을 대상으로 이 끔찍한 살인마의 어린 시절부터 성인이 되었을 때까지의 행동을 조사하였다. 증언에 따르면 휘트먼은 어릴 때부터 아버지의 폭력과 학대에 시달렸으며 한 번도 마음껏 놀아보지 못한 불행한 영혼이었다. 다른 아이들이 자연스럽게 경험했을 부모의 애정과 보호를 전혀 경험하지 못했고, 혼자서든 여럿이서든 놀이를 전혀 해보지 못한 채 성장한 것이다. 애정결핍, 심리적인 아픔과 고통을 겪은 데다가 이를 자연스럽게 표출할 수 있는 놀이의 기회까지 박탈당하면서 결국 오랫동안 억눌린 그의 분노와 좌절이 비극적인 참사로 표출된 것이다.

이 사건을 조사했던 전문가 중 한 명이었던 심리학자 스튜어트 브라운Stuart Brown은 그 이후에도 사이코패스를 비롯하여 극악무도한 범죄자들을 연구했는데, 놀랍게도 찰스 휘트먼과 살인마들 사이에서 공통점이 발견되었다. 바로 어린 시절에 놀이를 해본 적이 없다는 것이다. 놀이는 그냥 노는 것이 아니라 즐거움, 기쁨 등의 긍정적인 정서를 경험하고, 규칙을 지키면서 이기려고 노력하고, 자신의 감정을 표출할 기회를 제공하는 종합선물세트인 것이다.

스튜어트 브라운은 이러한 놀이의 중요성을 깨닫고 놀이연구소를 설립하여 놀이가 유아와 아동의 발달에 어떠한 영향을 미치는지에 대해 몇십 년 동안 지속적으로 연구를 수행하고 있다. 그리고 놀이가 아이들의 사회성은 물론 도덕성까지 결정한다는 사실을 밝혀냈다. 그의 연구 결과에 따르면, 어릴 때부터 다양한 놀이를 경험하고 놀이에 푹 빠져본 적이 많을수록 이후 청소년기, 성인기에 인간관계가 원만하고 사회성이 높으며, 도덕적 판단과 행동을 하는 경향이 있다고 한다.

놀이를 통해 아이들은 사회적 기술을 습득하고 의사소통 기술을 터득하며, 집단생활의 중요성을 배운다. 규칙을 지키고 의견을 조율하고 타협하는 과정을 통해 사회성의 기초를 마련하는 것이다. 뿐만 아니라 아이들은 놀이 속에서 도덕성의 핵심인 공정함까지 습득한다.

### 놀이는 변연계와 전두엽 성장의 연료다

놀이는 실제로 사회성, 도덕성을 담당하는 뇌의 영역에도 변화를 일으킨다. 우선, 놀이를 하면 정서가 발생하는 변연계와 이를 조절하는 전두엽의 발달이 이루어진다. 술래잡기 놀이를 예로 들어보자. 술래가 아닌 아이는 술래에게 잡히지 않기 위해 매우 흥분되고 긴장한 상태로 계속 뛰어다닌다. 그러다가 술래에게 잡혀서 자신이 술래가 되면, 바로 정서를 조절하여 술래의 역할에 충실하고자 마음을 다잡아야 한다. 놀이를 하는 과정에서 흥분과 이완이 반복되는 것이다. 뇌의 변연계가 흥분을 유발하고, 전두엽에서 정서를 조절하고 이완하는 과정을 반복함으로써 둘 사이의 연결망은 더욱 튼튼해진다.

    정서조절능력은 사회성에서 빼놓을 수 없는 요소다. 자신의 기분이나 감정을 적절하게 잘 관리하고 조절할 때 적응력이 생기고 원만한 인간관계를 형성할 수 있다. 또한, 여러 사람과 놀이를 자주 하면 다른 사람의 감정을 빨리 알아챌 수 있다. 사회관계의 핵심요소인 다른 사람의 얼굴표정, 제스처, 목소리 톤, 뉘앙스 등을 살피고 이해하는 능력이 생기는 것이다. 이 과정에서 전전두엽 피질이 상당히 견고하게 발달하는데, 전전두엽 피질은 다른 사람의 감정에 대한 정보를 편도체에 전달하는 역할도 병행하기 때문에 공감능력까지 발달된다.

    다른 사람이 보여주는 비언어적인 단서 속에서 그 사람의 감정과 기분을 읽어내고 공감하는 능력이야말로 사회성의 핵심이다. 그런데 요즘 아이들은 사람들의 얼굴보다 컴퓨터와 같은 디지털 미디어를 더 많이 접촉하며 지낸다. 우리 아이들의 뇌가 사회성과 도덕성을 어떻게 갖출 수 있을지 염려되는 대목이다.

## 뇌가 좋아지는 놀이와 장난감

얼마 전 대형마트 장난감 매장에 가보고 떡 벌어진 입을 다물 수가 없었다. 소꿉놀이부터 최신 장난감 로봇, 어른들의 노트북을 흉내 낸 놀이용 컴퓨터까지 마치 어른들의 세계를 축소해놓은 소인국처럼 장난감이 가득했다. 그런데 문득 이런 의문이 들었다. 정말 이 장난감들이 아이들에게 도움이 될까?

과거에는 그럴듯한 장난감을 찾아보기 힘들었다. 기껏 해봐야 땅바닥에 금을 그어놓고 뜀뛰기를 하거나, 빨간 벽돌을 빻아서 고춧가루 양념으로 삼고 굴러다니는 납작한 돌을 접시로 사용해 밥상을 차리는 소꿉놀이가 전부였다. 땅바닥이나 돌, 벽돌 같은 것이 놀이교구이자 장난감이었다. 그렇지만 그것만으로도 부족함이 없었다. 돌과 땅바닥에 그어놓은 금만으로도 규칙을 배울 수 있었고, 빨간 벽돌과 돌 접시만으로도 충분히 밥상을 표현할 수 있었다.

그런 면에서 보면 요즘 아이들이 가지고 노는 장난감은 그저 장난감 그 자체만이 아닌가 싶다. 장난감이 놀이를 하는 데 사용되는 도구가 아니라 장난감을 갖고 노는 것만이 놀이가 되는 주객전도가 일어난 것이다. 환상적인 불빛을 내며 변신하는 장난감을 이리저리 변형시키는 것이 놀이가 되었고, 그것이 가장 좋은 장난감이라고 생각한다. 그래서 장난감 회사는 더욱 자극적이고 화려한 것을 만들어내려 애를 쓰고, 장난감의 세계에도 어느새 유행이 만들어졌다. 옷이나 가방과 마찬가지로 살 때는 열광을 하지만 이내 싫증을 느끼고 다른 장난감을 찾게 되는 것이다. 그렇다면 아이들에게 정말 도움이 되는 놀이와 장난감은 과연 무엇일까?

### 모호할수록 더 좋다

놀이의 가장 큰 이점 중 하나는 아이의 상상력과 창의력을 키워준다는 것이다. 규칙을 새롭게 만들거나 새로운 놀이를 생각해내는 것은 창의력의 영역이다. 그러나 이미 만들어진 장난감을 가지고 이리저리 조합하며 하는 놀이가 창의력을 키워준다고 보기는 어렵다. 창의력은 정답과 얼마나 가까운지를 보지 않는다. 오히려 얼마나 새롭고 기발한가에 초점을 맞춘다. 그렇기에 창의력은 상상력과 맥을 같이 한다.

창의력과 상상력에 도움이 되는 장난감은 과연 무엇일까? 사실 놀이를 연구하는 심리학자들의 주장에 의하면 놀이에서 가장 중요한 것은 주체인 아이고, 그중 장난감이 차지하는 비중은 10퍼센트 정도에 불과하다고 한다. 이 말은 창의력을 키우는 데는 장난감보다 아이가 얼마나 즐겁고 적극적으로 놀이를 하는가 하는 점이 중요하다는 뜻이다.

창의력이 뛰어난 아이들의 놀이 장면을 관찰해보면 그 아이들은 특별한 장난감을 가지고 놀지 않는다. 종이 한 장, 찰흙 한 덩이, 때로는 자신의 손가락만 가지고도 하루 종일 즐겁게 놀 수 있다. 예전에 매우 창의력이 뛰어난 아이를 만났는데, 가장 좋아하는 장난감이 무엇이냐고 물어보았더니 그 아이는 종이라고 답했다. 이런저런 궁리를 하면서 접다 보면 자신이 상상했던 무엇인가가 되기도 하고, 재미난 그림을 그릴 수도 있어서 정말 재미있다는 것이다. 이처럼 아이들의 창의력과 상상력을 키워주고 싶다면, 최신식에 고가를 자랑하는 장난감이나 어른들이 사용하는 물건의 축소판이 아니라 오히려 형체가 불분명하거나 정형화되지 않은 장난감을 선택하는 것이 좋다.

아동의 놀이와 장난감에 대해 오랜 시간 연구한 예일대학교 심리학과 교수 제롬 싱어Jerome Singer의 이론을 살펴보면 아이들에게 가장 좋은 놀이와 장난감이 무엇인지 분명한 답을 찾을 수 있다. 그는 여러 유형의 장난감, 아이들이 하는 놀이의 유형과 그 효과 등을 연구하며 백화점이나 마트에서 쉽게 볼 수 있고 아이들이 좋아하는 온갖 종류의 장난감이 어떠한 효과가 있는지 살펴보았다. 그런데 놀랍게도 실물 모습의 장난감을 가지고 노는 아이들에 비해 별다른 형체도 없는 물건 하나를 놓고 가상놀이나 역할놀이를 하는 아이들이 상상력이나 창의력이 뛰어난 것으로 나타났다.

재미있는 것은 아이가 혼자서 역할놀이나 가상놀이를 할 때에도 상상력과 창의력이 효과적으로 발전했다는 점이다. 아이 혼자서 엄마, 아빠, 선생님, 의사 등등의 역할을 해가며 각 역할의 관점을 취해보고 말하고 행동할 때 인지적 사고능력과 언어능력이 발달하는 것이다. 가정에서 흔히 볼 수 있는 생활용품을 주면 아이들은 그것을 우주인의 모자나 별나라 토끼라고 생각하며 마음껏 상상력과 창의력의 나래를 펼친다. 또한 아이들에게 책을 읽어주거나 이야기를 들려주고 나서 생각나는 대로 그림을 그려보라고 하면 상당히 창의적이고 사람들이 깜짝 놀랄 만한 상상력을 보이지만, 비디오를 본 다음 그림을 그려보라고 하면 자신들이 본 장면을 단순히 따라 그리거나 거기서 크게 벗어나지 못하는 것으로 나타났다.

이처럼 구체적이고 실물에 가까운 모양의 장난감, 시각적으로 확실하게 드러나는 단정적인 장난감은 창의력이나 상상력에 그다지 도움이 되지 않는다. 비디오나 눈을 사로잡는 화려한 디자인의 장난감은 이미 눈앞에 분명한 답을 제시하기 때문에 생각과 상상의 여지를 막아버리는 것이다.

아이들은 집 안에 있는 물건이나 집 밖에 굴러다니는 돌에도 의미를 부여하며 놀 수 있다. 장난감이 중요한 것이 아니라는 말이다. 그보다는 아이가 충분히 놀 수 있는 환경이 중요하다. 여러 명과 놀아도 좋고 혼자 상상을 하며 놀아도 좋다. 중요한 것은 논다는 것 자체다. 놀이를 하는 동안 심리적으로 이완되고, 뇌발달에 좋은 신경전달물질이 방출되며, 자신의 생각에 흠뻑 빠질 수 있다. 단언컨대 이러한 놀이경험은 아이의 뇌를 성장시키고 성숙하게 하는 지름길이다.

 **공부머리가 자라는 놀이**

### 공놀이

공놀이는 대부분의 사람들이 부담 없이 할 수 있는 놀이다. 공을 사용하면 손에서 느껴지는 자극이 뇌로 전달되어 두뇌가 활성화되고 두정엽과 후두엽에 자극이 전달되어 눈과 손의 협응능력이 향상된다. 또한 시판되는 공을 사용하기보다 집 안의 물건이나 재료를 활용해 충격을 완화할 수 있는 부드러운 공을 만들어 사용하면 좋다. 공을 아이와 함께 만들면 창의성을 높일 수 있다.

- **놀이 장소**  집 안에서도, 집 밖에서도 할 수 있다.
- **준비물**  다양한 재료로 공을 만들어 놀이를 할 수 있다. 예를 들어 신문지를 둥글게 뭉쳐 공으로 사용할 수 있고, 말린 콩을 양말에 넣으면 작은 공이 된다. 비치볼이나 풍선을 공 대용으로 사용할 수도 있다.
- **놀이 방법**  두 명 이상과 놀이를 할 때 다음의 방법으로 진행할 수 있으며, 놀이 규칙을 다양하게 변형할 수 있다.
  – 공을 높이 띄워서 다시 잡을 때까지 누가 박수를 많이 치는지 세어본다.
  – 한 손만 사용해서 던진 후 다른 손으로 누가 더 여러 번 잡는지 세어본다.
  – 한 눈을 가리고 던져 올려서 누가 여러 번 잡는지 세어본다.

### 끝말잇기

초등학교 저학년까지는 좌측 측두엽에서 관장하는 언어발달에 결정적 시기라고 볼 수 있다. 그러므로 언어적 활동과 놀이를 통해 언어능력을 더욱 향상시킬 수 있다. 끝말잇기는 언어를 활용하는 대표적인 놀이이다.

- **놀이 방법**
  ① 처음 끝말잇기를 한다면 단순하게 끝음절로 이어서 놀이를 한다.

② 끝말잇기가 익숙해지면 여러 가지 방법으로 응용할 수 있다.
- 세 글자로 된 단어를 말하기로 하고 가운데 음절로 시작되는 단어로 이어서 말한다.
- 3초 안에 말하기 등의 규칙을 추가하면서 놀이한다.
- 영어 스펠링으로 끝말잇기 등으로 응용할 수 있다. 영어 단어를 재미있게 외울 수 있다.

### 내가 누군지 알아맞혀봐

지점토, 찰흙, 모래 등을 이용한 놀이는 손을 자극해서 뇌발달에 도움을 줄 뿐 아니라 정서적 안정감까지 주기 때문에 심리치료에도 활용된다. 특별히 뭔가를 만들지 않고 그저 주무르고 만지기만 해도 불안감을 줄이고 스트레스를 해소하는 데 도움이 된다. 자녀가 평소에 자기의 생각이나 감정을 적절히 표현하지 못하는 성향을 가졌다면, 이런 놀이가 감정을 드러내는 연습을 하는 기회가 될 수 있다.

- **준비물** : 지점토, 찰흙, 천사토, 이쑤시개 등
- **놀이 방법**
    ① 지점토, 찰흙, 천사토를 이용해 대강의 윤곽만 만들고 스무고개를 하면서 무엇을 만든 것인지 알아맞히기 놀이를 한다. 알아맞히지 못하면 조금씩 추가로 자세히 만들어 진행한다. 이쑤시개 등을 이용해서 더 정교하게 만들 수 있다.
    ② 모래밭이나 바닷가에서는 모래를 이용해서 알아맞히기 놀이를 할 수 있다. 또한 모래를 이용해 나만의 집, 나만의 비밀장소 만들기를 할 수 있다. 만드는 동안 그 안에서 뭘 하고 싶은지 자녀와 자연스럽게 대화하는 것도 좋다.

# 신경전달물질이
# 인성과 공부를 좌우한다

## 정신세계의 열쇠, 신경전달물질

과학기술은 편리함과 더불어 인간의 정신세계에 대한 수수께끼를 풀 수 있는 기회를 제공했다. 뇌세포와 뇌세포 간의 연결망, 즉 시냅스를 관찰할 수 있게 된 지는 꽤 오래되었지만 그것만으로는 사람들의 사고와 행동을 온전히 설명할 수 없었다.

예를 들어 뇌를 촬영했을 때 뇌세포 간의 연결망 상태가 상당히 유사해 보이는 사람들이 있다. 전두엽 혹은 후두엽 등 대뇌피질의 일부 영역에서 시냅스 연결망의 부피가 거의 같은 사람도 있고, 좌반구와 우반구가 발달한 모양이 유사한 사람도 있다. 이런 사람들은 엇비슷한 수준의 인지능력이나 특기를 보일 수도 있지만 신기하게도 전혀 다른 행동이나 사고패턴, 성격을 보이는 경우도 있다. 과거에는 그 이유를 정확히 설명하기가 어려웠다.

이러한 차이는 신경전달물질이 발견된 이후에야 설명이 가능해졌다. 신경전달물질은 뇌세포와 뇌세포 사이의 공간인 시냅스에서 방출된다. 뇌세포 끝에는 소포체라는 주머니 모양의 장소가 있는데, 이곳에 온갖 신경전달물질이 저장되어 있다. 뇌세포의 윗부분인 세포체에서 정보가 전달되어 오면 이 소포체 주머니가 터지면서 신경전달물질이 방출되어 시냅스로 흘러나온다. 그리고 굉장히 빠른 속도로 시냅스를 지나 다음 뇌세포로 전달된다. 다음 뇌세포 중 신경전달물질을 받아들이는 공간이 바로 수용체 receptor 다.

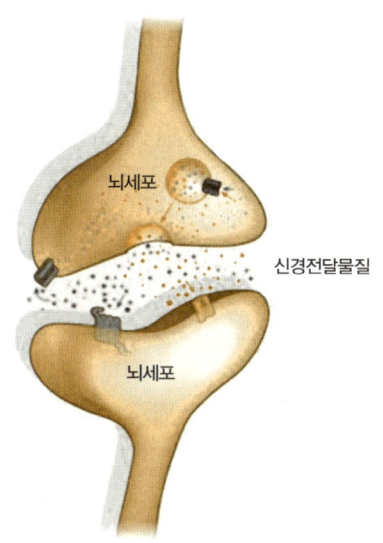

하나의 뇌세포에서 다음 뇌세포로 정보가 전달될 때 신경전달물질은 열쇠 기능을 한다. 다음 뇌세포는 정보가 전달되기를 기다리는데, 그 첫 관문이 바로 수용체다. 수용체는 이때 열쇠구멍 역할을 한다. 신경전달물질인 열쇠가 열쇠구멍인 수용체에 들어맞으면 뇌세포의 문이 열리고 정보가 뇌세포 속으로 들어가는 것이다.

수용체에서 어떤 신경전달물질을 받아들이느냐에 따라 한 사람의 사고, 감정, 행동이 결정된다. 그만큼 신경전달물질은 다양한 기능을 담당한다. 신경전달물질에는 약 500여 종류가 있는데, 그 기능과 역할이 밝혀진 것은 아직 약 40종류에 불과하다. 알려진 신경전달물질 중 아세틸콜린 acetylcholine 은 기억과 깊은 관련이 있어서 아세틸콜린이 줄어들면 알츠하이머병이 나타날 가능성이 높다. 또한 도파민, 세로토닌, 노르에피네프린은 기분이나 감정과 관련이 있는데, 이 세 가지 신경전달물질의 분비량에 따라 우울증, 조증, 양극성장애 등이 발병하기도 한다.

뇌세포의 연결망이 얼마나 복잡하고 견고한가를 살피면 한 사람의 지적인 능력을 어느 정도 알 수 있지만, 비슷한 지적 능력을 지녔더라도 사람마다 전혀 다른 삶을 살아가는 이유는 바로 이 신경전달물질 때문이다. 어떤 신경전달물질이 뇌세포와 결합하는가에 따라 사고, 감정, 행동이 달라질 수 있다.

## 우리 아이의 인성과 공부를 좌우하는 신경전달물질

뇌의 화학물질인 신경전달물질은 한 뉴런의 수상돌기에서 다른 뉴런의 수상돌기로 전달된다. 신경전달물질은 뉴런 간의 아주 미세한 틈을 가로질러 다니는 열쇠와 같아서 한 세포에서 다른 세포로 충동을 전달하는 역할을 한다. 신경전달물질은 우리 아이의 기분과 학습을 좌우하는 '숨어 있는 핵심요소'인데, '숨어 있다'고 표현한 이유는 결과를 간접적으로 좌우하기 때문이다.

많은 사람들이 신경전달물질이 기분조절에만 관여한다고 알고 있다. 그렇지만 신경전달물질의 영향은 단지 기분에만 머무르지 않고 기억, 학습으로까지 확장된다. 한번 논리적으로 따져보자. 우울하고, 짜증이 나고 아무것도 하기 싫은 무력감을 느낄 때, 혹은 감정의 폭발이 일어났을 때 우리는 어떠한 과제나 일에도 집중하기 힘들다. 공부도 마찬가지다. 반면 열정이 있거나 활력이 있을 때는 기억과 집중이 잘되고, 공부도

당연히 잘된다. 이렇게 신경전달물질은 자녀의 기분조절과 인성뿐만 아니라 기억, 학습에도 영향을 준다.

우리 자녀들의 인성과 공부를 좌우하는 신경전달물질에 대해 자세히 알아보도록 하자.

### 도파민이 끈기, 열정, 목표달성을 결정한다

뛸 듯이 기쁘거나 하늘을 날 것 같은 기분이 들 때는 머릿속에 도파민이 흘러넘친다. 도파민은 유쾌하고, 즐겁고, 행복한 기분과 관련 있는 신경전달물질이다. 사람들은 이와 같은 '도파민 기분', 즉 유쾌하고 즐겁고 행복한 기분을 좋아한다. 그래서 어떤 활동으로 인해 도파민 기분을 경험하면 계속해서 그 기분을 느끼고 싶어서 그 활동을 반복한다. 그런데 그 활동이 사회적으로 용인되는 바람직한 활동이 아니라면 문제가 된다. 예를 들어 흡연, 음주, 게임, 도박 등을 하며 극도의 즐거움을 느꼈다면 어떻게 될까? 그 즐거움을 다시 느끼고 싶어서 다시 그 행동을 반복할 가능성이 높다. 이는 '인간은 도파민을 끌어내는 일에 집착한다'는 뇌과학자들의 말을 통해서도 알 수 있다.

이처럼 도파민은 어떤 과제에 완전히 빠져 있을 때 마구 분출된다. 그 경험이 바로 몰입이다. 그렇기에 도파민과 몰입은 떼려야 뗄 수 없는 관계다. 조심조심 온 힘을 집중해 블록을 쌓거나 새로운 무엇인가를 만드는 일에 쏙 빠지면 밥을 먹는 것도, 화장실 가는 것도 잊어버릴 때가 있다. 배가 고프고, 화장실에 가고 싶다는 원초적인 생각조차 차단해버리고 원하는 한 가지에 집중할 수 있도록 돕는 신경전달물질이 바로 도파민이다. 도파민은 이처럼 어떤 과제를 수행할 때 주의력과 집중력을 높여준다.

뿐만 아니라 블록을 완성하고, 기발한 무엇인가를 만들어낸 후 느끼는 뿌듯한 기분 역시 도파민이 발생시킨다. 입을 꾹 다물고 땀을 뻘뻘 흘리면서 무엇인가를 만들어낸 후나 어려운 문제를 해결하고 나서 얼굴 전체에 미소가 번질 때 아이의 뇌 속에서는 도파민이 퍼지고 있다.

시간이 지나서 '아, 또 그 짜릿한 기분을 느끼고 싶다', '또 그 일을 해보고 싶다'는 생각이 떠오르게 하는 것도 도파민이다. 이렇게 도파민은 인간의 동기와 의욕을 좌우한다. 그래서인지 일부 학자들은 자녀가 자기주도 학습능력을 갖기를 바란다면, 도파민 기분을 자주 경험할 수 있도록 돕는 것이 중요하다고 말한다. 해야 할 과제를 스스로 찾아내고 학습목표를 달성하기 위해 노력하는 자기주도 학습능력이 형성되려면 도파민이 필수조건이기 때문이다. 누가 시켜서 억지로 하는 것이 아니라 너무 재미있어서 스스로 하지 않을 수 없는 활동이 도파민 기분을 유발하기 때문에 자기주도 학습능력을 키우고 싶다면 학습에서 도파민 기분을 느낄 수 있도록 하는 것이 가장 중요하다.

아무 의욕이 없고, 하고 싶은 것도 없는 사람들은 도파민이 부족한 상태다. 보다 정확하게 말하면 도파민 기분을 느꼈던 경험이 없어서 동기와 의욕이 없는 상태라고 볼 수 있다. 도파민이 부족하면 동기와 의욕이 현저하게 떨어져 집중하기도 어렵고 어떠한 일에도 흥미가 일지 않는다. 더 심각해지면 주의력결핍과잉행동장애[ADHD], 틱장애에까지 이르기도 한다. 성장기 아이들의 주의력장애, 학습장애와 행동장애의 주요원인으로 도파민 부족을 들기도 한다.

이러한 문제가 심화되면 아이들의 감정조절능력도 어긋나기 시작한다. 또한 집중을 못하고 기억을 잘 못하면서 공부를 따라가기 힘들어지고, 새롭게 시작하려는 마음도 생기지 않는 상태가 이어진다. 이렇게 부정적이고 우울한 기분이 지속되다가 갑작스럽게 감정의 폭발이 발생하기도 한다. 이렇게 중요한 도파민 기분은 어렸을 때부터 자주 경험해야 성인이 되어서도 그 기분을 느낄 수 있다.

### 집중력이 필요하다면 노르에피네프린을 끌어내라

가끔 뉴스를 보면 순간적으로 엄청난 괴력을 발휘해 사람을 구했다거나 위기에서 극적으로 탈출한 사람들의 이야기가 나오곤 한다. 또는 자신도 모르게 평소와 다르게 힘이 솟아나 '아니, 내 어디에서 이런 힘이 나왔지?'라고 느낀 적이 있을 수도 있다. 이처럼 순간적으로 자신도 모르는 힘을 발휘하도록 만드는 신경전달물질이 바로 노르에피네프린이다.

노르에피네프린은 한마디로 활력물질이다. 이 신경전달물질은 '감정의 뇌'에 해당하는 편도체와 상당히 관련이 깊은데 불안이나 공포 등의 감정이 발생할 때 투쟁 혹은 도망 반응을 하도록 준비를 시키는 역할을 한다. 예컨대 어두운 골목길에서 누군가가 쫓아오는 것을 느끼면 편도체에서 불안과 공포가 발생하는데, 이때 그 누군가와 싸우든지 도망갈 준비를 하게 만드는 것이 바로 노르에피네프린이다. 즉, 싸움을 하거나 도망을 갈 수 있도록 근육을 긴장시켜서 단단하게 만들고, 평소와 다른 괴력이 나오게도 한다.

노르에피네프린은 우리가 스트레스를 느낄 때도 투쟁 혹은 도망 반응을 준비시킨다. 이를테면 시험을 앞두고 스트레스를 느낄 때 그 상황에서 더욱 정신을 맑게 가다듬고 집중하고 기억할 수 있는 것도, 시험 장면에서 순발력을 발휘할 수 있는 것도 노르에피네프린 덕분이다.

노르에피네프린이 분비되어 시냅스를 따라 퍼지면 주변 뇌세포들이 상황에 맞게 함께 작용한다. 특히, 주의집중력과 기억력이 필요하거나 신속하게 정보를 처리해야 할 때 효율적으로 움직이도록 만들어준다. 그렇기 때문에 집중력이 필요하다면, 약간의 긴장감을 느끼게 해주어 노르에피네프린이 분비되도록 하는 것도 하나의 방법이다. 그러나 노르에피네프린의 효과는 일시적으로 약간의 긴장이나 스트레스가 주어질 때만 나타난다는 사실을 명심해야 한다. 스트레스와 긴장의 강도가 강하거나 오랫동안 이어지면 노르에피네프린은 오히려 역효과를 낸다.

과중한 스트레스가 장기간 발생하면 노르에피네프린이 과도하게 분비되어 신체적인 문제와 더불어 정서적인 문제가 나타나는데, 분노가 극에 치달아 화를 폭발하게 만들고 심장이 심하게 박동하여 호흡곤란과 경련을 일으키기도 한다.

노르에피네프린의 효과는 그 분비량에 달려 있다. 적절하게 분비되면 열정과 집중을 가져오지만, 과도해지면 정서조절이 어려워지고 문제행동을 일으킬 수 있으니 유의해야 한다.

### 세로토닌이 실패를 극복하는 힘을 만든다

우리 아이의 뇌에서 도파민이 분비되면 어떤 행동이 나타날까? 아이에게 목표가 생기고, 그 목표를 달성하고자 열정적으로 달려들게 된다. 그렇지만 모든 일이 그렇듯 언제나 자신이 원하는 결과가 나오지는 않는다. 때로는 쓰디쓴 실패를 경험하고 좌절을 느끼기 마련이다. 이때 필요한 것이 바로 실패와 좌절을 극복할 수 있는 힘, 즉 회복탄력성$^{resilience}$이다. 이러한 회복탄력성을 발휘할 수 있도록 하는 신경전달물질이 바로 세로토닌이다.

도파민이 다량으로 방출되면 도파민 기분이 지나쳐서 열정이 아닌 과도한 경쟁심과 승리욕으로 표출되는데, 이런 상태가 심화되면 공격성과 충동성이 나타나기도 한다. 도파민 기분은 순간순간의 목표를 달성하는 데에는 도움이 되지만, 장기적인 효과는 기대할 수 없다. 오히려 목표를 달성하지 못해 좌절을 경험하면 기분이 극하강하여 우울해질 수도 있다.

이러한 감정의 기복을 조절해주는 것이 바로 세로토닌이다. 세로토닌은 기분이 너무 들뜨지도, 그렇다고 너무 가라앉지도 않게 균형을 맞춰주는 역할을 한다. 세로토닌은 시소의 가운데서 균형을 잡아주는 역할을 하기 때문에 기분이 어느 한쪽으로 치우치지 않도록 도와준다. 실패와 좌절을 경험하더라도 마냥 우울한 기분에 빠져 있지 않고 다시 일어나 꾸준히 노력할 수 있는 것도 모두 세로토닌 덕분이다.

다행스럽게도 도파민에 비해 세로토닌은 분비되는 영역이 훨씬 넓다. 도파민은 전두엽을 비롯하여 변연계에서 주로 분비되는데, 세로토닌은 전두엽뿐만 아니라 후두엽, 측두엽, 두정엽 등 대뇌피질 전반과 변연계에서 분비되어 기분의 조절을 이끌어준다. 그만큼 전반적인 안정과 조절기능이 중요하다는 뜻이기도 하다.

도파민은 일부 뇌의 기능을 활성화시켜주는 역할에 한정되지만, 세로토닌은 뇌의 전역에 분비 시스템이 분포되어 있어서 뇌 전체가 안정적으로 기능을 유지할 수 있도록 균형을 잡아준다. 그렇기에 안정적인 감정 상태, 행복감과 마음의 평화를 느끼는 상태를 유지하려면 세로토닌의 분비가 중요하다.

최근에는 초콜릿 속의 트립토판 tryptophane 이라는 성분이 세로토닌을 분비시켜 기분을 안정시키고, 페닐에틸아민 phenylethylamine 이라는 성분이 대뇌를 각성시켜 사고력과 기억력, 그리고 집중력 향상에 효과적이라는 연구결과가 발표되면서 사람들이 초콜릿에 열광하는 기현상이 나타나기도 했다. 우울증 치료제 중 프로작$^{Prozac}$ 또한 세로토닌의 분비를 증가시키는 작용을 해, 우울한 기분을 끌어올려 마음을 안정시켜준다.

세로토닌이 부족하면 양 극단의 기분이 나타나 우울하거나 공격적이고 충동적인 반응을 보일 수 있다. 성장과정에 있는 아동과 청소년들은 세로토닌 분비 시스템이 충분히 성숙되어 있지 않기 때문에 부모나 선생님에게 야단을 맞으면 울음을 터뜨리고 그 여파가 오래가기도 한다. 성숙한 세로토닌 분비 시스템을 형성하기 위해서는 어릴 때부터 세로토닌 활성화를 촉진시켜주는 노력이 필요하다. 청소년기에 이르면 급작스럽게 감정의 기복이 심해지는데, 유아기와 아동기부터 세로토닌 활성화 연습을 제공하면 혹독한 사춘기의 감정 폭풍우를 그나마 크게 힘들이지 않고 넘어갈 수 있다.

## 신경전달물질 활성화 시스템을 만드는 방법

기분은 단순히 현재 느끼는 감정 상태만을 의미하지 않는다. 기분은 자녀의 인성, 학습, 교우관계 등을 비롯하여 전반적인 일상생활을 지배한다. 그러한 기분을 좌우하는 것이 신경전달물질이기 때문에 신경전달물질 활성화 시스템의 형성은 필수적이다. 그렇다면 신경전달물질 분비 시스템을 활성화시키려면 어떻게 해야 할까?

첫 번째는 자녀에게 스스로 선택할 수 있는 기회를 제공해야 한다. 부모님이 학원과 공부, 놀이를 지정해주기보다 먼저 자녀에게 무엇이 하고 싶은지 물어보는 과정이 필요하다. 누군가가 시켜서 하는 공부, 놀이,

활동은 아무리 해도 성취감을 느끼기 어렵다. 그것은 그저 시키는 대로 해서 얻어지는 결과이므로 '내 것'이라고 생각되지 않는다. 자녀가 혼자 힘으로 도저히 해결하기 어려운 일에 부딪혔을 때는 도움의 손길을 내밀어줄 수도 있지만 무슨 일, 어떤 놀이를 할 것인지 그 선택은 자녀에게 맡기는 것이 좋다. 자율적으로 책임감을 갖고 한 일에서 원하는 결과가 나오면 얼굴에는 미소가, 뇌에서는 도파민이 흘러넘친다.

두 번째, 자녀가 스트레스에 대처할 수 있는 전략을 세울 수 있도록 도와주어야 한다. 약간의 스트레스는 노르에피네프린의 분비를 촉진해 집중할 수 있게 해주지만, 장기적이고 강한 스트레스는 뇌를 망가뜨린다. 스트레스가 지속되는 시간이 길어지고 스트레스 강도가 심하면 스트레스 호르몬인 코티졸이 분비되는데, 많은 양의 코티졸은 뇌가 제대로 기능하지 못하게 만든다.

요즘처럼 학원, 선행학습, 각종 평가에 둘러싸여 사는 아이들은 불안과 초조함을 더 자주 느낀다. 이러한 감정을 느낄 때 코티졸이 분비되고, 코티졸은 기억중추인 해마의 세포들을 손상시킨다. 그래서 장기간 스트레스에 노출된 사람의 해마를 단층촬영해보면 일반인에 비해 그 크기가 현저하게 작다. 아이들도 스트레스를 받으면 집중력이 감소하고, 현저하게 기억력이 떨어진다.

스트레스가 뇌에 미치는 영향에 대해 오랜 시간 연구한 미국 록펠러대학교 신경과학연구소의 마리아 마가리노스Maria Magarinos 박사와 브루스 맥웬Bruce McEwen 박사는 장기간 만성 스트레스로 고생한 사람들과 정상적인 사람들의 뇌를 비교하였는데, 오랜 시간 스트레스를 받은 사람의 해마 뇌세포는 수상돌기가 현저하게 적다. 해마에는 코티졸을 흡수하는 수용체가 있기 때문에 코티졸이 많이 발생하면 이를 해마에서 그대로 빨아들여 수상돌기가 시들시들해지고 마침내 없어지는 것이다. 그래서 장시간 스트레스를 받으면 해마의 부피가 줄어들어 기능에 문제가 생기고 기억력도 떨어진다.

정상 해마와 스트레스를 오랫동안 받은 해마의 수상돌기

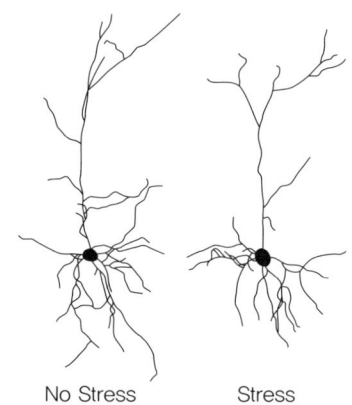

No Stress　　　Stress

스탠퍼드대학교의 유명한 신경과학자인 로버트 사폴스키Robert Sapolsky 교수도 이와 유사한 주장을 내놓았다. 그는 인간과 가장 비슷한 영장류 중 개코원숭이에게 지속적으로 스트레스를 주었을 때 기억력 센터인 해마가 위축되고 손상된다는 것을 뇌촬영을 통해 입증해냈다.

이러한 현상은 어른뿐 아니라 아동들에게서도 마찬가지로 나타난다. 아이들도 어른들만큼 스트레스를 받을 수 있으며 더구나 아직 뇌의 상태가 미성숙하기 때문에 더 나쁜 결과를 초래할 수도 있다. 가장 근본적인 스트레스 대처법은 자녀가 스트레스를 견딜 수 있도록 뇌의 근육을 키워주는 것이다. 자녀가 시험 때문에 불안하고 초조해한다면 심호흡, 명상 등을 가르쳐주는 것도 도움이 된다. 위스콘신대학교의 리처드 데이비슨

Richard Davison 교수는 심호흡과 복식호흡은 뇌에 산소를 공급해주어 뇌의 활성화를 돕고, 명상은 신경전달물질의 분비를 촉진시킨다고 하였다. 이는 특히 안정적인 기분을 유지해주는 세로토닌의 분비에 큰 도움이 된다.

 신경전달물질 분비 시스템을 활성화시키는 세 번째 방법은 아이와 친밀한 관계를 형성하는 것이다. 부모와의 따뜻한 스킨십과 대화는 자녀에게 마음의 안정감을 줄 뿐만 아니라 신경전달물질 분비 조절체계가 건강하게 작동하도록 돕는다. 안정적인 가정 분위기, 부모의 따뜻한 지지, 부모의 인정과 칭찬 등은 자녀의 기분을 좋게 해주며 이는 신경전달물질의 분비를 촉진시킨다.

# 우리가 먹은 음식이 바로 뇌다

## 뇌는 대식가다

가끔 쌍둥이들이 이런저런 간식을 사 달라고 할 때가 있다. 그런데 이름을 들어보면, 학교 앞 구멍가게에서 파는 첨가물이 잔뜩 들어간 설탕덩어리인 것 같다. 부모들이 생각하는 것보다 아이들은 나쁜 음식에 많이 노출되어 있고, 부모의 시선이 미치지 못하는 곳에서 아이들은 이미 그런 음식에 익숙해지고 있는지도 모른다.

대부분의 경우 자녀가 초등학교에 들어가면 음식과의 전쟁이 시작된다. 유아기에는 그래도 엄마가 만들어주는 집 밥을 먹고, 자녀가 무엇을 먹는지 엄마가 알고 통제할 수 있지만 초등학교에 들어가면서부터는 더 이상 엄마가 자녀의 먹을거리를 전적으로 관리하기 어렵다. 아이들은 학교 근처에서 친구들과 어울려 달콤한 간식과 청량음료를 얼마든지 사 먹을 수 있다.

더 심각한 것은 영양성분이 표기되어 있지 않은 간식거리다. 이른바 '불량식품'이라고 불리는 정체불명의 음식들이 학교 앞 문구점 구석에 진열되어 아이들을 유혹하고 있는 것이다. 필자가 초등학교를 다니던 때에도 그런 불량식품은 있었다. 그 당시에도 불량식품이라고 불렀지만, 그 화려한 색깔은 등하굣길의 아이들을 유혹했다. 왜 불량식품이라고 말하는지, 어른들이 왜 그렇게 먹지 말라고 하는지 알 수는 없었지만 친구들이 형형색색의 불량식품을 먹는 모습을 보며 정말 부러워했던 기억이 아직도 선명하다.

그렇지만 불량식품은 생각보다 더 심각한 결과를 초래한다. 우리가 섭취하는 음식물은 몸에 그대로 흡수되는데 불량식품도 예외가 아니다. 몸뿐 아니라 뇌에도 불량식품의 성분이 고스란히 전달된다는 것이 더 큰 문제다.

인간 뇌의 무게는 대략 1.4킬로그램으로 전체 체중의 약 2퍼센트 정도밖에 되지 않지만, 하루 섭취하는 음식 중 20퍼센트를 뇌 혼자서 소비한다. 먹은 음식의 영양분이 그대로 뇌에 전달되고, 전달된 영양분을 연료로 뇌가 가동되는 것이다. 좋은 연료를 넣으면 뇌가 건강하게 움직이고, 좋지 않은 연료를 넣으면 반대의 현상이 나타나는 것은 너무나 당연하다. 더군다나 본격적으로 학습이 이루어지는 학령기에는 어떤 음식을 먹느냐에 따라 학교생활이 좌우된다. 먹는 것이 뇌에 직접적인 영향을 미치고, 이것이 다시 자녀의 발달과 학습에 영향을 주기 때문이다.

그러므로 음식의 중요성을 이해하는 것은 상당히 중요하다. 어쩌면 어떤 학원이 아이들의 공부에 도움이 되는지, 어떤 문제집이나 교재가 더 좋은지 등등의 정보보다 우리 아이들에게 어떤 음식을 먹여야 하는지에 대한 정보가 더욱 중요할 수 있다. 먹는 음식이 아이들의 뇌를 형성하고, 뇌 기능을 좌우하기 때문이다.

그렇다면 어떤 음식이 아이의 뇌에 좋을까? 간단명료하게 답을 말하자면, 3대 영양소와 3부 영양소를 골고루 먹는 것이 좋다. 즉 탄수화물, 단백질, 지방이라는 3대 영양소와 비타민, 무기질, 물이라는 3부 영양소를 가리지 않고 충분히 섭취해야 한다. 3대 영양소에 포함되는 대표적인 음식과 3부 영양소에 해당하는 대표적인 음식을 대략적으로 소개하면 다음 그림과 같다.

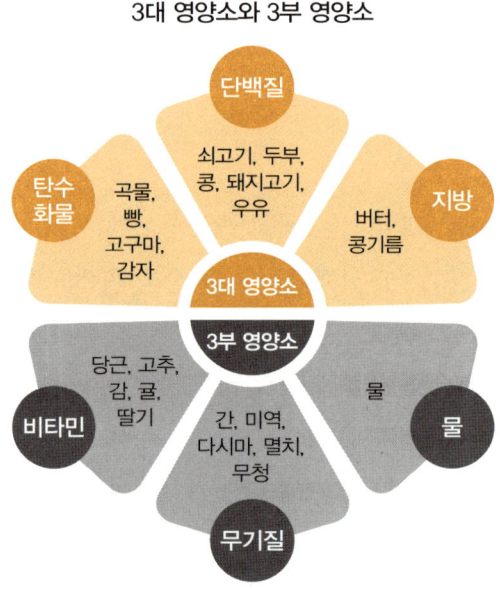

## 학령기 자녀의 뇌에 필요한 음식

자, 그렇다면 이제 학령기 자녀들의 뇌에 필요한 음식에 대해 구체적으로 살펴보도록 하자. 3대 영양소와 3부 영양소가 각각 어떠한 역할을 하고 왜 필요한지를 자세히 알 수 있을 것이다.

### 뇌를 움직이게 하는 연료, 탄수화물

뇌가 움직이는 데 필요한 에너지원이 바로 탄수화물이다. 탄수화물이 소화되면서 포도당의 형태로 전환되어 뇌에 전달되면, 뇌는 이를 연료 삼아 활발하게 움직인다. 자동차의 연료가 바닥나면 움직이지 못하고 멈춰버리듯이 포도당이 충분히 공급되지 않으면 주의집중이 어려워지고, 사고·판단 등의 인지기능이 떨어지며, 정서적으로도 우울하고 무기력해진다.

최근 우리 사회는 남녀노소를 불문하고 다이어트 열풍에 휩싸여 있다. 그래서 초등학교 저학년 아이가 체중감소를 부르짖으며 밥을 거부하는 기이한 장면까지 연출되기도 한다. 과체중이나 비만 역시 자녀들의 건강을 해치지만, 성장과 발달을 위한 강력한 에너지가 필요한 아동 초기 자녀들에게 균형 잡힌 식사와 열량은 절대적으로 필요하다.

그렇다고 해서 아무 포도당이나 섭취해서는 안 된다. 어떤 포도당을 섭취하는가 역시 중요하다. 아이들이 열광하는 과자, 빵, 음료수 등에도 포도당은 포함되어 있지만, 이는 질적으로 좋은 포도당이 아닌 단순포도당이다. 단순포도당은 즉각적 반응을 보이기 때문에 먹으면 금방 효과가 나타나서 에너지가 생기는 기분이 들지만 즉각적으로 나타난 효과는 그만큼 즉각적으로 사라진다. 오히려 에너지가 급속도로 저하되어 더욱 피로감이 느껴지고, 집중력도 떨어지며 우울해지기도 한다.

만약 이러한 달콤함에 이미 너무 익숙해져 있는데, 단순포도당이 빨리 공급되지 않으면 어떤 일이 일어날까? 사탕, 음료수, 과자를 입에 달고 사는 아이에게 이를 주지 않으려고 하면 격렬한 반응을 보인다. 울고 화를 내며, 떼를 쓰고 소리를 질러댄다. 단순포도당의 고갈은 뇌를 충동적으로 만들고 이를 격렬하게 원하도록 만든다.

자녀들의 뇌발달에 결정적인 도움을 주는 탄수화물은 복합탄수화물이다. 복합탄수화물은 가공·정제되지 않은 거친 탄수화물인데, 현미나 보리, 통밀 등과 견과류, 채소, 과일에 대량으로 함유되어 있다. 자녀들의 뇌가 좋은 연료로 움직이기를 바란다면 식탁의 30퍼센트를 복합탄수화물로 채우는 것이 바람직하다.

### 뇌세포 신경망의 재료, 단백질

우리가 일상적으로 쓰는 '똑똑하다'는 말의 의미는 무엇일까? 뇌과학적 관점에서 이는 뇌세포와 뇌세포 간의 연결망이 복잡하게, 많이, 튼튼하게 형성되어 있다는 뜻이다. 회로망의 재료가 바로 단백질이다. 우리가 단백질을 섭취하면 단백질은 몸의 구성성분이자 단백질의 기본단위인 아미노산으로 분해되는데 아미노산이 뇌에 전달되면, 이를 이용해 새로운 신경회로망이 만들어진다. 뇌로 전달된 아미노산은 신경회로망의 재료가 될 뿐 아니라 신경전달물질을 만들기도 한다.

아미노산 중 가장 중요한 것은 아홉 개의 필수아미노산이다. 우리 몸은 이 필수아미노산을 스스로 합성할 수 없기 때문에 반드시 음식으로

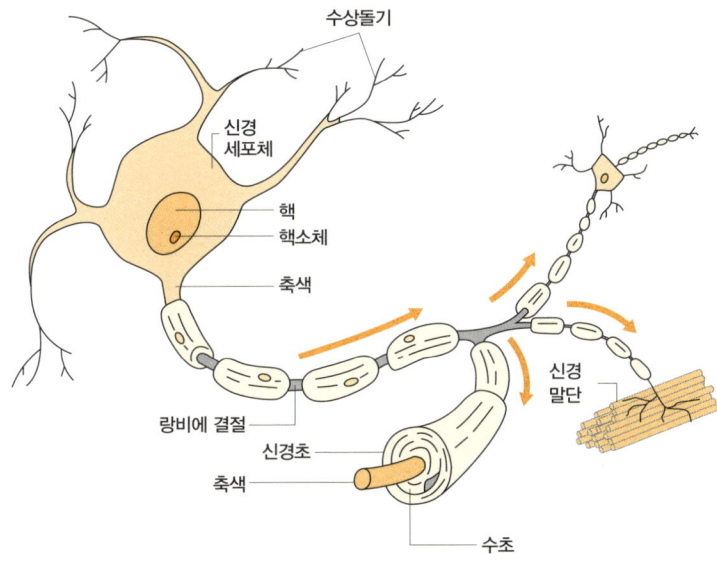

정보전달에 중요한 수초와 축색

섭취해야 한다. 필수아미노산이 포함된 식품으로는 고기, 생선, 계란과 우유, 치즈, 요구르트 등의 유제품이 있으며, 콩과 채소 등에도 식물성 단백질이 포함되어 있다.

우리 몸의 근육을 만드는 데에는 단백질이 반드시 필요하다. 마찬가지로 뇌세포를 연결하는 근육 역할을 하는 신경회로망을 만들기 위해서는 단백질을 충분히 섭취해야만 한다.

### 뇌의 정보전달 속도를 결정하는 지방

'지방'이라는 말을 들으면 아마 비만, 고혈압, 고지혈증 같은 질환이 가장 먼저 떠오를 것이다. 그렇지만 지방이 꼭 나쁜 것만은 아니다. 뇌를 구성하는 가장 중요한 구성성분이 바로 지방이기 때문이다. 우리 뇌의 60퍼센트 정도는 지방으로 이루어져 있는데, 인간의 모든 장기 중에서 뇌만큼 지방을 많이 포함하고 있는 기관도 없을 것이다.

지방 중에서도 필수지방산은 뇌세포의 세포막을 구성하는 주요성분으로, 세포막을 유연한 상태로 유지하는 역할을 한다. 또한 뇌세포의 축색을 둘러싸서 축색을 보호하고 정보전달의 속도를 높이는 수초의 구성성분도 바로 지방이다. 정확하게 말하면 수초는 지방 70퍼센트, 단백질 30퍼센트로 구성되어 있다.

태어날 때는 일부 뇌세포에만 수초가 형성되어 있다가 음식을 섭취하면 점차 모든 뇌세포에 수초가 만들어지고, 정보전달 속도도 빨라진다. 이렇게 수초가 만들어지는 과정을 수초화라고 하며, 수초화는 뇌발달의 주요한 현상이다.

수초화가 진행되면 이전에는 외부자극에 매우 느리고 불분명했던 아기의 반응이 빨라지고 눈의 초점도 잘 맞추게 되며, 손발의 움직임도 점차 자유로워진다. 이와 같은 수초화는 유아기부터 시작되어 아동기, 청소년기, 성인 초기까지 나타난다. 그러므로 뇌의 발달을 촉진하기 위해서는 수초의 주요성분인 좋은 지방을 섭취해야만 한다.

좋은 지방이란 불포화지방산을 의미한다. 불포화지방산은 체내에서 좋은 작용을 하는 지방산으로 뇌세포를 유연하게 하고 기능을 원활하게 한다. 대표적인 음식으로는 오메가3 지방산이 다량 포함된 등 푸른 생선과 우유 등의 유제품, 계란, 견과류 등이 있다.

이와 반대로 나쁜 지방이라고 할 수 있는 포화지방산은 콜레스테롤을 축적시키고 각종 질병의 원인이 되며, 뇌세포 기능을 떨어뜨린다. 포화지방산이 들어 있는 음식은 돼지고기나 소고기 등 육류의 기름기, 닭 껍질, 버터, 마가린, 생크림, 소시지, 햄, 베이컨, 초콜릿, 코코넛기름, 기름진 빵이나 과자류 등이다.

### 우리를 무시하지 마세요, 3부 영양소

비타민과 무기질, 그리고 물은 뇌의 주요성분은 아니지만, 부족하면 치명적인 문제가 발생한다. 이른바 3부 영양소라 불리는 이 삼총사는 뇌의 기능을 원활하게 하는 데 기여할 뿐 아니라 뇌세포가 산소를 확보하는 데 반드시 필요하다. 탄수화물, 단백질, 지방 등 3대 영양소는 뇌세포를 만들고 뇌세포의 연료가 되는 한편, 3부 영양소는 뇌세포가 3대 영양소를 잘 활용할 수 있도록 돕는 역할을 한다. 예컨대 비타민은 아미노산을 신경전달물질로 전환하는 촉매제 역할을 한다. 훌륭한 영화를 만들기 위해서는 주인공, 감독, 시나리오뿐 아니라 조연배우와 엑스트라도 필요하다. 이처럼 3부 영양소가 제대로 공급되어야만 3대 영양소가 뇌를 만드는 기능을 제대로 수행할 수 있다.

그런데 비타민, 미네랄 등을 약품의 형태로 아이들에게 주는 경우가 있다. 물론 좋은 영양제도 있지만 화학적으로 만들어진 약품은 음식만큼 완벽하지 않다. 게다가 아이들이 좋아하는 씹어 먹는 영양제는 아이들 입맛에 맞추어 설탕을 넣은 경우가 많다. 그런 것이 음식보다 좋을 리 만무하다.

3부 영양소가 포함된 음식은 각종 채소와 과일, 그리고 해조류 및 해산물과 물이다. 뇌발달에 도움이 된다고 해서 특정 음식만 골라서 편식하기보다 즐거운 마음으로 가리지 않고 골고루 먹는 것이 가장 제대로 된 식습관임을 명심하기 바란다.

# 우리 아이의 뇌를 망치는 음식

음식이 뇌에 미치는 영향을 오랫동안 연구한 패트릭 홀포드$^{Patrick\ Holford}$ 박사는 우리나라에도 꽤 잘 알려진 두뇌음식 전문가이자 심리학자이다. 홀포드 박사는 성장기 아이의 뇌발달에 음식이 결정적인 영향을 미친다고 확신하고 있다. 이러한 주장을 뒷받침하기 위한 증거로 그는 영국의 최하위 초등학교였던 친햄파크 초등학교 학생들의 변화를 예로 들었다. 영국 196개 초등학교 중 194위의 학업성취 성적을 보였던 친햄파크 초등학교에서는 학교 급식의 주를 이루었던 햄버거, 피자 등의 정크푸드와 탄산음료, 사탕 등 설탕이 가득 든 음식을 모두 없애고 현미와 양질의 단백질로 구성된 급식을 제공했는데 불과 2년 만에 엄청난 변화가 나타났다.

**학교 급식과 성적의 상관관계**

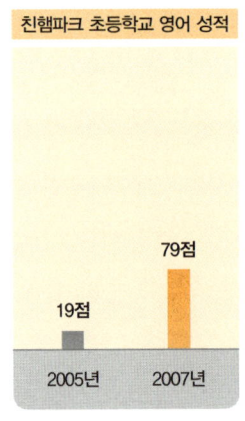
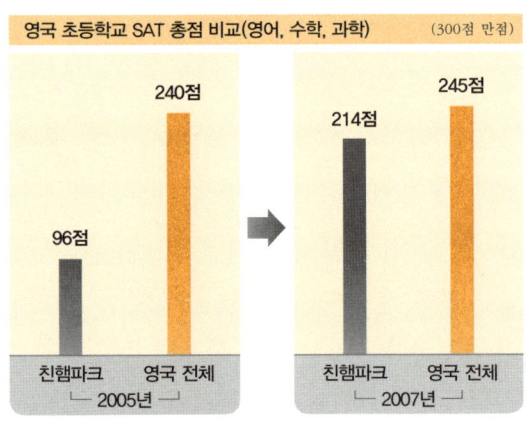

성적 꼴찌에다가 빈번한 문제행동으로 유명했던 친햄파크 초등학교 학생들의 성적은 서너 배씩 향상되었고, 학생들의 행동 또한 유순해졌

다. 이를 지켜본 전문가들과 친햄파크 선생님들은 이 모든 변화가 '두뇌 음식' 덕분이라고 말한다.

이처럼 어떤 음식을 먹느냐에 따라 아이들의 뇌 성장, 성적, 심지어 행동까지 달라질 수 있다. 그러므로 우리는 아이들이 섭취해야 하는 두뇌 음식에 대해서도 잘 알고 있어야 하며, 아울러 친햄파크 초등학교 학생들이 이전에 먹었던 나쁜 음식이 무엇인지도 알아야 한다. 그래야 우리 아이들에게 무엇을 먹이고 무엇을 먹이지 말아야 하는지 확실한 기준과 원칙을 세울 수 있기 때문이다.

### 뇌의 파괴자, 화학조미료

초등학교의 급식시간에 가장 인기 있는 메뉴는 주로 햄, 소시지, 소스가 잔뜩 발린 닭 꼬치, 달짝지근한 튀김 등이다. 저녁 식사시간에 쌍둥이들에게 가끔 "오늘 급식은 어땠느냐"는 질문을 하는데 햄, 소시지, 닭튀김 같은 음식이 나온 날은 어김없이 "너무 맛있었다"는 평이 나온다. 하지만 그 외의 경우에는 "그냥 그랬다"거나 "급식에 먹을 것이 없다"는 말을 한다. 실제로 아이들이 좋아하는 닭튀김 등이 나오는 날은 하나라도 더 먹고 싶어서 앞다투어 여러 번 급식을 받으러 간다고 한다.

이런 음식들은 우리에게 익숙하고, 출출할 때 생각이 나기도 하고 또 간편하게 먹을 수 있기도 하다. 유사한 음식으로 어묵, 라면도 있다. 그런데 왠지 이런 음식을 먹고 나면 몸이 나른하다거나 심장이 두근거리는 느낌이 들지 않는가? 예민한 사람이라면 이와 비슷한 증상을 느껴본 적이 있을 것이다.

이러한 증상을 '중국음식점 증후군Chinese Restaurant Syndrome'이라고 하는데, 그 원인은 화학조미료에 있다. 중국음식점 증후군이라는 용어는 로버트 호만 곽Robert Homan Kwok이라는 의사가 의학전문지에 발표하면서 알려졌다. 그는 뉴욕의 한 중국음식점에서 식사를 하고 난 직후 갑자기 몸의 여기저기가 마비되는 듯한 증상을 느꼈고 갑자기 심장박동수가 증가하고 몸이 노곤해지는 기분을 느꼈다. 두통, 가슴이 조이는 느낌, 멀미와 구역질 역시 중국음식점 증후군의 증상이다. 중국음식을 먹은 직후 몸에 이상증세를 보인 사람들이 많이 보고되면서, 이러한 증상에 중국음식점 증후군이라는 명칭이 붙게 된 것이다.

중국음식은 자극적인 맛을 내기 위해 화학조미료를 다량 사용한다. 그런데 중국음식점 증후군은 아이들이 너무나 좋아하는 자장면, 라면, 어묵, 햄, 소시지뿐 아니라 음식에 곁들여 먹거나 잔뜩 발라서 먹는 케첩, 마요네즈 등을 대량으로 섭취했을 때에도 나타난다. 이런 음식에도 역시 화학조미료가 듬뿍 담겨 있기 때문이다.

화학조미료가 어떠한 역할을 하기에 그런 것일까? 워싱턴대학교 의대에서 연구 중인 올니John W. Olney 박사는 새끼 쥐가 화학조미료가 든 음식을 지속적으로 먹을 경우 뇌세포 손상이 나타난다는 사실을 발견했다. 더욱 충격적인 것은 어린이들이 자주 섭취하는 간식이나 탄산음료 등을 새끼 쥐에게 계속 먹이자 대뇌피질의 뇌세포가 손상되고 눈의 기능이 현저하게 떨어졌다는 점이다.

화학조미료의 또 다른 위험은 바로 중독성이다. 화학조미료가 든 음식을 섭취하면 그 성분이 뇌에 그대로 전달되어 눈 뒤쪽에 있는 대뇌피질인 안와전두엽을 자극한다. 안와전두엽은 게임이나 약물 때문에 환각을 느끼거나 제정신이 아닌 중독의 상태일 때 자극되는 영역이다. 그러므로 게임, 약물, 술 못지않게 화학조미료의 중독성도 매우 높은 것이다.

화학조미료에 중독되면 점점 그 양을 늘려야만 그 맛을 느낄 수 있다. 천진한 미소를 지으며 패스트푸드나 정크푸드를 먹을 때 아이들의 뇌는 자신도 모르는 사이 화학조미료에 길들여진다. 그리고 더 강한 맛을 느끼기 위해 점점 건강하지 않은 음식을 탐닉하게 된다.

화학조미료는 뇌손상을 촉발하기 때문에 주의집중력에도 문제를 야기할 수 있다. 뇌가 건강하게 기능하고 활동하기 위해서는 그에 필요한 연료, 즉 건강한 음식을 섭취해야 하는데 화학조미료가 든 음식을 먹으면 뇌가 제대로 작동하기 어려우며 과제에 집중하고 완수하기도 점점 힘들어진다.

### 난폭성의 주범, 설탕

패트릭 홀포드 박사는 뇌에 해로운 금지식품 중 하나로 설탕을 꼽았는데 설탕이 아이들에게 어떤 영향을 미치는지를 보여주는 사례가 있다. 영국에 사는 초등학생인 리$^{Lee}$는 친구들 사이에서 지킬 박사와 하이드로 알려져 있다. 지킬 박사처럼 친절하고 멀쩡하게 행동하다가 어느 순간 갑자기 엄청나게 폭력적이고 공격적인 하이드로 변신하기 때문이다.

리의 어머니는 고민 끝에 원인을 찾으려고 리의 모든 행동을 기록하기 시작했는데, 여기에 해결의 실마리가 있었다. 리가 설탕이 잔뜩 든 음식이나 음료를 먹고, 정크푸드를 먹은 날은 반드시 하이드처럼 난폭하게 행동하는 것을 발견했기 때문이다. 설탕과 정크푸드 속 화학첨가물이 뇌에 영향을 미쳐서 공격적인 행동을 유발한 것이다.

학령기 아동들이 가장 좋아하는 음식 중 하나가 초콜릿, 사탕, 음료수 같은 달콤한 간식이다. 이러한 음식의 성분은 거의 대부분 설탕이다. 단순포도당을 먹으면 그 순간 잠깐은 기분이 좋아지고 힘이 생기는 것 같지만, 그만큼 빠른 속도로 그 효과가 사라지고 뇌 역시 피로감을 느끼며 작은 일에도 자극이 되어 흥분하게 된다.

또한 설탕은 산성 물질이기 때문에 다량 섭취하면, 산성과 염기의 평형을 맞추려는 생체 시스템이 가동되는데 이때 주로 사용되는 연료가 칼슘이다. 설탕이 온몸을 돌아다니기 시작하면 뼛속의 칼슘이 빠져나와 몸이 산성으로 변하는 것을 막는다. 그러므로 설탕을 많이 먹으면 그만큼 칼슘을 많이 사용하게 되어 칼슘 결핍이 일어난다.

칼슘은 산성과 염기성의 균형을 맞추는 역할뿐만 아니라 집중력을 높여주고 온화한 성격으로 만드는 데 결정적인 작용을 한다. 칼슘이 부족하면 집중력이 현저하게 떨어지고, 예민하고 신경질적인 반응을 보이며 난폭해진다. 결국 과다한 설탕 섭취는 칼슘 결핍과 함께 낮은 집중력과 공격성 및 폭력성을 유발하는 것이다.

이미 입맛이 화학조미료나 설탕에 길들여졌다고 해도 자녀의 입맛을 바꾸고, 뇌 건강에 필요한 음식을 섭취하도록 부모가 의도적으로 노력할 필요가 있다. 중독성 강한 음식에서 벗어나기란 매우 어렵기 때문에 이 과정에서 식사시간마다 한바탕 난리와 소란을 경험할 수도 있다. 하지만 꼭 필요한 과정이므로 힘들고 피곤하더라도 포기하지 말기 바란다. 우리 아이의 뇌발달과 미래를 위해, 뇌에 좋은 음식을 즐길 수 있도록 돕는 것이 부모의 역할이다.

# 초등 스트레스가 평생 간다

## 📚 스트레스는 뇌의 적!

스트레스라고 하면, 마치 어른들만의 특권처럼 생각할 수 있다. 매일매일 직장, 육아, 가정생활 등등에 시달리는 어른들은 스트레스에 치여 산다고 해도 과언이 아니기 때문이다. 그렇지만 앞에서도 이야기했듯 아주 어린 아이들조차도 스트레스를 느낀다. 몸이 불편하고 졸리고 피곤할 때, 그리고 자신이 필요로 할 때 원하는 손길이 다가오지 않으면 아기들도 심리적인 고통을 느낀다. 아기들은 다른 표현방법이 없기 때문에 스트레스를 울음으로 표현한다. 자신의 필요와 욕구를 울음으로 드러내 부모에게 도움을 요청하는 것이다.

그런데 이제 말로 모든 것을 표현할 수 있고, 어느 정도 사회적으로 발달한 상태에 있는 아동기에는 어떻게 스트레스를 드러내고 해소할까? 사실 이때부터가 어려운 시기다. 아기는 스스로 스트레스를 해결할 수 없기 때문에 울음으로 이를 알리지만, 아동은 얼마든지 부모에게 도움을 요청할 수 있음에도 불구하고 오히려 도움을 구하지 못한다. 그 이유에는 여러 가지가 있다. 부모님이 걱정하실까 봐, 혼날까 봐, 그리고 그 상황 자체가 무서워서 아예 자신의 스트레스 상황을 입 밖에 내지 못하기도 한다.

쌍둥이 중 다인이는 초등학교에 들어갈 즈음 자주 밤에 악몽을 꾸었다. 새벽 2시 정도면 어김없이 일어나 울고 있거나 엄마를 흔들어 깨웠다. 아이들이 쫓기는 꿈이나 높은 곳에서 떨어지는 꿈을 자주 꾸기는 하지만, 이런 상황이 며칠 동안 계속되자 심상찮게 생각되었다. 다음 날, 다인이와 목욕을 하다가 진지하게 물어보았다.

"다인아, 요새 뭐 걱정되는 거라도 있어?"

"……."

"다인이가 잠을 잘 못 자는 걸 보니까 엄마한테 말 못하는 걱정거리가 있나 해서."

다인이가 입을 연 것은 목욕이 거의 끝날 때쯤이었다.

"엄마, 학교는 꼭 가야 되는 거지요?"

"응? 그게 무슨 말이야?"

"학교 가는 게 정말 걱정이 돼서요."

남녀노소를 불문하고 환경이 바뀌면 불안하고 걱정이 많아지는 것은 당연하다. 새로운 환경 속에서 잘 지낼 수 있을지, 어떤 사람들을 만나게 될지, 이런저런 생각으로 잠을 못 이루기도 한다. 자기 인생에서 가장 큰 사건인 '초등학교 입학'이라는 알 수 없는 경험을 앞두고 다인이는 정말 많은 생각과 고민과 걱정을 했던 것이다.

"응, 그랬구나. 사실은 엄마도 학교 처음 갈 때 정말 무섭고 떨렸거든. 다인이는 제일 걱정되는 게 뭐야?"

"전부 다요. 제가 잘 못하면 어떡하나, 선생님이 무서울 것도 같고, 친구들도 그렇고요."

"엄마하고 똑같은 생각을 했네. 엄마도 그랬는데……. 그런데 막상 학교에 들어가니까 그런 생각은 싹 잊히더라고. 다인이가 걱정하는 것보다 훨씬 쉬울 수 있어. 그리고 우리 다인이는 잘 해낼 수 있어."

말로 자신의 걱정과 불안을 털어놓지 못한다 해도 아이는 부모가 알아챌 수 있는 신호를 보낸다. 자주 머리가 아프다고 하거나 배가 아프다고 할 수도 있다. 갑자기 손가락을 빨거나 손톱을 물어뜯을 수도 있다. 야뇨증 증세를 보이기도 하고, 악몽을 꾸면서 잠을 제대로 못 자기도 한다. 또한 힘이 없거나 갑자기 화를 내기도 한다. 평소 전혀 보이지 않던 이런 반응이 나타나면, 아이가 스트레스를 받고 있다는 신호이다.

어느 누구에게나 스트레스는 만병의 근원이지만 특히 아동의 경우는 스트레스가 뇌를 망가뜨리기 때문에 치명적이다. 순간적인 스트레스는 집중력을 높여주고 활력을 줄 수 있다. 100미터 달리기를 할 때 출발신호를 기다리는 동안은 긴장감으로 가슴이 터져버릴 것 같지만, 그와 동시에 스트레스가 시상하부에 전달되면서 코르티코트로핀 방출호르몬corticotropin-releasing hormone/CRH이 분비되어 짧은 시간 동안 온 힘을 다해 뛰도록 근육에 힘을 실어주고 집중력을 향상시킨다. 이 호르몬이 분비되면 폭발적인 에너지를 만들어내는 아드레날린이 방출되고 아드레날린이 다시 심장박동을 증가시키고 근육에 힘을 전달해 잘 달릴 수 있게 해준다.

문제는 스트레스를 느끼는 시간이 길어질 때이다. 요즘 초등학생처럼 할 일이 많고 집단따돌림, 학교폭력, 성적 등등의 고민거리가 많으면 스트레스를 받는 시간이 길어지는데 그 여파는 상당히 심각하다. 대표적인 문제점은 세 가지다.

첫째, 장기적으로 스트레스를 받으면 기억에 문제가 생긴다. 스트레스를 느끼면 뇌에서는 코티졸이 분비되는데 초기에는 별 영향이 없지만 장기적으로 이어지면 기억장치인 해마를 망가뜨린다. 그래서 무엇인가를 자꾸 잃어버리거나 약속을 잊거나 금방 듣고 배운 내용을 기억하지 못하게 된다.

둘째, 뇌세포 성장에 문제가 생긴다. 앞서 설명했던 BDNF는 뇌세포의 성장을 촉진하고 뇌세포를 분할하여 증가시키면서 뇌발달에 기여하는 신경영양물질이다. BDNF가 많이 생성될수록 똑똑한 뇌가 되는데 스트레스는 BDNF의 생성을 막는다. 뇌가 성장하는 것을 가로막고 오히려 뇌세포를 파괴시킨다. 실제로 장기적으로 스트레스를 받은 사람들의 뇌를 촬영해보면 뇌의 크기가 쪼그라든 모습을 볼 수 있다.

셋째, 신경전달물질 분비에 문제가 생긴다. 기분을 좋게 하고 집중력을 강화시키는 도파민, 세로토닌, 아세틸콜린은 스트레스를 받으면 생성되지 않는다. 그렇기 때문에 집중력과 기억력이 떨어지고 자주 화가 나며 우울해지기 쉽다.

## 회복탄력성으로 스트레스를 무찔러라

스트레스가 없는 사람은 없다. 스트레스는 살아가는 한 어쩔 수 없이 겪어야 하는 인생의 동반자이다. 무엇을 하든 어디에 있든 스트레스는 나타날 수 있다. 그렇기 때문에 스트레스를 견디고 감당할 수 있는 내적인 힘을 키우는 것이 중요하다. 많은 심리학자들과 교육학자들은 좌절을 극복하고 실패를 이겨내며, 안정적인 정서 상태를 유지할 수 있는 마음의 힘을 회복탄력성이라고 부른다.

회복탄력성은 고무공이 바닥에 떨어지면 탄성을 가지고 되튀어 올라오듯이 좌절을 겪어서 바닥까지 떨어진 상태가 되더라도 다시 회복될 수 있는 힘을 말한다. 회복탄력성이 높으면 스트레스를 받더라도 무너지거나 도망가지 않고 감당해내려고 하며, 건강한 해결책을 찾으려고 노력한다. 그렇다면, 이토록 중요한 회복탄력성은 어떻게 기를 수 있을까?

처음부터 회복탄력성이 높은 아이는 없다. 그렇기 때문에 부모의 도움이 절대적으로 필요하다. 그렇다고 해서 부모가 전적으로 나서서 아이의 스트레스 요인을 제거하라는 말은 아니다. 그러면 오히려 아이의 회복탄력성이 성장할 기회를 영원히 빼앗는 결과를 초래하니 주의해야 한다.

회복탄력성을 성장시키기 위해 부모가 가져야 할 태도는 첫째, 공감과 지지다. 자녀의 걱정, 불안, 고민은 때로 사소할 수도 있고 때로 심각할 수도 있다. 하지만 아이의 입장에서는 아무리 사소한 고민도 스트레스로 느낄 수 있다. 부모는 자녀가 스트레스 반응을 보이면 아이의 이야기를 충분히 듣고 그 심정에 공감해주고 지지해주어야 한다. 그러면 자녀는 외롭지 않다고 생각하고, 자신의 잘못이라고 비난하지 않게 되며, 긍정적인 마음을 가질 수 있다. 이것이 회복탄력성의 기초이다.

둘째, 부모가 나서서 해결해주기보다는 방법을 안내해야 한다. 답답한 심정에 부모가 직접 나서서 해결해주면 자녀는 앞으로 영원히 자신의 스트레스를 직접 해결할 수 없다. 부모가 전면에 나서기보다는 여러 가지 전략과 방법을 소개하며 아이가 직접 실행해보도록 해야 한다. 처음부터 잘되지는 않겠지만, 자녀가 스스로 해보고 스트레스를 감당하고 극복한다면 회복탄력성이 성장하고, 더불어 자신감도 보너스로 따라온다.

셋째, 실패해도 된다고 말해줄 필요가 있다. 많은 초등학생들이 가장 두려워하는 것 중 하나가 바로 실패와 실수다. 실수를 절대로 용납하지 못하는 완벽주의 성향의 사람들은 평생을 스트레스에 시달린다. 자녀가 평생을 스트레스에 시달리면서 살기를 바라는 부모는 없을 것이다. 그렇기에 부모가 먼저 자녀가 실패하고 다른 아이들보다 뒤쳐질 수도 있다는 것을 받아들일 마음의 준비를 해야 한다. 쌍둥이를 키우면서 그런 마음의 준비를 할 기회가 여러 번 있었다. 그래서 그 준비가 얼마나 힘든지도 안다. 하지만 사랑하는 자녀가 평생을 전전긍긍하면서 인생을 낭비하기를 원하지 않는다면 이를 견뎌내야 한다.

괜찮다는 말, 실패해도 된다는 말, 무엇이든 다시 하면 된다는 말, 그리고 어찌되든 언제나 자녀를 사랑한다는 말은 아이에게 스트레스에 저항할 백신과도 같은 효과를 낸다.

**잘못 알고 있는 뇌발달 상식이 우리 아이의 뇌를 망친다**

**❶ 학습 비디오가 뇌에 좋다?**
그렇지 않다. 텔레비전, 비디오를 볼 때나 게임을 할 때 뇌는 거의 활성화되지 않는다. 아이에게 생각할 기회를 주는 매체가 아닌, 수동적으로 받아들이게 만드는 매체는 뇌에 독이 될 수 있다.

**❷ 잠자는 시간을 줄이고 공부를 많이 하면 뇌가 발달한다?**
아니다. 우리의 뇌는 잠자는 시간에도 쉬지 않고 활동을 한다. 잠자는 동안 뇌는 전날 배운 내용을 효율적으로 꺼내 쓸 수 있도록 정리하는 작업을 한다. 또한 잠자는 동안에 집중력을 높이고 긍정적인 기분 상태를 갖게 하는 호르몬과 신경전달물질이 방출된다. 밤을 새우거나 잠자는 시간을 줄이면 집중력이 떨어지고 멍해지며 신경질이 나고 불안감이 커지는 것도 이 때문이다. 그러므로 아이의 뇌가 발달하려면 충분한 수면이 필요하다.

**❸ 아침을 먹는 것보다 조금이라도 잠자는 것이 낫다?**
그렇지 않다. 밤새 정리작업을 한 뇌가 새로운 학습을 할 수 있도록 준비를 시키는 활동이 바로 저작운동, 즉 무엇인가를 씹고 먹는 것이다. 균형 있는 아침 식사는 뇌에 필요한 영양분을 제공할 뿐 아니라 새로운 학습을 하도록 뇌를 깨워준다.

**❹ 모든 정보가 뇌발달에 유익하다?**
그렇지 않다. 인터넷이 발달하면서 온갖 정보를 쉽게 찾을 수 있게 되었지만, 모든 정보가 아이의 뇌에 도움이 되는 것은 아니다. 뇌발달의 결정적 시기인 이때는 곧 민감함의 시기이기도 하다. 어릴 때 경험한 애정의 결핍이나 다양한 자극의 결핍, 질병에의 노출 등은 치명적인 악영향을 미친다. 유해한 정보 또한 마찬가지다. 아이가 인터넷에서 우연히 해로운 정보를 접했다면 그것에 중독되어 벗어나지 못할 가능성이 어른에 비해 더 높다.

 **아이를 위한 회복탄력성 검사**

회복탄력성이란 어떤 문제를 맞닥뜨렸을 때 긍정적으로 적응하고 스트레스와 내면적인 불안감, 긴장 등에 융통성 있고 효과적으로 대처하는 능력을 이른다. 다음 문항을 잘 읽고 ① 그렇다 ② 보통이다 ③ 그렇지 않다 중 자녀와 더 가깝다고 생각하는 것에 표시하면 된다.

| | 문항 | ① | ② | ③ |
|---|---|---|---|---|
| 1 | 힘들고 어려운 일을 겪은 후에도 기분이 빨리 좋아지는 편이다. | | | |
| 2 | 자신이 해야 할 일은 무엇이든지 최선을 다하는 모습을 보인다. | | | |
| 3 | 자신이 뭐든지 할 수 있다고 생각한다. | | | |
| 4 | 어떤 일을 할 때 한 가지 방법으로 잘 안되면 다른 방법으로 시도해본다. | | | |
| 5 | 누가 방해를 해도 해야 할 일에 계속 주의를 집중할 수 있다. | | | |
| 6 | 어떤 일을 해야 할 때 여러 가지 방법을 생각하는 편이다. | | | |
| 7 | 생각한 대로 일이 잘 안 돼도 중간에 그만두지 않는다. | | | |
| 8 | 긍정적으로 생각하는 편이다. | | | |
| 9 | 누군가의 장점을 먼저 보려고 한다. | | | |
| 10 | 어려움을 만나면 스스로 해결할 수 있다고 생각한다. | | | |
| 11 | 실패한 일에 다시 도전하려고 한다. | | | |
| 12 | 자기 자신을 좋아한다. | | | |
| 13 | 속상할 일이 생길 때 어떻게 그 마음을 풀어야 할지 잘 안다. | | | |
| 14 | 실패하거나 일이 잘 안 됐다고 해서 쉽게 실망하지 않는다. | | | |
| 15 | 힘들거나 슬플 때도 시간이 좀 지나면 웃을 수 있다. | | | |

**채점 방법**
① = 2점, ② = 1점, ③ = 0점으로 채점하고 총점을 계산한다.

**결과 해석**

- **총점 15-30점**

회복탄력성 점수가 높은 편이다. 실패하거나 좌절을 겪을 때 느낄 수 있는 부정적인 감정을 잘 견뎌내고 자신의 능력을 믿고 잘할 수 있다는 신념을 가지고 있다. 또한 자신의 감정을 적절하게 조절하고 통제하는 능력이 있다.

- **총점 7-14점**

회복탄력성 점수가 보통 수준이다. 어떤 일에 대해 좌절을 겪을 때 한동안 힘들어하고 슬퍼하는 모습을 보일 수 있다. 시간이 지나면 어느 정도 극복하는 모습을 보이기도 하지만 실패를 이겨내려고 더 노력할 필요가 있다. 자신의 능력에 대해 자신감을 갖고, 씩씩하게 대처하고자 하는 담대한 마음을 갖도록 부모가 지지하고 격려해주는 것이 바람직하다.

- **총점 6점 이하**

회복탄력성 점수가 낮은 편이다. 좌절이나 실패 상황을 겪으면 부정적인 감정에서 벗어나기 어려운 경우가 많다. 자신의 능력에 대한 믿음이나 자신감이 부족한 편이기 때문에 새로운 일에 도전하거나 시도하는 모습을 잘 보이지 않는다. 평소 부모가 자녀의 강점을 찾아주고, 실패하거나 서툰 모습을 보여도 괜찮다고 자주 격려해주는 것이 좋다.

# 우리 아이 공부머리 키우기

**초등 시기는 뇌의 두 번째 변신기다**
- 초등학교에 입학하는 시점에는 좌뇌와 우뇌가 균형 있게 발달한다. 즉, 논리적인 사고와 언어를 다루는 좌뇌가 발달하는 동시에 상상력과 창의성을 발휘하는 우뇌의 발달도 이루어진다. 그러므로 지나치게 학교 공부나 교과 공부 등 좌뇌 발달에 치우친 활동만을 하는 것보다 발달의 가능성이 활짝 열려 있는 우뇌의 성장을 위해 놀이와 미술, 음악 등의 예체능 활동도 경험하는 것이 바람직하다.
- 유아기 때의 언어발달은 주로 듣기, 말하기를 중심으로 이루어지며 이때는 모국어를 학습하기에 좋은 상태이다. 초등학교 입학 시점부터 아동의 뇌는 언어의 구조와 체계, 읽기, 쓰기 등 보다 복잡한 기능을 이해할 수 있을 정도로 발달하며, 모국어와 구별되는 외국어 학습을 담당하는 좌측 측두엽의 발달이 이루어진다.

- 뇌가 극적으로 성장하는 첫 번째 시기는 만 2세경이며, 그 두 번째 시기가 초등학교 시기이다. 초등학교에 다니는 동안 뇌세포 연결망에는 꽃피우기와 가지치기가 일어나며 이로써 대뇌피질의 두께에 변화가 일어난다. 대뇌피질의 두께는 지능을 좌우한다.
- 공부머리가 형성되는 초등학교 시기에 뇌발달에 가장 좋은 것은 적절한 수면, 적절한 학습량, 적절한 운동과 놀이이다. 이러한 요소가 충족될 때 공부머리를 만드는 천연영양제인 BDNF가 뇌에서 방출된다.
- 과잉학습과 스트레스는 코티졸을 생성하여 집중력을 떨어뜨리고 BDNF의 방출을 방해하여 자녀의 뇌에 치명적인 악영향을 미친다.

**놀이 과정에서 공부머리와 사회성이 자란다**
- 놀이는 불안한 마음을 이완시켜주고 정서를 안정적으로 만드는 활동으로서 뇌발달을 이끄는 핵심 자극이다. 숨이 턱에 차도록 뛰고 즐겁게 놀이를 할 때 BDNF가 급격하게 증가하고, 뇌세포의 성장이 이루어져서 대뇌피질의 두께가 두꺼워진다.
- 놀이에 푹 빠져 있을 때는 기쁨을 느끼게 하는 도파민이 뇌에서 방출된다. 도파민이 자주 분비되면 전두엽의 기능이 향상되어 문제해결력이 좋아지고, 집중력이 향상된다. 또한, 좌절이나 난관에 부딪혀도 다시 한 번 도전하고 노력하려는 끈기와 의지도 생겨난다.
- 놀이를 하는 동안 아동들은 놀이 속의 규칙을 지키고, 돌아가면서 역할을 맡으며 사회성을 습득한다.
- 놀이를 하는 동안에는 흥분과 이완의 정서가 반복되어 정서조절의 기능을 담당하는 전두엽이 발달한다. 더불어 공감능력이 향상되어 자연스럽게 도덕성도 자라난다.

- 놀이를 할 때는 다음 사항에 유의해야 한다.
  ① '잘해야 한다'거나 '이겨야 한다'는 부담을 주지 않는다. 결과에 신경을 쓰면 놀이는 더 이상 놀이가 아니라 억지로 해야 하는 숙제가 되고 만다. 이는 아이에게 부담감과 스트레스를 유발한다.
  ② 자녀가 하고 싶어하는 놀이를 하도록 한다. 부모가 하라고 해서 하면 자녀의 흥미가 떨어지고 즐거움이 반감된다. 그러므로 자녀에게 어떤 놀이를 하고 싶은지 먼저 의견을 물어본다.
  ③ 자녀의 특성을 고려한 놀이를 찾아본다. 예를 들어 승리욕이 지나치게 강한 자녀가 승패가 있는 놀이를 하면 놀이가 싸움으로 바뀔 수 있다. 승리욕이 강한 아이라면 다른 아이와 협력하는 놀이나 차분하게 무엇인가를 만드는 놀이를 하도록 유도하는 것이 좋다.

### 신경전달물질이 인성과 공부를 좌우한다

- 도파민은 자녀의 끈기, 열정, 목표달성 등에 영향을 미친다. 도파민이 뇌에 퍼지면 즐거움과 쾌감을 경험하면서 그러한 경험을 자꾸 반복하고 싶어진다. 도파민은 자신이 선택한 것에서 성공할 때 가장 많이 방출된다. 그러므로 놀이를 하더라도 자녀가 원하는 것을 선택해서 최대한 즐겁게 놀도록 하고, 공부를 할 때도 자녀가 스스로 문제집을 선택하도록 해야 한다. 자신이 택한 놀이를 할 때, 자신이 고른 문제집을 끝까지 다 풀었을 때 더 즐거움을 느끼게 마련이다.
- 적정하게 분비된 노르에피네프린은 긴장되는 상황 속에서도 집중력을 잃지 않게 해준다. 그러나 스트레스가 심해지면 노르에피네프린 분비량이 증가하면서 오히려 정서조절을 방해하고 뇌의 기능을 떨어뜨리기 때문에 자녀에게 도움이 되는 스트레스 전략을 세워주는 것이 좋다. 다

음은 초등 시기 자녀의 스트레스 해소에 도움이 되는 전략이다.

**신체활동** … 자녀가 즐겁게 몰입할 수 있는 운동이나 신체활동을 한다. 배드민턴, 탁구, 축구 같은 운동도 좋고 춤이나 놀이 같은 신체 움직임도 좋다.

**호흡법** … 복식호흡이나 심호흡 등은 뇌에 산소를 공급해주어 뇌를 활성화시킨다. 코로 공기를 깊게 들이마시고, 입으로 길게 내뱉는 동작을 반복적으로 하면 스트레스 받는 일을 잠시 잊을 수 있다. 호흡법을 할 때는 부모도 옆에서 함께하는 것이 도움이 된다.

**명상** … 초등 시기의 명상은 좋은 이미지를 떠올리는 정신훈련 정도가 적당하다. 산, 바다, 강, 저녁노을 등 자녀가 좋아하는 풍경을 눈을 감고 떠올려보도록 하는 것이 좋다. 고요하고 차분한 음악과 함께 좋은 이미지를 계속 생각하면 변연계를 안정시킬 수 있다.

- 안아주거나 손을 잡는 등의 스킨십은 정서적 안정감을 유도하여 변연계의 활성화를 돕고, 편도체와 전두엽의 연결망을 튼튼하게 만들어 정서조절에 도움이 된다.
- 자녀의 신경전달물질 분비체계를 안정적인 수준으로 유지하는 데 가장 효과적인 것은 부모와 함께 자연 속에서 하는 활동이다. 예건대 등산, 산책 등을 하며 자연 속에서 맑은 공기를 마시면 불안, 긴장, 스트레스 등에서 벗어날 수 있다.
- 장시간의 과도한 학습, 학원, 공부에 대한 부담감, 또래와의 비교 등은 자녀에게 강한 스트레스를 유발한다. 이 점을 기억하고 자녀에게 이러한 자극을 주지 않도록 주의한다.

**우리가 먹은 음식이 바로 뇌다**

- 뇌는 우리가 섭취하는 음식의 20퍼센트 정도를 소비하며 활동한다. 또한 먹은 음식의 성분은 그대로 뇌에 전달되어 뇌의 연료로 사용되기 때문에 양질의 음식을 섭취해야 한다.
- 탄수화물, 지방, 단백질, 비타민, 무기질, 물 등 3대 영양소와 3부 영양소를 골고루 섭취할 수 있도록 식단을 짜야 자녀의 뇌발달이 원활하게 이루어진다.
- 과자, 빵, 음료수 등의 단순포도당을 섭취하면 에너지가 즉각적으로 생기고 기분이 전환되지만, 그 효과는 매우 단시간에 머물고 금방 사라진다. 또한 과도하게 섭취할 경우 뇌를 충동적으로 만든다.
- 화학조미료가 첨가된 식품과 햄버거나 피자 등의 패스트푸드, 정크푸드는 자녀가 어릴수록 뇌손상을 촉발하고 주의집중력도 떨어뜨리므로 자주 섭취하지 않는 것이 좋다.
- 초콜릿, 사탕, 탄산음료수 등은 집중력을 키우고 온화한 성격을 형성하는 데 도움이 되는 칼슘의 흡수를 방해하기 때문에 과다하게 섭취하면 산만함과 공격성, 폭력성이 유발될 수 있다.

## 우리 아이, 정말 궁금합니다

 초등학교에 입학한 지 얼마 안 된 저희 아이는 너무 질문이 많습니다. 때로는 쏟아지는 질문 때문에 짜증이 날 때도 있습니다. 혹시 학교에서 수업시간에도 똑같이 행동해서 선생님께 혼나는 건 아닌지 걱정이 됩니다.

초등학교 입학 시점부터 아동의 뇌는 급격히 발달합니다. 좌뇌와 우뇌가 균형 있게 발달하면서 논리적인 사고도 가능해지고 읽기, 쓰기 등 언어와 관련된 능력도 쑥쑥 향상됩니다. 이러한 발달을 드러내는 행동이 바로 자녀의 질문입니다.

어릴 때는 "왜?", "뭔데?"처럼 간단한 질문으로 호기심을 보이지만, 초등 시기가 되면 논리적인 사고가 가능해지기 때문에 질문도 상당히 구체적인 모습을 띠기 시작합니다. 그러다 보니 부모가 대답을 해주는 데도 한계가 있고 말문이 막힐 때도 생깁니다. 슬슬 짜증이 나기도 하지요.

하지만 바로 이때 우리 아이들의 뇌는 성장 가능성이 엄청나게 높은 상태라는 것을 명심해야 합니다. 인지적인 성장과 발달이라는 기회의 창이 활짝 열려 있기 때문에 호기심을 어떻게 채워주느냐에 따라 성장의 폭이 달라집니다.

자녀의 질문에 건성으로 대답하거나 "네가 알아서 찾아봐!", "엄마, 아빠 피곤한 거 안 보여? 다음에 물어봐!"라는 식의 반응을 보이면 자녀는 자신의 호기심을 쓸모없는 것으로 여기고, 흥미와 관심을 거두어버립니다. 더 심각한 것은 사고력에도 문제가 생긴다는 것입니다.

뇌발달의 기회가 활짝 열려 있다는 것은 그만큼 좋은 경험과 정보를 받아들일 만반의 태세가 되어 있다는 뜻입니다. 자녀의 질문에 대답이 될 만한 경험과 정보가 제공될 때 뇌세포 간의 연결이 활발하게 이루어지고, 인지능력을 담당하는 뇌의 영역들이 더욱 왕성한 발달을 이룹니다.

그렇다면 자녀의 질문에 어떻게 반응하면 좋을까요? 우선 질문에 대한 정확한 답을 알지 못할 때는 솔직하게 "엄마도 잘 모르겠는데······. 그런데 엄마도 정말 궁금해진다. 우리 같이 찾아볼까?"라고 이야기하는 것이 좋습니다. 정확하지 않은 답을 말해주거나 얼버무리면 부모에 대한 자녀의 신뢰감에 문제가 생기기 때문입니다.

해답을 함께 찾아보는 과정은 자녀의 인지능력 발달에 도움이 되고, 이후 아이가 답을 스스로 찾아보는 기회를 제공합니다. 인터넷, 서점, 도서관, 박물관 등에서 함께 답을 찾아보고, 그에 더해 아이의 호기심을 더 자극할 만한 질문을 한다면 자녀의 관심과 흥미는 더욱 높아질 것입니다.

초등학교에 다니는 아들이 산만해서 큰 걱정입니다. 수업시간에도 오래 앉아 있지 못하고 돌아다니다가 선생님께 혼나기도 한다는데, 혹시 ADHD가 아닐까 염려가 됩니다.

자녀가 집중을 못하고 산만하면, 문제가 있거나 병이 아닐까 걱정하는 부모들이 많습니다. 그런데 초등학교에 입학한 자녀의 입장에서 한번 생각해보세요. 유치원 때까지만 해도 수업시간은 고작 20분 정도로 상당히 짧았고, 수업시간에 돌아다니는 것도 허용이 되었습니다. 초등학교에 들어가면 유치원 때보다 훨씬 많은 아이들과 함께 한 교실에서 책을 펴놓고 40분을 버티며 공부해야 합니다. 갑작스러운 변화에 자녀는 당황할 수밖에 없겠지요. 초등학교에 입학할 즈음 자녀의 뇌는 인지적으로 상당한 발달을 보이지만, 집중시간은 20분 정도밖에 되지 않습니다. 어쩌면 아이들이 산만하게 행동하는 것은 당연한 것인지도 모릅니다.

ADHD의 경우에는 집중시간이 5분도 안되며, 선생님의 설명이 끝나기도 전에 일어나서 돌아다니거나 딴짓을 하는 행동을 보입니다. 때로는 충동을 조절하지 못해서 공격적이고 폭력적인 행동을 보이기도 합니다. ADHD는 초등학교에 입학하기 전부터 어느 정도 징후를 보이는 경우가 많고, ADHD 아동들은 허락 없이 자리에서 일어나고, 뛰어다니고, 팔과 다리를 끊임없이 움직이는 모습을 보입니다.

이처럼 ADHD와 단순한 산만함은 상당히 다르므로 구분할 필요가 있습니다. 하지만 산만한 행동을 계속 지적받는다면 자녀가 학교생활에 잘 적응할 수 있도록 조금씩 고쳐주는 것이 바람직합니다.

자녀가 수업시간에 선생님의 말씀을 잘 이해하지 못해서 산만한 행동을 보이는 것일 수도 있으니, 전날 부모님이 "내일은 아마 우리나라의 사계절에 대해서 배울 거야. 사계절은 뭐지?"라는 식으로 질문을 하며 가볍게 예습을 하는 것도 하나의 방법입니다. 또한 수업시간에 선생님의 눈을 쳐다보도록 안내해주세요. 선생님의 눈과 얼굴을 보면 다른 자극에 눈길을 줄 가능성이 줄어듭니다.

자녀가 산만한 또 다른 이유는 아직 생활 습관이 형성되지 않았기 때문일 수도 있습니다. 그러므로 꼭 지켜야 하는 규칙을 정해서 매일 저녁 7시에 자녀와 부모가 함께 점검하는 것도 하나의 방법입니다. 대표적인 예가 '학교 갈 준비하기'입니다. 다음 날의 준비물, 교과서, 필통, 공책 등등을 매일매일 반복적으로 챙기는 것입니다. 이 계획을 크게 적어서 자녀의 책상 근처에 눈에 잘 띄게 붙여놓고 하나하나 짚어가며 확인하면 좋습니다. 예를 들면 다음과 같습니다.

> **학교 갈 준비하기**
> 1. 알림장을 큰 소리로 읽어본다.
> 2. 알림장에 있는 준비물이 무엇인지 확인한다.
> 3. 오늘 수업한 교과서와 공책을 꺼낸다.
> 4. 내일 수업할 교과서와 공책을 넣는다.
> 5. 연필 다섯 자루를 깎아서 필통에 넣는다.
> 6. 숙제를 다 했는지 엄마와 확인한다.

이와 같은 행동을 며칠 한다고 해서 바로 시냅스가 형성되는 것은 아닙니다. 이 과정은 길면 초등학교 1학년 내내 진행될 수도 있습니다. 하지만 이렇게 매일 확인하는 습관은 자녀의 공부 습관 형성에 확실한 밑거름이 됩니다. 그러니 귀찮아하지 말고 아이와 함께 계획을 점검해주세요.

**ADHD 진단방법**

ADHD는 병원이나 전문기관에서 여러 가지 전문적인 검사를 통해 진단해야 한다. 만약 평소 자녀가 ADHD가 아닐까 걱정했다면 우선 다음의 진단범주를 참고하기 바란다. 1번과 2번 중 한 가지에 포함된다면, ADHD일 가능성이 있으니 병원을 찾아 전문적인 진단을 받기를 권한다.

❶ '주의력결핍'에 관한 다음 증상 중 여섯 가지 이상이 6개월 이상 지속되었다.
- 흔히 세부적인 면에 면밀한 주의를 기울이지 못하거나 학업, 작업, 또는 다른 활동에서 부주의한 실수를 저지른다.
- 흔히 일을 하거나 놀이를 할 때 지속적으로 주의를 집중할 수 없다.
- 흔히 다른 사람이 직접 말을 할 때 경청하지 않는 것으로 보인다.
- 흔히 지시를 완수하지 못하고 학업, 잡일, 작업장에서의 임무를 수행하지 못한다(반항적 행동이나 지시를 이해하지 못해서가 아님).
- 흔히 과업과 활동을 체계화하지 못한다.
- 흔히 지속적인 정신적 노력을 요구하는 과업(학업 또는 숙제 등)에 참여하기를 싫어하고 피하고 저항한다.
- 흔히 활동하거나 숙제하는 데 필요한 물건들(장난감, 학습과제, 연필, 책 또는 도구 등)을 잃어버린다.
- 흔히 외부의 자극에 의해 쉽게 산만해진다.
- 흔히 일상적인 활동을 잊어버린다.

❷ '과잉행동 – 충동'에 관한 다음 증상 중 여섯 가지 이상이 6개월 이상 지속되었다.
- 흔히 손발을 가만히 두지 못하거나 의자에 앉아서도 몸을 꼼지락거린다.
- 흔히 앉아 있도록 요구되는 교실이나 다른 상황에서 자리를 떠난다.
- 흔히 부적절한 상황에서 지나치게 뛰어다니거나 기어오른다.

- 흔히 조용히 여가활동에 참여하거나 놀지 못한다.
- 흔히 '끊임없이 활동하거나' 마치 '자동차(무엇인가)에 쫓기는 것'처럼 행동한다.
- 흔히 지나치게 수다스럽다.
- 흔히 질문이 채 끝나기 전에 성급하게 대답한다.
- 흔히 차례를 기다리지 못한다.
- 흔히 다른 사람의 활동을 방해하고 간섭한다(대화나 게임 등에 참견한다).

 저는 초등학교 2학년 남자아이를 둔 엄마입니다. 요새 우리 아들이 자꾸 거짓말을 하네요. 얼마 전에도 거짓말을 해서 심하게 혼냈는데 개선되지 않으니 너무 속상해요. 어떻게 하면 고칠 수 있을까요?

부모의 입장에서 가장 걱정을 많이 하는 문제 중 하나입니다. 거짓말이 습관화되어 이후 성장해서까지 문제가 되면 어쩌나 하는 염려가 클 것이라고 생각합니다.

  9세 정도라면 연령의 발달적 특징을 살펴볼 때 도덕적인지 아닌지를 판단하는 능력이 아직 명확하지 않았을 수 있습니다. 즉, 이때는 정말 도덕적인 행동이 무엇이고 바람직한 것이 무엇인지 스스로 판단하고 이해하기보다 주변에서, 특히 부모나 선생님처럼 권위 있는 인물이 이야기해주는 기준을 따르는 것이 도덕이고 선이라고 믿고 그것을 자신의 생각인 양 받아들이는 발달적 특징을 가지고 있습니다.

  또한 거짓말이나 위법행동 등은 현재 뇌발달의 특성상 도덕 및 가치를 판단하는 전두엽, 특히 전전두엽이 충분히 성숙하지 못해서 나타날 수 있습니다. 전두엽은 청소년기를 거쳐 성인 초기에 이르기까지 계속해서 발달하고 성장합니다. 즉 현재 9세의 아이는 연령상 자신의 사고 및 판단능력으로 도덕과 가치를 이해하고 구분할 수 있는 나이에 아직 도달하지 않았다는 뜻입니다. 아마도 자녀는 자신의 거짓말이 어떤 결과를 초래하고, 그것이 얼마나 나쁜지, 왜 하면 안 되는지 등에 대해 이해 및 판단을 잘 못하고 있을 가능성이 높습니다.

그러므로 거짓말 행동에 대해 다그치거나 심하게 야단치기보다 '정직'의 의미부터 알려주세요. 정직이란 단순히 곧이곧대로 말하는 것을 넘어서 내가 한 행동을 인정하는 것을 의미합니다. 자신의 양심과 가치를 지키는 것이 왜 중요한지를 이야기해주세요. 모든 사람들이 자신이 원하는 대로 행동하고 거짓말을 한다면 이 사회가 어떻게 될지에 대해서도 이야기해주고, 누군가가 자녀의 물건을 마음대로 가져간 후 모른다고 하거나 자신이 저지른 행동이 아니라고 발뺌을 하면 어떤 기분이 들지 등에 대해 이야기를 나누어주세요.

거짓말은 단순히 그 행위 자체가 나빠서라기보다 그 행위로 인해 누군가 피해를 입거나 손해를 보기 때문에 해서는 안 된다고 자녀의 인지 발달 및 뇌발달의 수준에서 받아들일 수 있도록 차근차근 안내해주기 바랍니다.

# Part 3
### 초등학교 3~4학년

# 습관이 공부머리를 좌우한다

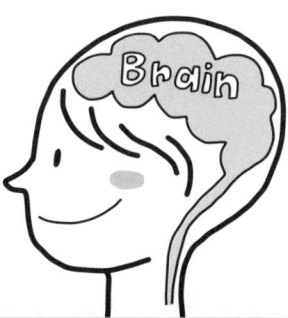

# 아이마다 생김새가 다르듯
# 뇌도 다르다

## 우리 아이의 강점 찾기

매년 수학능력 시험 때가 돌아오면 떠오르는 기억이 있다. 대학 입학원서를 쓰기 위해 교무실에서 담임선생님과 면담을 하던 그 순간 말이다. 그 시절에는 각 대학교의 학과별 점수대가 적힌 거대한 종이와 학생들의 성적표를 놓고 선생님, 학생, 학부모가 머리를 맞대고 고심해서 진학할 학교를 결정했었다.

학생이 어떤 공부를 하고 싶어하고, 무엇에 흥미를 느끼는지에 대해서 관심을 보이는 사람은 아무도 없었다. 지긋지긋한 입시에서 벗어나 빨리 대학교에 가고 싶은 마음에 학생조차도 자신이 하고 싶은 것, 잘하는 것에 대한 고민을 심각하게 하지 않았다. 같은 점수대라면 학과보다는 상위권의 학교를 선택하는 것이 낫다는 기준도 있었던 것 같다.

그런데 막상 대학교에 들어가면 과연 그 선택이 옳았는지 고민하기 시작하는 학생들이 하나둘씩 생겨난다. 점수에 따라 선택하다 보니 공부도, 수업도 지루하기 짝이 없고, 그러다 보니 수업도 빼먹게 되고 학교에 등교하는 날이 점점 줄어들기도 한다. 휴학을 하다가 결국 지긋지긋한 입시를 다시 치르는 학생도 있었다.

최근 고등학교 교사인 친구를 만나서 이야기를 나누다가 깜짝 놀랐다. 20년이나 지났지만, 여전히 똑같은 일이 반복되고 있다는 것이다. 여전히 학생들은 자신이 무엇을 좋아하고 잘하는지 자신 마음을 들여다보기보다는 학교, 학과별 점수대와 자신의 성적을 맞추어보는 데 급급하다고 한다. 오히려 요즘은 초등학교 고학년 때부터 입시가 시작된다는 이야기도 들었다. 상위권에 속한다는 대학교에 들어가려면 초등학교 때부터 입시에 단련이 되어야 한다는 것이다.

이 과정에는 아이러니하게 가장 중요한 것이 빠져 있다. 바로 자녀가 가장 잘하고 가장 좋아하는 것이 무엇인지 하는 것 말이다. 가장 잘하고 좋아하는 분야의 잠재능력과 가능성을 찾아서 그것을 개발할 때 행복하고 성공한 삶을 살 수 있다는 당연한 사실을 우리는 너무 자주 잊는다.

이러한 생각을 실천하기 위해 등장한 개념이 바로 '강점지능'이다. 강점지능은 모든 아이들을 IQ와 성적이라는 일률적인 잣대로 비교할 것이 아니라, 아이들이 가진 강점, 좋아하는 것을 찾아주자는 각성에서 시작된 개념이다. 아이들은 생김새만큼이나 각기 다른 능력을 지니고 있다.

자녀가 정말 잘할 수 있는 것, 즉 강점을 찾아주는 일을 제일 잘할 수 있는 사람은 바로 부모다. 부모는 자녀의 역사와 능력, 사건, 경험을 가장 많이 알고 가장 잘 아는 관찰자이기 때문이다. 우리 아이의 강점지능을 알아내기 위해 우선 강점지능이 무엇인지에 대해 알아보도록 하자.

### 강점지능의 등장

'지능' 하면 아직도 많은 사람들이 IQ를 가장 먼저 떠올린다. 그만큼 IQ 개념이 강력한 영향력을 가지고 있다는 뜻이다. IQ는 지능지수 Intelligence Quotient의 줄임말인데, 쉽게 말해 지능을 측정하는 검사를 통해 산출된 점수를 의미한다.

보통 IQ검사에서는 수리력, 공간유추능력, 언어능력, 기억력 등을 측정한다. 또한 그러한 능력들 중 일부 능력만을 측정하는 문항으로 구성되어 있다. 만약 자녀가 언어구사력이나 언어표현능력이 탁월하다면 IQ검사에서는 이를 측정해내기 어렵다. 그러므로 IQ검사는 우리 아이의 정확한 능력을 알아볼 수 있는 검사가 아니다. 그럼에도 불구하고 인간의 정신능력을 측정하는 검사가 전무한 탓에 IQ는 약 100년 동안 우리에게 엄청난 영향력을 미쳐왔다.

인간의 능력은 어마어마하게 다양하다. 그런데도 한 가지 잣대로 능력을 평가하는 것에 불만을 품은 사람들이 뇌에 대해 연구하기 시작했다. 그 결과로 나온 것이 바로 강점지능이다. 인간 능력의 강점은 모두 다르게 구성되어 있다는 것이 강점지능의 출발점이다. 강점지능은 다중지능, 정서지능, 성공지능으로 구성되는데, 이 세 가지 강점지능은 뇌 연구를 기반으로 추출되었다. 각자 나름대로 가장 잘하고 좋아하는 강점을 찾아 성공적인 삶을 살도록 하는 것이 강점지능의 목표이다.

### 다중지능, 정서지능, 성공지능

과거에는 IQ검사 결과를 가지고 '저 사람 IQ가 높은 걸 보니 똑똑하네', 혹은 'IQ가 낮은 걸 보니 머리가 나쁜 것이 분명해'라고 생각했다.

그러나 새로운 지능개념, 즉 강점지능은 한 사람의 지적 능력을 '똑똑하다, 멍청하다' 같은 하나의 잣대로 평가하지 않고 사람마다 다른 강점을 찾는 데 의의를 둔다. 그렇다면 강점지능의 세 가지 요소인 다중지능, 정서지능, 성공지능에 대해 찬찬히 살펴보도록 하자.

먼저 다중지능Multiple Intelligence은 하버드대학교의 하워드 가드너Howard Gardner 교수가 세상에 내놓은 개념으로, 인간에게는 여러 가지 지능이 있다는 개념이다. 모든 사람은 지능을 지니고 있는데, 한 가지 지능만으로는 살아갈 수 없다. 숫자도 계산할 줄 알아야 하고 말이나 글을 잘 읽고 쓸 줄 알아야 하며, 다른 사람들과 원만하게 잘 지낼 수 있는 대인관계 기술도 필요하다. 하지만 그 모든 지능이 다 높을 수는 없고, 그중 자신이 특별히 더 좋아하고 잘하는 능력이 있으면 그것이 강점이 된다. 가드너가 설명하는 다중지능은 총 여덟 가지다.

### 가드너의 8가지 다중지능

| 지능 유형 | 특 성 |
| --- | --- |
| 언어적 지능 | 언어를 이해하고 표현하는 능력 |
| 논리-수학적 지능 | 효율적인 숫자 활용 능력, 논리추론 능력 |
| 공간적 지능 | 사물을 머릿속에서 모형으로 묘사하고 조작하는 능력 |
| 음악적 지능 | 음악의 구성요소를 감지하고 표현하는 능력 |
| 신체-운동학적 지능 | 신체를 변형하고 조절하는 능력 |
| 대인관계 지능 | 타인의 감정을 잘 이해하고 리드하는 능력 |
| 자기이해 지능 | 자신을 정확하게 파악하고 통제하는 능력 |
| 자연탐구 지능 | 자연현상을 분석하고 탐구하는 능력 |

두 번째로 정서지능<sup>Emotional Intelligence</sup>은 EQ라는 이름으로 더 많이 알려져 있는데, 자신과 타인의 감정과 기분을 정확하게 이해하고 상황에 적절하게 통제·조절할 줄 아는 능력을 말한다. 정서지능을 대중에게 널리 알린 다니엘 골먼<sup>Daniel Goleman</sup>은 〈타임<sup>Time</sup>〉지의 의학전문기자였는데, 그는 정서지능이 원만한 인간관계를 형성하고 대인관계의 폭을 넓히는 데 결정적인 역할을 할 뿐만 아니라 성인이 되어 성공적인 사회생활을 이끄는 핵심적인 열쇠라고 주장했다.

그는 그 증거로 과거 성공의 강력한 예측요인이라고 여겨졌던 IQ는 사회에서의 성공을 4~25퍼센트 정도밖에 설명하지 못하지만 자신감, 자기조절능력, 대인관계기술, 공감능력 등을 포함한 정서지능은 60퍼센트 이상을 설명할 수 있다고 주장하였다. 정서지능에 포함된 요소는 다음과 같다.

**정서지능의 5가지 요소**

| 요소 | 특성 |
|---|---|
| 정서인식 능력 | 자신과 타인의 정서 상태를 정확히 알아차릴 수 있는 능력으로 전체 정서지능의 토대이다 |
| 정서표현 능력 | 상황에 맞고 타인이 이해할 수 있도록 자신의 감정을 나타낼 수 있는 능력 |
| 감정이입 능력 | 타인의 감정을 이해하고 자신의 내부에서 재경험해보는 능력 |
| 정서조절 능력 | 자신의 부정적인 기분이나 감정을 긍정적인 상태로 변화시키고, 유지할 수 있는 능력 |
| 정서활용 능력 | 과제수행이나 문제해결을 위해 감정이나 기분을 적극적으로 활용하는 능력 |

세 번째는 성공지능Successful Intelligence인데 예일대학교의 로버트 스턴버그Robert Sternberg 교수가 주장한 지능이다. 스턴버그 교수는 교실에서 똑똑한 아이가 모든 분야에서 똑똑한 것은 아니며 잘사는 것도 아니라는 것을 증명하기 위해 성공지능의 개념을 고안했다. 즉 '높은 IQ=높은 시험 성적=성공'이라는 우리 사회의 선입견을 바로잡기 위해 인간이 살아가는 데 진정으로 필요한 능력에 대한 개념을 세상에 내놓은 것이다. 성공지능은 다음의 세 가지 요소로 구성되어 있다.

**성공지능의 3가지 요소**

| 요소 | 특성 |
|---|---|
| 분석지능 | 수렴적 사고, 기억능력, 비교·분석 능력 |
| 창의지능 | 문제점 발견, 새롭고 독창적인 방식의 문제해결능력 |
| 실천지능 | 수단·방법의 적용, 응용력, 새로운 도전 |

다중지능, 정서지능, 성공지능은 우리 자녀들의 능력을 평가하는 새로운 기준이 될 수 있다. 이 세 가지 지능은 학교 성적이라는 틀이 아니라 우리 자녀가 정말 잘하고 좋아하는 능력이 무엇인지를 찾아서 행복하고 성공적인 삶을 살 수 있도록 도와주는 통로이다.

## 뇌가 바로 강점지능의 증거다

다중지능 개념과 이론을 창안한 하워드 가드너 교수는 다중지능이 실제로 있다는 증거를 뇌에서 찾았다. 그는 보스턴 의대에서 박사후연구를 수행하면서 뇌 손상 환자들을 관찰했는데 교통사고, 불의의 사고, 혹은 질병 등으로 뇌를 크게 다치거나 뇌의 일부가 손상된 환자들은 하나같이 사고나 병을 겪은 후 여러 능력 중 한두 가지 능력만 손상되었을 뿐 다른 기능을 수행하는 데는 전혀 문제가 없었다.

예컨대 교통사고를 당한 어떤 환자는 눈은 전혀 다치지 않았는데도 뒤통수가 함몰되고 손상되어 앞을 보지 못하게 되었으며, 좌측 측두엽에 종양이 생겨서 수술을 한 어떤 환자는 수술 후유증으로 측두엽 뇌세포 일부가 손상되어 이해되지 않는 말을 늘어놓기도 하였다. 또 다른 환자는 사고로 인해 전두엽 일부가 손상되어 다른 사람들에게 정서를 적절히 표현하지 못하는 감정표현불능증[alexithymia]이 나타나기도 했다. 이러한 결과를 종합하여 그는 인간의 강점과 능력이 바로 뇌에서 나온다고 주장하였다.

다중지능에 포함되는 언어적 지능은 왼쪽 귀 뒤쪽에 위치하고 있는 측두엽과 전두엽에서 주로 담당한다. 특히 왼쪽 측두엽의 브로카[Broca] 영역과 베르니케[Wernicke] 영역이 언어지능을 관장한다.

논리-수학적 지능은 좌뇌의 두정엽과 우뇌의 일부에서 담당한다. 비범한 논리-수학적 지능을 지녔던 인물로 꼽히는 아인슈타인이 사망한 후 최근까지 근 20여 년이 넘는 시간 동안 그의 뇌를 분석해봤더니 좌뇌 두정엽과 우뇌 사이의 연결 부위가 일반 사람들보다 세 배 이상 두꺼웠다고 한다. 그만큼 뇌세포의 연결망, 즉 시냅스가 튼튼하고 강력하게 형성된 것이다.

공간적 지능은 후두엽에 자리 잡고 있는 시각피질이 담당하는 능력으로서 공간을 입체적으로 사고하고 색, 질감, 모양 등을 조화롭게 선택하도록 돕는다. 그림, 조각, 건축, 디자인 등에서 뛰어난 능력을 보이는 사람들은 후두엽의 시각피질이 잘 발달돼 있다고 말할 수 있다.

음악적 지능은 주로 우측 측두엽에서 그 능력을 담당한다. 같은 측두엽이라도 좌측과 우측은 그 역할이 다르다. 좌측 측두엽은 주로 언어라는 상징기호를 다루고, 우측 측두엽은 말 속에 담긴 뉘앙스나 감정, 음악과 같은 소리를 담당한다. 음악적 지능이 강점지능일 경우 우측 측두엽이 발달해 있어서 음의 높낮이, 박자 등을 잘 구별해낼 수 있고 새로운 멜로디를 잘 만들어낼 수 있다.

신체-운동학적 지능은 두정엽의 운동피질에서 담당하며, 몸의 움직임이나 신체적인 특징 등을 잘 알아채도록 해준다. 두정엽은 또한 균형감각도 담당한다.

대인관계 지능은 감정이 발생되는 곳인 변연계와 기분과 감정을 조절하고 관리하는 전두엽이 연합하여 담당한다. 이 영역은 자기이해 지능도 담당한다.

자연탐구 지능은 좌반구와 우반구 양쪽에 있는 감각연합피질과 관련이 있으며 식물, 동물, 자연현상 등을 잘 구별하는 능력을 담당한다.

정서지능은 뇌의 두 가지 영역에서 주로 관장하는데, 바로 변연계의 편도체와 전전두엽이다. 편도체는 감정과 기분을 발생시키고 기억하는 역할을 하고, 전전두엽은 상황에 맞게 감정과 기분을 잘 처리하는 역할을 담당한다.

이처럼 강점지능은 IQ와 달리 우리 뇌 곳곳에 자리 잡고 있다. 이는 강점지능이 실재한다는 증거이기도 하다. 강점지능이 뇌에 존재한다는 사실은 자녀양육과 교육 측면에서 볼 때 상당히 고무적이다. 뇌는 사용하면 사용할수록 시냅스가 튼튼하게 연결되고 견고해지므로 강점지능 역시 사용하면 사용할수록 발달하고 향상될 수 있기 때문이다.

우리 자녀의 강점지능이 그다지 탁월하지 않다고 해서 강점지능이 아니라고 단정 짓지 말고, 자녀의 강점지능을 관장하는 뇌가 발달할 수 있도록 노력하고 돕는 것이 중요하다.

## 우리 아이 강점지능 키우기

자녀의 강점지능을 발견한 뒤 부모라면 '이제 어떻게 하지?' 하는 생각이 가장 먼저 들 것이다. 자녀가 가장 좋아하고 잘하는 강점지능을 찾는 것도 중요하지만, 강점지능을 키워주는 것 역시 중요하다. 강점지능이 아무리 뛰어나다고 해도 제대로 키워주고 개발해주지 않으면 아무 소용이 없다는 것을 보여주는 불행한 사례도 있다. 대표적인 사례가 바로 윌리엄 제임스 시디스William James Sidis이다.

시디스의 IQ는 최고 수준이었고, 수학과 과학 천재로 열한 살에 하버드대학교에 입학해 열여섯 살에 최우수 성적으로 졸업하였다. 그는 연일 신문지상에 오르내리며 미국의 미래 과학을 책임질 영재로 이름을 알렸다. 그렇지만 그의 영재성은 끝까지 빛을 발하지 못했다. 십대 후반부터 그는 술, 여자 등과 관련된 문제를 일으키며 자신의 강점이었던 수학과 과학에서 멀어지기 시작했다.

결국 그는 소리도 없이 사람들의 관심에서 멀어졌고 기억 속에서 사라져갔다. 나중에 한 기자에 의해 우연히 발견되었을 때, 그는 시골의 작은 사무실에서 허드렛일과 단순작업을 하면서 겨우겨우 생활을 이어가고 있었다. 더욱 안타까운 것은 사람들과 제대로 어울리며 건강하게 살아가는 방법을 배우지 못한 탓에 타인과 접촉하지도 못한 채 외로운 삶을 살고 있었다는 점이다. 아무리 뛰어난 강점지능을 지녔다 해도 의지를 가지고 노력하지 않는 한 강점지능이 유지되기 어렵다는 사실을 보여주는 이야기다.

### 강점지능 성장의 키워드, IDF

뛰어난 강점지능을 가졌음에도 불구하고 자신의 강점지능을 제대로 꽃피우지 못하고 사라진 시디스에게 필요했던 것은 과연 무엇이었을까?

이에 대한 답은 하워드 가드너의 IDF 모형에서 찾을 수 있다. IDF는 개인Individual, 분야Domain, 필드Field의 앞 글자를 딴 강점지능의 성장모형이다.

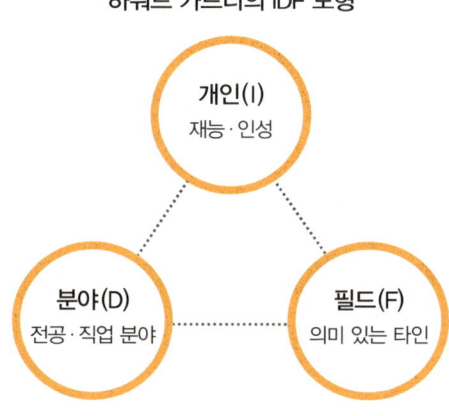

하워드 가드너의 IDF 모형

I는 정확하게 표현하자면 그 사람만이 가지고 있는 강점지능을 말한다. 이는 사람마다 다른 강점지능을 가지고 태어나며, 그러한 강점지능을 활용하여 성취한 결과도 다르다는 것을 뜻한다. 또한 사람마다 다른 관심과 흥미, 기술, 능력을 보인다는 것을 의미한다.

D는 사람마다 다르게 타고난 강점지능을 발현할 수 있는 분야를 의미한다. 강점지능을 가지고 있지만 그 강점지능이 발현될 수 있는 분야가 있느냐 없느냐와 관련이 있다. 강점지능이 발현될 수 있는 분야가 이미 형성돼 있다면 이를 향상시킬 수 있는 교육과 훈련을 받을 기회를 쉽게 얻을 수 있다.

F는 강점지능과 관련된 사람들과의 연결망을 말하는데, 강점지능을 발견하고 독려해주는 부모를 비롯해 스승, 라이벌 등 자신의 강점지능을 발달시키는 데 필요한 사람들을 말한다. 아무리 좋은 강점지능을 지니고 태어나고, 가능성이 많은 분야라고 해도 함께하는 사람들이 없다면 강점지능을 유지하기 어렵다.

이 세 가지 중 어느 한 가지라도 빠지면 자신이 가지고 있는 최고 수준의 강점지능을 발현할 수 없다. 이 세 가지가 분명하게 충족되어야만 비로소 완벽한 강점지능을 발휘할 수 있다. 이는 공간적 지능의 대가인 피카소의 예로도 알 수 있다. 피카소의 부모는 어릴 때부터 피카소가 그림에 강점지능을 가지고 있다는 것을 발견했고, 그는 국립왕실미술학교에서 미술 분야에 대해 많은 경험을 쌓고 훈련과 교육을 받았다. 또한 그 과정에서 많은 스승과 라이벌을 만나면서 끊임없이 강점지능을 개발하였다. 피카소의 IDF에는 빈틈이 없었고 그로 인해 강점지능을 완벽하게 발달시킬 수 있었다.

### IDF에 따른 강점지능 향상 방법

최근에 충격적인 이야기를 하나 들었다. 초등학교 3, 4학년 정도가 되면 이미 아이들의 장래가 결정 난다는 것이다. 이 말은 곧 초등학교 1학년부터 3, 4학년 정도까지 자녀들의 학업성취나 성적을 보면 어느 정도의 대학에 들어갈 수 있을지, 공부할 머리가 되는지 등등이 보이기 시작하므로 성적이 낮은 아이라면 그때부터 아예 직업교육이라도 시킬 준비를 해야 한다는 뜻을 담고 있다.

입시, 진로 등에 오죽이나 시달렸으면 이런 이야기가 나올까 싶은 생각도 든다. 하지만 사람들이 말하는 것처럼 한 사람의 능력과 미래가 그렇게 일찍 결정되는 것은 아니다. 더군다나 아동기는 그 어느 때보다 여러 가지 능력이 발달하는 결정적 시기이며, 뇌의 활성화가 일어나는 시기이다.

결정적 시기란 인간의 발달이 가장 효율적이고도 쉽게 이루어지는 최적의 시기를 의미하는데 영유아기의 결정적 시기와 발달을 예로 들면, 한 살 정도에는 걸음마를 가장 잘 배울 수 있고 만 4세 정도에는 언어발달의 결정적 시기가 천천히 다가온다.

아동기는 학습과 관련한 인지발달의 결정적 시기이자, 사회성과 인성 발달의 결정적 시기이다. 아동기에는 전두엽이 발달하면서 문제해결·합리적인 의사결정·판단 능력 등이 성장하고 전전두엽이 활짝 꽃을 피우기 시작하면서 자신의 감정과 기분을 적절하게 통제하고 조절할 수 있게 된다. 그러므로 이러한 결정적 시기에 있는 자녀의 미래를 속단하거나 결정지어서는 안 된다. 아직 한창 발달 중인 아이의 미래를 어떻게 성급하게 예단할 수 있겠는가? 또한 공부라는 잣대만으로 능력을 평가한다면 아이의 강점지능을 찾기는 더욱 어려울 것이다.

초등학교 시기에는 아이의 미래를 이리저리 예측하고 결정하기보다 아이의 강점지능을 찾고 그것을 개발해주는 데에 초점을 맞추어야 한다.

부모는 탄생의 순간부터 아이가 성장하는 그 모든 역사를 가장 가까운 거리에서 지켜본 사람이기 때문에, 어떻게 보면 자녀에 대한 살아 있는 기록이라고 할 수 있다. 그러므로 아이의 강점지능은 부모의 기억과 판단에서부터 찾기 시작해야 한다. 자녀가 좋아하는 것은 무엇인지, 무엇을 할 때 가장 집중하고 즐거워하는지, 어떤 때에 시간 가는 줄 모르고 몰입을 하는지 등을 파악해야 한다. 다만 게임이나 인터넷, 스마트폰 등과 같은 오락성 도구에 대한 관심이나 열정은 제외하는 것이 좋다. 그것은 선호나 관심, 흥미와 상관없이 중독에 이르기 쉬운 매체이기 때문이다.

자녀가 가장 좋아하고 잘하는 것을 찾아내기 위해서는 여러 경험을 함께 해보는 것이 좋다. 다양한 곳으로 여행을 다녀보고, 박물관이나 체험활동장 등을 찾아다니며 아이와 경험과 시간을 공유하는 과정에서 유독 자녀가 즐거워하고, 두고두고 이야기하며 눈을 빛내며 집중하는 것이 있다면 그것이 자녀의 강점지능이다.

이때 자녀의 강점지능에 대해 지나친 기대를 하지 않는 것이 중요하다. 사람마다 강점지능이 다를 뿐 아니라, 강점지능의 발달 정도도 다르기 때문이다. 사람마다 좋아하는 음식도 다르고, 또 아무리 좋아하는 음식이 산처럼 쌓여 있어도 먹고 소화할 수 있는 양이 다르듯 강점지능의 발달 정도와 수준도 다르기 마련이다. 그렇기에 다른 사람과 비교하거나 지나치게 높은 기대를 갖지 않는 것이 좋다.

강점지능을 발견했다면, 강점지능과 관련된 분야의 경험을 되도록 많이 해봐야 한다. 그렇다고 해서 고가의 사교육이나 교육 프로그램을

시키라는 것이 아니다. 자녀의 수준에서 할 수 있는 활동이나 놀이를 꾸준히 하는 것이 중요하다. 가드너는 이에 대해 '1만 시간의 숙성법칙'을 이야기한다. 아무리 뛰어난 강점지능을 타고났더라도 최고 수준에 도달하기 위해서는 1만 시간이라는 엄청난 시간과 노력을 들여야 한다는 것이다.

또한 그 분야와 관련된 정신적 스승, 멘토, 롤모델을 세워주는 것도 중요하다. 자녀가 도달해야 하는 구체적 모습을 멘토나 스승이라는 시각적 모델로 제시하면, 강력한 동기를 부여할 수 있다.

# 우리 아이의 뇌를 망치는 중독

## 말하는 사람의 뇌도, 듣는 사람의 뇌도 망치는 욕 중독

거리를 지나는데 초등학생으로 보이는 여러 명의 남녀 학생이 섬뜩할 정도의 욕을 서로에게 해대며 낄낄거리는 모습을 보고 깜짝 놀란 적이 있다. 아이들의 대화를 들어보니 말끝에 욕이 붙는 것이 아니라 그야말로 욕 끝에 말이 붙는 형국이었다. 그 모습을 보면서 어른들이 만들어놓은 나쁜 자극과 환경 때문에 아이들이 자신의 의지와 상관없이 그렇게 되어버린 것 같아 심란하기도 하고 죄책감이 들기도 했다.

아이들은 아직 환경과 자극에 대한 선별능력이 충분히 발달하지 않은 상태이다. 특히 초등 시기의 아동과 청소년은 판단과 의사결정을 담당하는 전두엽이 여전히 미성숙한 상태이므로 어른들의 현명하고 지혜로운 지도와 안내가 절실하다. 어른들의 개입이 없으면 아이들은 무분별하게 자극을 받아들이고, 해로운 자극에 빠져 헤어 나오지 못할 수 있다. 그러다가 너무도 가혹한 대가를 치르기도 한다.

가장 심각한 대가는 바로 뇌가 망가진다는 것이다. 즐겁고 바람직한 자극과 경험을 겪으면, 아이들의 뇌는 꽃을 피우고 활발하게 발달한다. 인성과 학습능력 발달의 결정적 시기인 초등학교 때 경험한 좋은 자극과 환경은 그대로 아이들의 뇌에 전달되며, 이후의 삶에 영향을 미친다. 결정적 시기가 동전의 앞면이라면 그 뒷면에는 '민감한 시기'가 자리 잡고 있다. 이 두 가지는 서로 떼려야 뗄 수 없는 관계에 있는데 결정적 시기에는 어떠한 자극도 쉽게 받아들이기 때문에 좋은 자극이 아닌 나쁜 자극에 노출되어도 그것을 민감하게 받아들인다. 이는 뇌에 영향을 미치고, 결국 인성과 학습능력을 바꿀 수도 있다. 이처럼 결정적 시기는 외부자극에 민감한 시기이기도 하다.

또한 초등 시기의 자녀는 유아기 때보다 부모가 통제하기가 쉽지 않다. 모든 것을 엄마에게 의존하던 유아기 때와 달리 친구들과 어울리며 시간을 보내고, 부모의 간섭에서 벗어날 수 있는 방법을 터득하면서 어느새 뇌에 치명적인 자극과 환경을 경험하게 되는 것이다. 이러한 나쁜 자극은 대부분 한번 경험하면 빠져나오기 어려운 상태인 중독과 관련이 있다.

초등학생 아이들의 세계에서 이루어지는 '욕'이 어느 정도로 심각한지를 대부분의 부모는 잘 모른다. 더군다나 집에서나 부모에게 욕을 하면 안 된다는 정도는 아이들도 알고 있기 때문에 '부모가 집에서 보는 내 아이'와 '집 밖에 있는 내 아이'는 상당한 거리가 있을 수 있다. 그래서 자녀가 얼마나 욕을 하는지 우연하게 발견하고 놀라는 부모도 있을 것이다. '자라면서 그 정도는 할 수 있지, 뭐'라고 관대한 시선을 가질 수도 있다. 그렇지만 욕 때문에 사랑스러운 자녀들의 뇌 속에서 어떤 일이 일어나고 있는지를 알게 된다면 그런 관대한 시선은 흔적도 없이 사라질 것이 분명하다.

### 욕, 뇌의 균형이 깨지고 전두엽의 성장이 멈추는 순간

한국교육개발원에서 우리나라 아동과 청소년을 대상으로 '욕을 어느 정도나 사용하는지'를 조사한 바에 따르면, 습관적으로 사용하거나 자주 사용한다고 답한 학생이 약 70퍼센트 정도로 나타났으며, 전혀 욕을 쓰지 않거나 거의 사용하지 않는다고 답한 학생은 겨우 27퍼센트에 불과했다. 실제로 한 방송에서 습관적으로 욕을 사용하는 중학생과 초등학생들에게 10분 동안 욕을 하지 않고 친구들과 대화해보도록 했더니, 아이들은 거의 대화를 이어가지 못하거나 말문이 막히는 반응을 보였다.

그렇다면 아이들은 어디에서 그렇게 욕을 배우는 것일까? 여러 경로가 있지만 대표적인 것이 친구, 매체와 인터넷 게임이다. 그런데 친구라고 답한 경우에도 그 친구가 처음 욕을 접한 계기는 매체와 인터넷 게임이기 때문에 주요 근원지는 매체와 인터넷 게임이라고 볼 수 있다. 매체와 게임은 그 자체가 중독성을 가지고 있기 때문에 욕과 매체, 게임 중독은 서로 맞물려 있다고 말할 수 있다.

아이들이 주로 인터넷 게임을 즐기는 PC방에 가보면, 초등학생으로 보이는 올망졸망한 아이들이 입에 담기도 어려운 욕을 해대면서 키보드를 두드리는 모습을 쉽게 볼 수 있다. 모니터의 한쪽에는 게임 상대와의 대화창이 뜨는데, 욕으로 가득 차 있다. 초등학생들이 새로운 욕을 배우는 공간이 바로 이곳이다. 게다가 인터넷은 익명성이라는 특징 때문에 여과되지 않은 욕이 난무한다. 이렇게 욕을 하며 아이들이 낄낄거리며 재미있어할 때, 아이들의 뇌에서는 과연 어떤 일이 벌어질까?

먼저 욕을 할 때 뇌에서는 기분을 좋게 만들어주는 도파민이 분출된다. 도파민은 단순히 기분을 좋게 만들어줄 뿐 아니라 짜릿함과 쾌락이라는 감정과 관련되어 있기 때문에 중독을 야기한다. 그래서 도파민을 '뇌에서 만들어내는 마약'이라고도 하는 것이다. 처음 욕을 하고 나서 기분이 짜릿해지고 시원해지는 느낌을 받았다면, 이 감정을 자꾸 느끼고 싶어서 욕을 하게 된다. 그러나 문제는 이렇게 부자연스럽고 인위적인 방법을 쓰다 보면, 즉 욕을 해서 도파민을 자꾸 끌어내다 보면 도파민 생성의 균형이 깨어지고, 그 결과 욕을 안 하면 기분이 매우 나빠진다는 것이다. 이것이 바로 중독의 과정이다. 이 과정은 비단 욕뿐만 아니라 게임, 음란 동영상 등에도 마찬가지로 적용된다.

두 번째로 욕을 습관적으로 하면, 전두엽의 발달이 지연되거나 방해를 받는다. 욕은 화가 나거나 짜증이 나는 등 부정적인 감정이 발생될 때 나온다. 욕을 하면서 사람들은 분노를 표출하고, 자신의 감정을 쏟아낸다. 이러한 감정과 관련된 영역이 바로 변연계인데, 욕을 자주 한다는 것은 감정의 발생장소인 변연계를 활성화한다는 의미이므로 결국 변연계의 영역이 확장된다. 변연계에서 발생하는 감정을 적절하게 통제하고 조절하는 역할은 전두엽에서 하는데, 전두엽이 한창 성장하는 초등 시기에 욕을 습관적으로 사용해서 변연계만 활성화되고 전두엽이 성장할 수 있는 기회를 빼앗아버려 전두엽이 미성숙한 상태로 남게 되는 것이다.

실제로 습관적으로 욕을 하는 초등학생과 욕을 거의 사용하지 않는 초등학생을 비교해보면 욕을 사용하는 아이들이 현저하게 감정조절능력과 인내심 등이 떨어진다. 또한 욕을 습관적으로 사용할 경우 자아존중감에도 문제가 생기고 국어 능력이나 어휘력도 떨어진다는 연구도 상당히 많다.

말은 그 사람의 인성과 생각을 담아내는 그릇이다. 어떤 말을 사용하느냐에 따라 마음가짐도 달라지고 사고의 패턴도 달라진다. 욕을 사용하면서 온화하고 친절한 마음을 갖기란 어려울 것이다.

### 욕을 들을 때도 뇌에 상처가 생긴다

뇌에 문제가 생기는 것은 욕을 할 때뿐만이 아니다. 욕을 들을 때도 뇌에는 치료되기 어려운 상처가 생긴다. 하버드대학교의 마틴 타이커 Martin Tikerr 교수는 〈미국정신의학American Journal of Psychiatry〉지에 아동기와 청소년기에 언어폭력, 욕설 등에 지속적으로 노출된 사람들의 뇌는 돌이키기 어려운 상태가 된다고 발표하였다.

아동기와 청소년기에 욕을 많이 들었던 성인들의 뇌를 촬영해보았더니 세 가지 점에서 이상이 발견되었다. 첫 번째는 전두엽의 크기가 일반 성인들에 비해 작다는 것이다. 전두엽은 대뇌피질 중 핵심영역으로 감정조절, 판단, 의사결정, 지능 등을 모두 담당한다. 그런데 이렇게 중요한 영역이 쪼그라들었다는 것은 그만큼 인지기능이 떨어지고 감정조절이 어렵다는 것을 의미한다.

두 번째로 해마의 크기가 일반 성인에 비해 작았다. 해마는 기억중추로 감정발생 장소인 변연계에 포함되는데, 해마가 작다는 것은 그만큼 기억에 장애가 발생하고, 감정처리가 어렵다는 뜻이다. 특히 해마는 초등학교 3~6학년 사이에 결정적 발달의 시기를 맞이하는데, 친구들로부터 욕을 듣고 언어폭력에 시달리면 그 충격이 그대로 해마에 반영되어 손상이 일어난다. 결정적 시기는 상처를 받기 쉬운 민감한 시기이기도 하기 때문이다. 해마가 손상되면 쉽게 불안해지고 우울증으로 심화될 가능성도 있다.

세 번째는 뇌량의 두께가 얇다는 것이다. 뇌량은 좌뇌와 우뇌를 연결하는 다리의 역할을 하는 곳인데, 뇌량의 두께가 두꺼우면 좌뇌와 우뇌의 정보전달이 신속하게 이루어지고 그에 따라 과제나 일을 원활하게 처리할 수 있다. 또한 우뇌에서 느끼는 감정의 미묘한 차이를 좌뇌로 전달해주어 원만한 대인관계와 의사소통을 가능하게 하고, 효과적으로 어휘를 표현할 수 있다. 그런데 뇌량의 두께에 문제가 생기면, 이러한 모든 과정이 어그러지면서 어휘능력이 떨어지는 것은 물론 대인관계에서도 어려움을 겪는다.

그냥 욕이 왔다 갔다 했을 뿐인데, 어떻게 뇌에 이런 치명적인 손상을 입히는 것일까? 그것은 욕이 그냥 욕이 아니기 때문이다. 욕을 자주 들으면, 처음 들었을 때만큼의 충격을 지각하고 인지하지는 못하지만 기분이 나쁜 상태는 계속 발생한다. 기분이 나쁘면 스트레스 호르몬인 코티졸이 분비되고 이는 뇌에 영향을 준다. 습관적으로 욕을 들으면 만성적이고 비정상적인 양의 스트레스 호르몬이 뇌를 쪼그라들게 만드는데, 가장 치명적으로 손상되는 영역이 바로 전두엽, 해마, 뇌량인 것이다.

## 우리 아이의 뇌를 망가뜨리는 문명의 이기

똑똑한 인류는 영화 속에서나 등장했던 갖가지 상상의 도구를 현실에 등장시켰다. 그 대표적인 결과물이 바로 스마트폰이다. 컴퓨터의 기능을 휴대전화 안에 내장하여 우리는 걸어 다니면서도 온갖 일을 다 할 수 있게 되었다. 컴퓨터는 또 얼마나 놀라운가? 내 집 책상 위에서 전 세계 어느 곳이든 갈 수 있고, 어떤 정보도 클릭 몇 번이면 검색할 수 있다.

그러나 우리는 그런 발전에 대한 대가를 톡톡히 치르고 있다. 바로 자녀들이 스마트폰 중독, 게임 중독으로 고통받고 있는 것이다. 이 중독이 더욱 심각한 이유는 돌이키기 어려운 뇌손상을 초래하기 때문이다. 다른 신체기관의 세포와 달리 뇌세포는 한번 손상되면 복구되지 않는다.

### 현실과 가상을 구별 못하는 게임 중독

성인의 중독 중 가장 높은 비율을 차지하는 것 중 하나가 도박중독이다. 도박중독자의 특성을 보면, 도박에 필요한 돈을 구하기 위해서라면 어떤 일도 불사하며 가족들에게 큰 상처를 준다는 것을 분명히 알고 있음에도 불구하고 멈추지를 못한다. 게임 중독에 빠진 아이들의 모습도 별반 다르지 않다. 게임을 하지 않는 시간에도 머릿속에는 온통 게임 생각뿐이고, 게임을 하기 위해서는 부모를 속이는 것쯤도 우습다. 또 PC방을 가기 위해 부모의 돈을 훔치고 이곳저곳을 배회한다. 게임 중독에 빠진 아동과 청소년의 비율은 나날이 증가하고 있는 추세이다.

게임 중독에 빠지면 게임을 늦게까지 해서 늦잠을 자고, 학교에서도 계속 게임 생각뿐이다. 이러한 상태가 길어지면서 공부를 따라가지 못하고 학교생활에 적응하지 못할 수밖에 없다. 이 증상이 심화되면 게임을 하지 않을 때는 우울하고 불안한 증상까지 나타나고 중독의 늪에서 빠져나올 수 없는 상태가 되고 만다. 이는 마치 어른들의 도박이나 약물 중독 상태와 같다.

실제로 로체스터대학교의 라이안 Richard Ryan 교수의 주장에 따르면, 일주일에 20시간 이상 게임을 하는 아이들은 우울증 증세를 보이고 대인관계에 문제가 나타났다고 한다. 더욱 충격적인 것은 게임을 할 때 뇌 상태를 단층촬영한 결과였다. 게임 중독에 빠진 아이들이 게임을 할 때 활성화되는 뇌의 영역은, 마약중독에 빠진 사람이 마약을 투약했을 때 활성화되는 부분과 동일했다. 게임 중독이나 마약중독 모두 우반구의 안와전두엽 부분에서 손상을 보였다. 전두엽은 감정조절과 판단, 의사결정을 담당하기 때문에 이 영역이 지속적인 손상을 입으면 당연히 이러한 능력이 상실된다.

전두엽의 정상적인 기능에 문제가 생기면 현실과 화면 속 세상을 구별하지 못해 게임 속 폭력을 현실에서 똑같이 실행하는 참변이 일어나기도 한다.

게임 중독은 마약중독 상태와 같을 뿐 아니라 뇌의 구조까지 바꾼다. 전 세계적인 권위를 지닌 학술지 〈플로스원 PLoS ONE〉에 발표된 게임 중독과 관련된 연구결과를 살펴보면 이를 알 수 있다. 인터넷 게임을 하루 열 시간 이상 하는 대학생과 두 시간 미만 하는 대학생 각각 열여덟 명의 뇌를 단층촬영해 비교해 본 결과, 게임을 오래 하는 학생들의 뇌는 사고능력과 인지기능, 정서조절을 비롯해 인간으로서 필요한 대부분의 능력을 담당하는 전전두엽의 크기가 줄어든 것으로 나타났다.

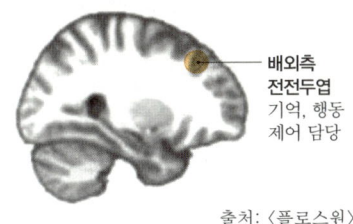

인터넷 게임 중독자의 줄어든 뇌 부위

1. 가운데를 자른 뇌

전전두엽의 보조 운동 대뇌피질
운동기능 담당

전전두엽의 전측대상피질
판단, 결정, 동기부여 담당

소뇌
균형감각, 학습 담당

안와전전두엽
정서 처리 담당

2. 바깥 부분을 자른 뇌

배외측 전전두엽
기억, 행동 제어 담당

출처: 〈플로스원〉

**우리 아이, 게임 중독 진단하기**

다음의 질문은 게임 중독을 진단하고 평가하기 위한 기본적인 기준을 담고 있다. 자녀에게 질문을 하며 체크해보거나 부모가 관찰한 아이의 행동을 떠올리며 응답해보도록 하자.

❶ 점점 게임을 하는 시간이 길어지는 것 같은 생각이 든다. (O, X)

❷ 다음 증상 중 세 개 이상을 경험하고 있다. (O, X)
- 게임을 하고 있지 않으면 불안하다.
- 게임을 못하게 되면 아무것도 하기 싫다.
- 게임 이외에는 다른 생각이 나지 않는다.
- 수업시간에도 온통 게임 생각이 난다.
- 부모님이 게임을 못하게 하면 폭발할 것 같은 기분이 든다.

❸ 원래 약속한 시간보다 훨씬 게임을 오래 한다. (O, X)

❹ 게임을 하느라 잠자는 시간을 놓쳐서 늦잠을 자는 적이 자주 있다. (O, X)

❺ 게임 때문에 내 몸과 마음이 나빠지는 것 같지만, 그만두지 못하겠다. (O, X)

위 다섯 가지 질문 중 세 개 이상의 문항에 O를 표시했다면 게임 중독의 가능성이 높으니 전문가를 만나서 상의하는 것이 좋다. O가 두 개 이상인 경우도 고위험군에 포함될 가능성이 있다.

### 스마트폰이 아이들의 뇌를 지배한다

지하철 출퇴근 풍경을 보면 걱정이 될 때가 있다. 승객의 80퍼센트는 스마트폰을 들여다보고 무엇인가를 하고 있다. 게임, 채팅, 검색, 이메일 확인 등 거의 모든 사람이 스마트폰만 들여다보고 있는 형국이다. 식당이나 거리 풍경도 별반 다르지 않다. 멀쩡히 사람을 앞에 두고도 스마트폰 속 세상과만 소통을 한다. 아이들 역시 마찬가지다. 스마트폰을 손에서 내려놓지 않는다. 때때로 짜증 내고 보채는 아이를 달래려고 엄마가 먼저 아이 손에 스마트폰을 쥐여주기도 한다. 스마트폰 역시 인간이 이룩한 과학기술의 쾌거지만, 이 위대한 결과물이 아이들 손에 들어가면서 아이들의 영혼을, 아니 정확하게 말해 뇌를 망가뜨리고 있다.

행정안전부와 한국정보화진흥원의 조사에 따르면, 스마트폰 중독자 중 가장 높은 비율을 차지하는 연령대가 바로 아동과 청소년기에 해당하는 초등 시기부터 10대까지다. 스마트폰 중독에 빠진 아동과 청소년의 행동을 보면, 밥 먹을 때나 화장실 갈 때 심지어 잠자리에 들어서도 스마트폰을 손에서 놓지 않으며, 스마트폰을 사용하지 못하는 상황에 맞닥뜨리거나 뺏으면 극도의 불안증상을 나타내고 때로 화를 폭발적으로 분출하는 모습까지 보인다. 그리고 점점 사람들과의 의사소통이나 접촉을 기피하기도 한다.

최근 시카고대학교의 빌헬름 호프만<sup>Wilhelm Hofmann</sup> 교수 팀은 스마트폰이 담배, 술보다 중독성이 훨씬 강력하다는 연구결과를 발표했는데, 스마트폰이 없으면 불안해지고 공포까지 느낀다는 '노모포비아<sup>Nomophobia</sup>'가 그 증거이다. 게다가 아동이나 청소년은 전두엽이 미성숙해서 감정이나 행동을 통제하고 조절하는 능력이 어른에 비해 현저히 떨어지기 때문에 스마트폰 중독에 빠질 위험이 상당히 높다.

스마트폰 중독까지는 아니더라도 하루에 네댓 시간씩 스마트폰을 사용하는 아동들 중 상당수가 주의집중이 어렵고 산만하며 충동적이고 폭력적인 행동을 보인다고 한다. 실제로 한국전자통신연구원에서 발표한 결과를 보면, 스마트폰을 많이 사용하는 아동일수록 ADHD를 많이 일으킨다고 한다. 이 상태가 계속되면 학습능력과 인지능력에 문제가 생겨서 학교생활을 이어나가기 어려워지고, 인성까지도 망친다고 주장하는 의사들도 상당히 많다.

이러한 상태의 뇌를 일명 '팝콘 브레인popcorn brain'이라고 하는데, 이 용어를 처음 쓴 사람은 워싱턴대학교 정보대학원의 데이비드 레비David Levy 교수이다. 레비 교수는 스마트폰을 자주 보는 사람들은 팝콘이 곧바로 튀어 오르는 것처럼 강한 자극에만 즉각적으로 반응할 뿐, 다른 사람의 감정이나 느리고 무던하게 변화하는 현실에는 무감각해지고 주의력이 떨어진다고 주장하였다. 실제로 스마트폰에 중독된 아동들에게 일정하게 깜빡이는 불빛과 소리에 맞춰 손뼉을 쳐보라고 지시한 후 뇌를 촬영해보니, 불빛이나 소리에 대한 뇌의 반응속도가 현저하게 떨어졌다.

일반적인 불빛이나 소리 등의 약한 자극에는 뇌가 반응을 보이지 않고, 스마트폰이 보여주는 강력한 자극, 영상, 게임 등에만 반응을 보이도록 뇌세포가 변해버린 것이다. 이렇게 팝콘 브레인이 되면 여간 강력한 자극이 아니고서는 뇌가 반응을 보이지 않게 된다.

한창 학습능력이 발달하고 다양한 오감 자극을 활발하게 받아들일 준비를 마친 아동들의 뇌는 시각과 청각뿐 아니라 촉각, 미각, 후각 등의 자극을 통해 시냅스가 보다 정교해지고 지능발달이 촉진된다. 그런데 스마트폰은 이 중 일부의 감각만을 강력하게 자극하고, 그러한 자극에 길들여 놓음으로써 뇌발달의 불균형을 초래할뿐더러 스마트폰의 빠른 장면전환은 아동의 뇌 정보처리 속도를 훨씬 넘어서기 때문에 이를 따라가지 못하면 집중력과 주의력을 떨어뜨려서 결국 인지기능과 사고능력까지 망친다.

 **스마트폰 중독 자가진단 방법**

한국정보화진흥원에서는 2011년 스마트폰 중독 여부를 진단하기 위한 검사인 S-척도를 개발하였다. 자녀가 직접 체크해도 되고, 부모가 아이를 관찰한 바를 떠올리며 응답해도 된다. 각 문항에 대해 ① 전혀 그렇지 않다 ② 그렇지 않다 ③ 그렇다 ④ 매우 그렇다 중 한 가지를 골라 답하면 된다.

1. 스마트폰의 지나친 사용으로 학교 성적이 떨어졌다. ( ①, ②, ③, ④ )
2. 가족이나 친구들과 함께 있는 것보다 스마트폰을 사용하고 있는 것이 더 즐겁다. ( ①, ②, ③, ④ )
3. 스마트폰을 사용할 수 없게 된다면 견디기 힘들 것이다. ( ①, ②, ③, ④ )
4. 스마트폰 사용시간을 줄이려고 해보았지만 실패했다. ( ①, ②, ③, ④ )
5. 스마트폰 사용으로 계획한 일, 공부, 숙제 또는 학원 수강 등을 하기 어렵다. ( ①, ②, ③, ④ )
6. 스마트폰을 사용하지 못하면 온 세상을 잃은 것 같은 생각이 든다. ( ①, ②, ③, ④ )
7. 스마트폰이 없으면 안절부절못하고 초조해진다. ( ①, ②, ③, ④ )
8. 스마트폰 사용시간을 스스로 조절할 수 있다. ( ①, ②, ③, ④ )
9. 수시로 스마트폰을 사용하다가 지적받은 적이 있다. ( ①, ②, ③, ④ )
10. 스마트폰이 없어도 불안하지 않다. ( ①, ②, ③, ④ )
11. 스마트폰을 사용할 때 그만 해야지 하고 생각하면서도 계속한다. ( ①, ②, ③, ④ )
12. 스마트폰을 너무 자주 또는 오래한다고 가족이나 친구들로부터 불평을 들은 적이 있다. ( ①, ②, ③, ④ )

13. 스마트폰 사용이 지금 하고 있는 공부에 방해가 되지 않는다. ( ①, ②, ③, ④ )
14. 스마트폰을 사용할 수 없을 때 패닉상태에 빠진다. ( ①, ②, ③, ④ )
15. 스마트폰 사용에 많은 시간을 보내는 것이 습관화되었다. ( ①, ②, ③, ④ )

**채점 방법**
문항번호 8, 10, 13번은 ① 전혀 그렇지 않다=4점, ② 그렇지 않다=3점, ③ 그렇다=2점, ④ 매우 그렇다=1점으로 채점
나머지는 ① 전혀 그렇지 않다=1점, ② 그렇지 않다=2점, ③ 그렇다=3점, ④ 매우 그렇다=4점으로 채점

**결과 해석**

● **총점 45점 이상: 고위험 사용자**
스마트폰 사용으로 인해 일상생활에서 심각한 장애를 보이면서 내성 및 금단현상이 나타난다. 스마트폰으로 이루어지는 대인관계가 대부분이며, 비도덕적 행위와 막연한 긍정적 기대가 있고 특정 앱이나 기능에 집착하는 특성을 보이기도 한다. 현실 생활에서도 습관적으로 사용하며 스마트폰 없이는 한순간도 견디기 힘들다고 느낀다. 따라서 스마트폰 사용으로 인해 학업이나 대인관계를 제대로 수행할 수 없으며 자신이 스마트폰 중독이라고 느낀다.

● **총점 42-44점: 잠재적 위험 사용자**
고위험 사용자에 비해 경미한 수준이지만 일상생활에서 장애를 보이며, 필요 이상으로 스마트폰 사용시간이 길고 스마트폰에 집착한다. 일상생활에서 어려움이 나타날 수 있으며 심리적 불안감을 보일 수도 있지만, 절반 정도는 자신이 아무 문제가 없다고 생각하기도 한다. 스마트폰 중독에 대한 주의가 요망된다.

● **총점 41점 이하: 일반 사용자**
대부분 스마트폰과 관련하여 문제가 없다고 생각한다. 심리적 정서 문제나 성격적 특성에서도 특이한 문제를 보이지 않으며, 자기 행동을 관리하고 통제할 수 있다고 생각한다. 그렇다고 해도 아동이나 청소년들은 스마트폰 중독에 대한 각별한 관리와 주의가 필요하므로 건전한 활용에 대한 지속적인 점검을 수행하는 것이 바람직하다.

## 중독으로부터
## 우리 아이 두뇌를 구하는 해법

아동이나 청소년은 제어능력이 부족하기 때문에 자신도 모르는 사이에 중독의 위험에 놓이게 된다. 자녀가 욕 중독, 게임 중독, 스마트폰 중독 등의 위험 범주에 포함되어 있거나 그러한 위험에 노출되어 있다면 부모는 죄책감이 들 수 있다. 하지만 좌절하기는 이르다. 다행히도 이러한 중독에서 벗어날 수 있는 방법이 있기 때문이다. 아직 성장 중에 있는 자녀의 뇌는 유연성이 높고 발달의 창이 아직 열려 있기 때문에 잘못된 자극과 시냅스의 연결을 얼마든지 수정할 수 있다.

그렇다면 어떤 노력이 필요할까? 첫째, 무엇보다 가장 중요한 것은 자녀가 인터넷, 스마트폰 등의 가상공간이 아닌 실제 세계, 우리가 발을 딛고 숨을 쉬는 공간에서 즐거움과 재미를 찾을 수 있어야 한다는 점이다. 대체로 아동이나 청소년은 부모와 함께 보내는 시간이 적거나 가정불화가 있을 때, 우울증이나 친구간의 문제, 학교에서의 적응 문제, 공부 문제 등이 발생했을 때 인터넷 중독에 빠질 가능성이 상당히 높다.

직접 문제를 해결할 능력이 없는 아동이나 청소년은 괴로운 상황이 발생하면 이를 잊게 해줄 무엇인가를 찾는다. 가장 쉬운 도피처가 바로 인터넷 게임, 스마트폰, 욕설 등등이다. 괴로운 상황을 잠시 잊기 위해 시작했다가 중독으로 이어지는 것이다. 그러므로 무엇보다 부모, 친척, 가족, 친구 등 자녀가 터놓고 이야기를 할 수 있는 대상이 있는지를 점검하고 스트레스를 받거나 마음이 괴로울 때 이를 적절히 해소할 수 있는 취미활동을 마련해주는 것이 좋다.

음악을 듣고 춤을 추고, 그림을 그리고, 영화를 감상하는 등 가상공간이 아닌 실제의 공간에서 아이들이 자신의 몸을 움직여 에너지를 사용하고, 사람들을 만나서 무엇인가를 함께할 때 중독에 빠질 가능성은 현저히 줄어든다.

또한 10세 이하의 자녀라면 게임을 못하게 하고 스마트폰 사용을 금지하는 것만으로도 중독에서 벗어날 수 있다. 견디기 괴로운 금단증상이 나타난다고 하더라도 3주 정도만 버티며 현실에서의 활동을 하면 중독에서 벗어나 건강하게 활동할 수 있다. 특히 남자아이들의 경우는 농구, 축구 등의 격렬한 신체활동이 도움이 된다. 이 활동이 끝나면 오히려 차분해지면서 스마트폰이나 인터넷을 하고자 하는 욕구가 줄어든다는 연구도 있다.

두 번째는 중독에서 멀어질 수 있는 환경을 조성하는 것이다. 게임 중독에 빠진 아이들은 자기 방에 컴퓨터가 있다는 공통점이 있다. 방에 들어가 문을 걸어 잠그면 아이들은 부모의 통제에서 쉽게 벗어날 수 있다. 방 안에서 무엇을 하는지 부모들은 알 도리가 없다. 그러므로 일단 컴퓨터는 가족 구성원 모두가 사용하는 것이라는 생각을 심어주고, 컴퓨터를 방에서 빼낼 필요가 있다. 컴퓨터를 거실에 두고 자녀가 컴퓨터를 사용할 때 부모가 자녀를 관찰할 수 있는 환경을 조성하는 것이 바람직하다.

스마트폰의 경우는 부모가 올바르게 활용하는 모습을 먼저 보여야 한다. 가령 집에 들어와서 몇 시부터는 온 가족이 스마트폰을 사용하지 않고 식탁 위에 올려놓아야 한다는 규칙을 정해서 지키도록 한다. 부모가 자녀와 대화할 때 스마트폰을 사용하거나 집에서 컴퓨터나 스마트폰에 빠져 있는 모습을 보이지 않도록 주의를 기울이는 것도 중요하다.

세 번째로 부모의 확고한 마음가짐이 필요하다. 중독에 빠진 아이들의 부모들과 상담을 해보면, 거의 대부분 아이들에게 휘둘리는 모습을 보인다. 물론 스마트폰을 빼앗고 게임을 못하게 했을 때 아이가 보이는 폭력적이고 공격적인 모습이 가슴 아프고 두려워서 차마 강하게 대하지 못하는 심정은 십분 이해가 간다. 그런데 문제는 자녀들이 부모의 이런 약한 마음을 이용한다는 것이다. 자녀들은 자신들이 화를 내고 폭발하면 부모가 자기 말을 들어주고 자신을 이기지 못한다는 것을 이미 잘 알고 있다.

가정의 중심은 자녀가 아니라 부모이다. 부모는 아직 통제능력이 없는 자녀들에게 올바른 가치를 심어주고 이끌어주어야 한다. 자녀가 잘못된 행동을 보이면 조용하지만 권위 있고 강한 모습으로 잘못을 지적해야 자녀가 건강한 성인으로 성장할 수 있다. 지금 당장 아이의 요구를 들어주면 아이의 기분이 잠시 좋아질 수는 있겠지만 아이의 미래를 생각하면 결코 바람직한 처신이 아니다.

마지막으로 게임이나 스마트폰으로부터 멀어지도록 하는 전략을 활용할 수 있다. 일단 자녀가 어느 정도나 게임을 하고 스마트폰을 사용하는지를 정확하게 기록하여 파악해야 한다. 이는 자녀 스스로 기록해야 그 효과가 높은데, 순순히 기록하지 않으면 기록을 해야만 게임을 하거나 스마트폰을 사용할 수 있다는 조건을 달 수도 있다. 기록에는 다음과 같은 내용이 포함되도록 한다.

- 어떤 게임을 얼마나 했나, 혹은 스마트폰으로 무엇을 몇 분이나 했나.
- 게임을 하거나 스마트폰을 사용하기 전에 무슨 생각을 했나.
- 시작하기 전에 몇 분이나 하려고 생각했나.
- 게임을 하거나 스마트폰을 사용하고 나서 어떤 기분이 들었나.

이 내용이 점차 쌓이면 게임이나 스마트폰을 사용하는 자녀의 모습이 분명하게 그려지고, 무엇을 어떻게 수정해야 할지 계획도 세울 수 있다. 또한 자녀 스스로 자신의 모습에 문제가 있음을 직시하게 만들 수 있다. 만약 게임 중독, 스마트폰 중독이 심하다면 전문가와 하루 빨리 상의하여 치료에 들어가는 것이 좋다.

앞으로 게임, 인터넷, 스마트폰 이외에도 우리 아이들의 영혼과 뇌를 망치는 무엇인가는 얼마든지 등장할 수 있다. 하루가 다르게 변하는 세상에서 부모들도 알아차리지 못하는 무엇인가가 자녀들의 삶에 침투해 아이들을 지배할 수도 있다. 하지만 부모와 얼굴을 부비고 이야기를 나눌 수 있는 시간, 나지막하지만 권위 있는 부모의 태도, 가족 중심의 환경만 있다면 그 무엇이 다가오든 자녀의 뇌를 보호하고 건강하게 키울 수 있을 것이다.

# 땀 흘리며 뛸 때 뇌는 쑥쑥 성장한다

## 책상머리에만 앉아 있다고 공부를 잘할 수 있을까?

요즘 초등학생들은 정말 공부를 많이 한다. 학교를 마치면 여러 학원을 전전하다가 저녁 식사시간에야 집에 돌아오는 아이들도 상당수다. 저녁을 먹고도 바로 쉬거나 잠자리에 들 수가 없다. 학원 숙제를 마쳐야 하기 때문이다. 학원 숙제를 마치고 자정이 다 되어서야 잠자리에 들고, 다음 날 아침에 잘 떠지지도 않는 눈을 비비며 다시 학교로 향한다.

1980년대 초반, 필자의 초등학교 시절을 더듬어보면 아침 등교시간, 쉬는 시간, 하교시간 할 것 없이 운동장에 아이들이 넘쳐났다. 축구하는 아이들, 고무줄을 걸어두고 껑충껑충 뛰는 아이들, 철봉에 매달려서 누가 오래 버티는지 내기를 하는 아이들, 줄넘기를 하는 아이들……. 뭐 하나 그럴듯한 도구는 없었지만 각종 운동을 하며 아이들은 운동장에서 땀을 흘렸다. 공부시간이 길지도 않았고, 초등학생이 다니는 학원도 별로 없었다. 하지만 공부하는 데 엄청나게 많은 시간을 투자하는 요즘 아이들보다 집중하며 학교 공부를 했던 기억이 난다. 두 세대 간의 차이는 무엇일까?

과거 환경을 돌아보면 모든 것이 요즘에 비해 열악하기 그지없었다. 하지만 언제든 마음껏 뛰어놀 수 있었다는 것만은 확실히 말할 수 있다. 최근의 뇌과학 연구를 살펴보면, 땀을 뻘뻘 흘리며 뛰노는 것만큼 뇌를 극적으로 성장시켜주는 방법이 없다고 한다. 그럼에도 불구하고 우리나라 초등학생들의 운동시간은 현재 현저하게 부족하다. 운동장은 대부분 텅 비어 있고, 학교에서 뛰어노는 아이들은 점점 더 찾아보기 어려워지고 있다.

### 운동부족은 몸뿐 아니라 뇌까지 망가뜨린다

아동기와 청소년기에는 급진적으로 신체가 발달한다. 마냥 어린아이처럼 보였던 자녀가 어느 날 갑자기 훌쩍 커버린 것 같은 느낌이 든 적이 있을 것이다. 아이들은 초등학교에 다니는 동안 근육과 골격이 빠르게 성장하고 힘도 세지며 몸도 민첩해지고, 운동기능도 뚜렷하게 발달한다. 이러한 아동기 및 청소년기에 얼마나 운동을 했는가에 따라 자녀들의 체력, 체격이 형성되고 건강상태가 결정된다. 성장기에 형성된 신체적 특성이 자녀의 일생에 토대가 되는 것이다.

운동이 부족하면 맨 먼저 체중의 증가를 눈으로 확인할 수 있다. 교육과정이 바뀌면서 체육시간이 줄어들었고, 입시제도가 끊임없이 변화하면서 학생들과 학부모는 오로지 학원에 다니고 책상머리에 오래 앉아서 문제를 하나라도 더 푸는 방법에 의존할 수밖에 없어졌다. 그러는 동안 아이들의 체력은 점점 더 떨어지고 비만율은 높아지고 있다.

이러한 현상은 비단 우리나라에만 국한된 이야기가 아니다. 아동의 비만은 전 세계적인 현상이다. 텔레비전, 스마트폰, 컴퓨터 등이 발달하면서 아이들은 나가서 놀기보다 집 안에 앉아서 노는 것을 선호하게 되었다. 전 세계 아동의 절반 이상이 운동부족이라는 결과를 보면 아이들의 신체활동이 얼마나 줄어들었는지를 확인할 수 있다. 세계보건기구 WHO를 비롯한 세계 각국은 아동과 청소년의 운동부족이 각종 질병을 야기한다고 경고한다. 최근 런던대학교의 어린이 건강연구소에서 초등학생을 대상으로 조사한 결과, 하루 운동시간이 최소 권장시간인 한 시간에도 못 미치는 경우가 약 60퍼센트인 반면 평균 6.4시간을 앉아서 생활한다고 한다. 결국 많은 아이들이 대부분의 시간을 앉아서 공부하거나 스마트폰이나 텔레비전을 보며 보내는 것이다.

보통 유아기에서 청소년기까지의 비만을 소아비만이라고 하는데, 우리나라 소아비만율은 급증하고 있는 추세다. 특히 소아비만은 지방세포의 크기가 커지는 성인 비만에 비하여 지방세포 수 자체가 늘어나기 때문에 살을 빼도 언제든지 다시 비만이 될 수 있다. 비만은 단지 활동하기에 불편한 데 그치지 않고 성조숙증을 비롯한 성장장애와 정서장애, 학습장애 등을 유발하기 때문에 성장기 자녀들에게 치명적인 질병이다.

저조한 신체활동은 나이와 상관없이 대사증후군, 심혈관질환을 초래하며 운동을 통해 우울과 불안을 해소하지 못하면 스트레스에 취약한 상태가 된다. 또한 뇌의 신진대사와 산소공급이 원활하지 않아서 기억력, 주의집중력 등이 현저하게 떨어진다.

뇌과학을 기반으로 한 아동·청소년 상담으로 유명한 미국의 데이비드 월시<sup>David Walsh</sup> 박사는 신체활동이 적은 아동과 청소년은 학업성취나 학습태도 등에서 문제가 발생한다고 주장하였다. 또한, 화가 나거나 짜증이 나는 상황에서 자신의 기분을 조절하지 못해 공격적이고 폭력적인 행동을 보일 가능성이 매우 높다고 하였다.

학력을 중요시하고 성적이 자녀의 장래를 결정한다고 믿는다면 공부에 앞서 충분한 신체활동과 운동에 주목해야 한다. 아이들이 밖에서 땀을 흘리며 뛰어노는 시간이 줄어들수록 자녀들의 미래에도 적신호가 들어올 가능성이 높다는 점을 반드시 기억하기 바란다.

## 운동&학습&인성은 3총사

최근 진화론자들과 뇌과학자들이 매우 흥미로운 주장을 하나 내놓았는데, 바로 원시시대부터 존재했던 생명체가 인간으로 진화하면서 '생각과 의식'이 출현한 이유가 운동 때문이라는 주장이다. 단세포 동물, 다세포 동물, 척추동물 등으로 진화하는 동안 생존을 위해 천적으로부터 도망을 가고 먹이를 찾아 움직이면서 뇌의 감각기능과 예측능력, 판단능력 등이 발달했고 이로써 생각과 의식이 생겨났다는 것이다.

이러한 관점에서 보면 환경에 적응하기 위한 움직임과 운동이 의식을 이끌어냈다고도 볼 수 있다. 즉, 운동이 뇌를 만들어낸 것이다. 반대로 움직임이 없는 생명체에는 뇌가 존재하지 않는다. 대표적인 예로 멍게를 들 수 있는데, 멍게는 바위에 붙어살기 때문에 움직일 필요가 없고 뇌 또한 없다. 이처럼 움직임과 운동은 뇌의 출발점이며, 뇌기능을 발달시키기 위한 필수요건이다.

### 운동이 만드는 공부머리의 원리

운동은 신체를 건강하게 하고 체력을 증진시킨다. 뿐만 아니라 운동은 생각의 근육까지 튼튼하게 만든다. 생각의 근육인 뇌에 운동은 어떠한 영향력을 미치는 것일까?

첫째, 운동은 뇌가 건강하게 작동할 수 있도록 도와준다. 뛰거나 걷는 유산소운동을 하면 심장이 활발하게 움직이며 뇌에 다량의 산소와 혈액을 공급한다. 맑은 공기와 깨끗한 혈액이 많이 제공되면 뇌는 이를 연료로 하여 그만큼 잘 움직일 수 있다.

또한 운동을 하면 몸 전체의 근육이 활발하게 움직이는데, 근육의 반복적인 수축과 이완은 뇌세포의 성장과 발달을 이끄는 인슐린 양성인자 단백질 IGF-1의 생성을 유도한다. 뿐만 아니라 운동은 시냅스를 더욱 튼튼하게 만들어주는 BDNF를 만들어낸다.

캘리포니아대학교의 페르난도 고메즈 피니야 Fernando Gomez-Pinilla 박사의 연구에 따르면 뇌에서 방출되는 BDNF가 많을수록 학습과 기억 측면에서 뛰어난 능력을 보이며, 반대로 BDNF가 적을수록 새로운 정보를 학습하는 데 어려움을 겪고 새로운 정보가 입력되더라도 뇌에서 그 정보가 기억되는 것을 차단한다고 한다. 실제로 고메즈 피니야 박사는 기억장애가 있는 사람들의 뇌를 관찰했는데, 그들은 BDNF를 만드는 유전자에 결함이 있는 것으로 나타났다. 이런 사람들은 새로운 사실을 저장하고 기억을 되살리는 데 어려움을 겪고, 이러한 증상은 시간이 지날수록 더욱 심화된다고 한다.

둘째, 운동은 뇌세포를 증가시켜 전두엽 및 해마를 성장시키는데 이로써 다양한 인지기능이 발달된다. 일리노이대학교의 아서 크레이머 Arthur Kramer 심리학과 교수는 운동을 하기 전과 한 후의 뇌를 단층촬영하여 비교했는데, 운동을 하면 전두엽의 크기가 점차 커지고 판단·의사결정·계획 등의 인지능력이 향상되는 것으로 나타났다. 뿐만 아니라 운동을 하고 나서 다양한 지능검사를 해보니 운동 전보다 점수가 높아졌을 뿐 아니라 무작위로 실시한 질문에도 빠르고 정확한 답변을 하였다. 이러한 연구결과로 미루어보면, 운동이 새로운 뇌세포를 만드는 데 기여하고 특히 학습과 기억 등의 능력을 담당하는 전두엽의 발달에 큰 영향을 미친다는 것을 알 수 있다.

운동이 뇌세포의 증가를 촉진한다는 증거는 또 있다. 컬럼비아대학교 메디컬센터의 스콧 스몰 Scott Small 박사는 운동을 할 때 나타나는 뇌의 변화를 오랫동안 관찰했는데, 운동을 통해 전두엽 및 해마에 새로운 뇌세포가 만들어진다고 한다. 운동을 하면 뇌에 빠른 속도로 많은 양의 혈액이 흘러 들어가면서 혈액의 통로인 모세혈관이 새로 생기고 더욱 많은 영양분이 공급되며, 뇌세포도 새롭게 생성된다는 것이다. 특히 학습과 기억의 중추인 해마의 뇌세포가 집중적으로 생성되는 것으로 나타났다.

셋째, 운동은 학습능력을 향상시킨다. 운동을 하면 뇌에 혈액과 산소가 공급되고, 뇌세포 간 연결망을 튼튼하게 하는 BDNF가 만들어진다. 게다가 기억·인지능력을 담당하는 전두엽과 해마의 뇌세포를 새롭게 만들어서 학습능력의 향상을 이끌어낸다. 일리노이대학교의 찰스 힐먼 Charles Hillman 교수는 실제로 운동이 뇌와 학습에 미치는 효과를 입증해냈다. 일리노이 주의 초등학교 3학년과 5학년생 259명을 대상으로 달리기, 체조 등등의 기초운동을 시킨 후 운동능력과 수학·읽기 능력을 비교했더니 꾸준히 운동을 해서 운동능력을 향상시킨 학생들이 과제에서 상당히 높은 성적을 보였고 주의집중력도 향상된 것으로 나타났다. 또한 전반적으로 지능 수준도 높아졌다.

### 운동이 바람직한 인성발달을 이끈다

많은 사람들이 운동을 하면 피로감을 느껴서 아무것도 할 수 없을 것이라고 생각한다. 그래서 운동할 시간에 독서나 공부 등 정적인 활동을 하는 것이 공부에 더 유익하리라고 판단한다. 그런데 이와 정반대의 원칙을 적용하는 곳이 있다. 바로 일본 오사카에 있는 세이시 유치원이다.

이곳에서는 매일 아침 유치원 유아들이 운동장을 일곱 바퀴씩 뛴다. 어린아이들에게 너무한 것 아니냐고 생각할 수 있지만, 어른들도 헉헉거리며 힘들어할 거리를 작은 아이들은 깔깔 웃으며 잘도 뛴다. 이 유치원은 일본 뇌과학자인 시노하라 기쿠노리<sup>篠原菊紀</sup> 박사가 주장하는 뇌발달 원리를 토대로 교육과정과 신체활동을 구성하고 있는데, 달리기 같은 운동은 발바닥을 자극해서 뇌를 활성화시킨다고 한다. 유아들은 운동장을 일곱 바퀴나 돌고 나서도 교실에서 꾸벅꾸벅 졸거나 피곤해하지 않는다. 오히려 눈을 반짝이며 수업에 집중한다. 지속적이고 규칙적인 운동과 신체활동은 피로감이 아니라 뇌에 활력을 주어 기억력과 집중력을 향상시킨다.

뿐만 아니라 운동은 세 가지 신경전달물질의 분비를 촉진한다. 즉 도파민, 세로토닌, 노르에피네프린이 마구 분출이 되는 것이다. 도파민은 열정과 에너지를 갖게 하고 쾌감을 느끼게 하며 문제해결에 필요한 집중력을 만들어낸다. 그리고 세로토닌은 기분을 안정적으로 만들기 때문에 실패나 좌절을 겪어도 오뚝이처럼 일어날 수 있는 회복탄력성을 향상시킨다. 또한 노르에피네프린은 기분을 좋게 만들어 집중력과 기억력을 향상시킨다. 이처럼 기분을 좋게 만드는 신경전달물질은 모두 땀을 흘리며 운동을 열심히 할 때 나온다.

　운동이 학생들의 학습뿐만 아니라 정서를 안정적으로 유지시켜 인성 발달에 도움을 준다는 증거는 현실에서도 찾아볼 수 있다. 시카고 외곽에 위치한 네이퍼빌이라는 작은 도시의 네이퍼빌센트럴고등학교에서는 매일 0교시에 체육수업을 한다. 정규수업이 시작되는 9시 이전인 7시 30분부터 아이들은 달리기와 체조를 비롯한 기초운동을 하는데, 0교시 체육수업을 진행한 지 1년 후 놀라운 변화가 나타났다. 이 학교의 학생들은 학업성취도에서 미국 전체 학생 중 가장 높은 점수를 보였고, 공격성·충동성·학교폭력 등이 말끔하게 사라졌다.

　운동이 항우울제나 신경안정제보다 훨씬 뛰어난 효과를 보인다는 연구결과도 있다. 캘리포니아대학교의 칼 코트먼Carl Cotman 박사의 연구에 의하면, 운동은 뇌세포를 대량으로 만들며 심리적인 안정감을 주기 때문에 우울증을 비롯한 기분장애에 도움이 되고, 폭력이나 폭행 등의 행동을 교정하는 데에도 큰 도움이 된다고 한다.

　그렇다면 운동을 전혀 하지 않으면 어떻게 될까? 도파민이나 세로토닌 등이 분비되지 않으면 차차 운동이나 건전한 성취와 같은 경험으로부터 멀어진다. 그 결과 분노와 공격성이 축적되어 나중에는 이것을 조절하기 어려워진다. 이러한 상태가 심화되면 주의집중력에 문제가 생기고 지나치게 폭력적이고 충동적인 행동을 하는 ADHD로 이어질 수 있다.

## 우리 아이의 뇌 성장을 돕는 운동 방법

자녀의 뇌발달에 도움이 되는 운동을 거창하게 생각할 필요는 없다. 전문적인 기술이 필요한 것도 아니다. 다음 세 가지 원칙만 지키면 누구나 운동을 통해 뇌발달을 촉진할 수 있다.

첫째, 부모와 자녀가 함께 땀 흘리며 운동해야 한다. 아이들은 롤모델의 행동을 모방하며 학습한다. 자신에게 의미 있는 존재의 행동을 보고 따라 하면서 자신의 행동을 만들어가는 것이다. 자녀에게 가장 의미 있는 존재는 대부분 부모이다. 부모가 자녀와 함께 땀 흘리며 뛰어놀면 건강을 유지하고 뇌발달을 돕는 행동습관을 아이에게 만들어줄 수 있다. 이러한 습관은 운동을 한두 번 했다고 형성되지 않기 때문에 꾸준히 규칙적으로 운동을 하는 '가족 운동의 날'을 정하는 것도 하나의 방법이다. 이를테면 주말에 한 시간 이상씩 가족이 함께 땀을 흘리며 운동을 한다는 원칙을 정하는 것이다.

둘째, 부모가 먼저 운동의 규칙을 준수하는 모습을 보여야 한다. 자녀와 함께 규칙을 포함한 운동, 즉 축구나 배드민턴 등을 할 때에는 규칙을 잘 지키고 공정하게 게임을 하는 모습을 보여주어야 한다. 게임에서 설혹 지더라도 화를 내거나 짜증을 내지 않고 열심히 한 상대방을 축하해주고 다음에 더 잘하자고 격려하는 모습을 보일 때, 그 모습은 고스란히 자녀의 뇌 속으로 녹아든다.

셋째, 작은 활동이라도 자주 하는 것이 중요하다. 운동이 필요하다고 해서 반드시 운동장에 나가서 뛸 필요는 없다. 동네 뒷산을 오르내리는 것도, 함께 장을 보며 물건을 운반하는 것도, 집 안에서 청소를 하는 것도 운동이다. 혹은 간단하게 가족끼리 짝을 지어 하는 스트레칭과 맨손

체조 역시 좋은 운동이다.

중요한 것은 '자주' 하는 것이다. WHO를 비롯해 건강에 대한 지침을 제공하는 각종 단체 및 학회에서는 적어도 하루 한 시간의 운동을 권장한다. 따라서 따로 시간을 내기 어렵다면 학교에서도 쉬는 시간에 책상에 엎드려 자기보다 잠깐이라도 의자에서 일어나 몸을 움직이는 것이 뇌발달에 도움이 된다. 자녀의 인성과 학습능력은 책상머리에서보다 몸을 움직여 땀을 흘릴 때 만들어진다는 점을 반드시 기억하기 바란다.

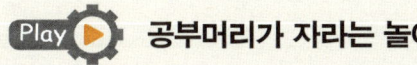 **공부머리가 자라는 놀이**

> **방망이 놀이**
> 이미 만들어져 판매되는 비싼 장난감이 있어야 재미있게 놀 수 있는 것은 아니다. 집에서 흔히 구할 수 있는 재료도 자녀와 아이디어를 모으면 훌륭한 장난감이 될 수 있다. 신문, 달력 종이, 쇼핑백 등을 말아서 방망이로 활용하는 것만으로도 얼마든지 즐겁게 놀이할 수 있다. 집 안을 함께 둘러보며 이런 놀이를 생각해보는 것 자체만으로도 뇌가 활성화되며, 땀을 흘리며 놀 때 시냅스 형성을 촉진하는 자연영양제인 BDNF가 분비된다.
>
> **놀이 장소**   집 안에서도, 집 밖에서도 가능하다
> **준비물**   집 안에 보이는 신문, 달력 종이, 종이 쇼핑백 등을 방망이 모양으로 말아서 테이프로 고정시킨다.
> **놀이 방법**
> - 두 명 이상과 놀이를 할 때는 다음의 방법을 사용할 수 있으며 다양하게 변형할 수 있다.
>   – 방망이를 세로로 세워서 한 손에서 다른 손으로 번갈아 옮긴다. 손가락으로 쥐지 않으면서 많이 옮기는 사람이 이긴다.
>   – 바닥에 둥근 원을 그리고 그 원 안에서 방망이를 오른손으로 던져서 왼손으로 받고, 왼손으로 던져서 오른손으로 받는다. 높이 던져서 받되 원 밖으로 나가지 않도록 한다. 원 밖으로 나가거나 떨어뜨리면 다음 사람에게 순서가 넘어간다.
>   – 축구공을 튕기는 것처럼 방망이를 양 무릎으로 번갈아 튕긴다. 바닥에 떨어뜨리면 다음 사람에게 순서가 넘어간다. 이 방법이 익숙해지면 원을 그리고 원 안에서 해본다. 원 밖으로 나가거나 떨어뜨리면 다음 사람에게 순서가 넘어간다.

- 다음과 같이 응용해서 놀이를 할 수도 있다.
    - 손바닥 위에 방망이를 세로로 세워서 누가 오래 균형을 잡으며 넘어뜨리지 않는지 해본다. 손바닥 위에서 균형 잡기에 익숙해지면, 손가락 위나 발등에 방망이를 세우고 균형을 맞출 수도 있다.
    - 바닥에 원을 그리고 원 안에서 방망이를 높이 띄운 후 바닥에 떨어지기 전까지 누가 제자리에서 여러 번 도는지 세본다.

### DIY 김밥 만들기

기본적으로 아동은 요리에 흥미와 관심을 가지고 있다. 요리 만드는 과정도 재미있게 여길 뿐 아니라 누군가 요리를 맛있게 먹는 모습을 보면 쾌감을 느낀다. 즉, 긍정적인 기분 상태가 되어 뇌발달에 도움이 되는 도파민, 세로토닌이 분비된다. 뿐만 아니라 요리는 그 자체만으로도 전두엽, 후두엽, 두정엽 등 대뇌피질 전반의 발달에 효과적이다. 손을 움직여 사용할 뿐만 아니라 시각적인 자극이 전달되기 때문이다.

**준비물**  김, 밥, 냉장고에 있는 반찬, 채소, 과일 등 원하는 것은 뭐든지 사용할 수 있다.

**놀이 방법**
① 아이와 어떤 김밥을 만들지 이야기를 나눈다. 김밥의 고유한 이름을 붙이는 것도 좋다.
② 불을 사용하는 재료가 들어갈 경우, 부모가 도움을 주는 것이 좋다.
③ 김밥의 소스도 아이가 창의적으로 만들어보도록 한다. 고추장, 된장, 간장, 설탕 등을 사용해 완성된 맛을 생각하면서 독특한 소스를 개발하도록 한다.

④ 다양한 재료와 소스가 준비되면 자녀가 직접 김밥을 만들어보게 한다. 부모가 시범을 보여주는 방법도 좋다.
⑤ 완성되면 사진을 찍어서 기록으로 남겨두면 좋다.

### 전통놀이
신체활동을 수반한 전통적인 놀이는 BDNF 분비를 촉진할 뿐만 아니라 두정엽 발달에도 도움을 준다. 사방치기, 고무줄놀이, 공기놀이, 땅따먹기, 오징어놀이 등을 하면 여러 가지 규칙을 이해하는 과정에서 전두엽 발달에 도움이 될 수 있다.

# 좋은 인성과 공부머리를
# 만드는 습관

## 모든 것은 습관에 달려 있다

사람마다 나름의 습관이 있다. 아침에 일어나면 바로 커피를 먹어야 잠이 깨는 사람, 초조하면 손톱을 물어뜯는 사람, 하루의 마지막에는 꼭 샤워를 해야 잠이 잘 오는 사람 등등, 이 모든 것이 습관이다. 심지어 열 살 남짓한 아이에게도 습관은 있다. 아침에 일찍 일어나는 습관을 가진 아이도 있고, 늦게까지 드라마를 보거나 게임을 하고 밤중이 되어야 잠자리에 드는 습관을 가진 아이도 있다. 숙제를 할 때도 아이들의 습관은 여실히 드러난다. 책상 위에 휴대전화를 올려놓고 연신 전화기를 흘낏거리거나 전화기를 만지작만지작하며 숙제를 하는 아이도 있고, 아침에 일어나 급하게 그날 숙제를 해서 엄마의 애까지 태우는 아이도 있다.

공부뿐만 아니라 정서적 측면에서도 습관은 존재한다. 친구들과 다툼이 있거나 화가 날 때 아이들은 각기 다른 대처를 한다. 정서적 대처 습관이 다르기 때문이다. 어떤 아이는 욕설을 하거나 과격한 행동으로 화를 표출하는가 하면 어떤 아이는 화를 내기보다 조곤조곤 말로 표현한다.

자녀들의 행동을 가만히 관찰해보면, 거의 대부분의 행동이 반복되는 패턴을 가지고 있음을 발견할 수 있다. 공부를 할 때도, 화가 나서 대처할 때도 모두 일정한 패턴을 보이는데 이러한 습관은 하루아침에 만들어진 것이 아니다. 습관이라는 말 자체에 오랜 시간 동안 반복되어 형성된 행동이라는 뜻이 담겨 있기 때문이다.

자녀가 어린 시기를 지나 초등학교에 들어가면 대부분의 부모는 이러한 습관에 대해 걱정을 많이 한다. 공부하는 습관, 준비물을 미리미리 챙기는 습관, 아침에 일찍 일어나는 습관, 친구들과 의사소통할 때의 습관, 감정을 다루는 습관 등 건강하고 원만하게 학교생활과 일상을 영위하는 데 필요한 습관이 많은데, 아이가 혹시 필요한 행동에서 비껴나는 행동을 보이면 부모들은 초조해지기 십상이다.

우리 쌍둥이들 역시 마찬가지였다. 친구들과 대화할 때 끝까지 듣지 않고 자신이 하고 싶은 말을 먼저 해버리는 대화습관을 보면서 걱정이 됐고, 자기 의견을 또박또박 말하기보다 사람들의 눈치를 살피며 말끝을 흐리는 습관을 보고는 어떻게 고쳐야 할지 고민하기도 했다.

물론 이러한 습관이 선천적으로 만들어진다는 주장도 있다. 이러한 연구는 주로 기질과 성향에 관한 내용과 맞물려 있는데, 기질적으로 수줍음이 많은 아이는 자신의 의견을 분명하게 밝히는 것을 상당히 어렵게 느낄 수 있다. 또한 기질적으로 성마른 아이는 빠르게 행동하고 급하게 반응을 보이는 경우도 있다. 그러나 선천적인 기질과 성향이 모든 것을 결정하지는 않는다. 지금까지의 연구를 종합해보면 유전에 의한 영향이 30퍼센트 정도이고 나머지 70퍼센트는 환경의 영향이다. 즉 선천적으로 타고나는 것보다 성장하는 과정에서 부모, 친구, 주변인물로부터 받는 영향이 훨씬 큰 것이다. 이렇듯 사람들의 모든 행동이나 습관, 심리적인 특성은 유전과 함께 환경의 영향으로 만들어진다.

그러므로 수줍음이 많은 기질을 타고났다고 해도 노력 여하에 따라 자기 생각과 주장을 명확하게 드러내는 언어습관을 형성할 수 있다. 마찬가지로 활동적이고 신체운동을 좋아하는 기질을 가진 아이도 가만히 앉아서 책을 읽는 독서습관과 학습습관을 얼마든지 기를 수 있다.

우리나라 속담에 '세 살 버릇 여든 간다'는 말이 있다. 이는 뇌과학적인 관점에서도 매우 정확한 설명이다. 어릴 때부터 반복적으로 활성화되는 뇌세포 간의 시냅스는 매우 강력하게 형성된다. 이렇게 강력하게 형성된 시냅스들은 수정될 수도 있지만 그러려면 많은 시간과 노력이 필요하다. 그렇기 때문에 좋은 인성과 학습능력을 갖추려면 어린 시기부터 적합한 습관을 형성하려는 노력이 필요하다. 적절하게 자신의 감정을 조절하고 통제하여 긍정적인 관점을 갖는 사고의 습관은 좋은 인성으로 발전되고, 공부하는 자세와 시간 등을 엄수하는 성실한 학습태도는 좋은 공부머리로 발전된다.

## 좋은 인성 습관 만들기

좋은 인성과 긍정적인 정서가 우리의 삶을 얼마나 다르게 만들어놓는지에 관한 결정적인 종단 연구가 있다. 바로 하버드대학교의 조지 베일런트 George E. Vaillant 의대 교수의 연구인데, 그는 1930년대 후반에 하버드대학교에 재학 중이던 남학생 268명과 대단히 뛰어난 능력을 가졌다는 평가를 받은 천재 여성 90여 명, 그리고 고등학교 중퇴 후 자수성가한 남성 456명의 인생을 72년이라는 긴 세월 동안 관찰하였다. 연구결과는 실로 놀라왔다. 가장 우수한 성적으로 졸업하고 천재라고 인정받았던 사람들 중에 행복하고 성공적인 인생을 사는 사람은 그다지 많지 않았다. 그러면 과연 어떤 사람이 행복하고 성공적인 삶을 살았을까?

연구대상 중 여든 살을 훌쩍 넘겨서까지 행복한 삶을 살고 있다고 스스로 평가하고, 주변의 존경을 받는 사람들의 공통적인 특징은 좋은 성품을 가졌다는 것이었다. 그들은 타인과 갈등을 겪고 불안을 느끼더라도 이를 사회적으로 가치 있는 행동과 활동으로 전환하고 해결하고자 했으며 이타적인 행동을 할 줄 아는 인성을 갖춘 사람들이었다. 이쯤 되면 인성이 행복의 열쇠라고 해도 과언이 아닐 것이다.

### 좋은 인성의 뿌리, 전두엽과 변연계

조지 베일런트 교수는 좋은 인성이란 자신의 정서를 잘 통제하고 스트레스에 잘 견디며 좌절을 긍정적으로 이겨내는 힘이라고 하였다. 다른 사람들을 배려하고 공감하며, 올바로 행동하려면 무엇보다 자신의 감정과 기분을 평소에 잘 관리하고 조절하는 습관이 필요하다는 의미다.

정서의 조절은 변연계와 전두엽에서 담당한다. 그중에서도 변연계 중 아몬드 모양으로 생긴 편도체가 중요한데, 이곳에서 감정이 발생되기 때문이다. 우리는 일상생활의 다양한 상황 속에서 제각각 다른 감정을 느낀다. 기분이 나쁠 수도 있고 짜증이 날 수도 있으며 뛸 듯이 기쁠 수도 있다. 이처럼 다양한 상황 속에서 여러 가지 감정을 느끼는 것은 편도체 덕분이다.

## 우리 아이 습관 점검하기

자녀의 평소 습관을 알아보기 위해 몇 가지 질문을 제시하였다. 평소 시간을 잘 관리하면서 생활하는지, 잘못된 습관은 없는지 등을 살펴보는 문항으로 구성되어 있는데, 자녀에게 질문해가며 체크하거나 부모가 옆에서 관찰했을 때의 모습을 떠올리며 응답해보도록 하자.

1. 컴퓨터 게임이나 스마트폰 게임을 시작하면 그만두지 못하는 편이다. (O, X)
2. 평소 친구들과 전화 통화를 오래하는 편이다. (O, X)
3. 친구들과의 약속이나 학원에 약간씩 늦는 편이다. (O, X)
4. 물건이나 준비물을 허둥지둥 찾을 때가 자주 있는 편이다. (O, X)
5. 시험을 앞두고 있어도 공부 계획을 잘 세우지 않는다. (O, X)
6. 무엇을 시작해서 마무리를 잘 못하는 편이다. (O, X)
7. 계획을 잘 안 세우고, 그때그때 닥치는 대로 할 일을 하는 편이다. (O, X)
8. 방학 계획이나 공부 계획을 무리하게 세워서 결국 잘 지키지 못할 때가 많다. (O, X)
9. 공부나 숙제하는 장소가 일정하지 않고, 마음 내키는 장소에서 한다. (O, X)
10. 숙제를 미뤄뒀다가 한꺼번에 할 때가 자주 있다. (O, X)

**결과 해석**
- **7지 이상**: 고쳐야 할 습관이 상당히 많은 편이다. 현재의 습관을 고치기 위해서 많은 노력을 해야 한다.
- **3-6가지**: 시간관리나 공부 습관 등에 대해서 다시 한 번 정확하게 점검해 보고, 바람직한 방향으로 고쳐나가도록 노력해야 한다.
- **2가지 이하**: 현재까지는 습관이 잘 형성된 편이니 앞으로도 잘 유지할 수 있도록 노력해야 한다.

전두엽은 주로 기억, 판단, 의사결정 등을 담당하는데, 특히 전전두엽은 변연계에서 발생된 감정이 전달되면, '아, 지금 화가 나는구나', 혹은 '가슴이 두근거리고 설레는구나'라고 감정을 읽는 동시에 그러한 감정을 어떻게 조절하고 행동하는 것이 적절한지를 판단하고 실행에 옮기는 기능을 담당한다. 그러므로 전전두엽에 감정과 기분을 적절하게 조절하는 시냅스가 잘 형성되었다면 이것이 곧 좋은 인성, 바람직한 성품으로 발전되는 것이다. 반면 평소 자신의 감정이 내키는 대로 행동하며 감정을 통제하지 못한다면, 전전두엽에 정서를 조절하는 시냅스가 형성되지 못하고 결국 바람직하지 않은 인성으로 연결될 수 있다.

미국의 심리학자인 로버트 헤어Robert Hare는 타인의 고통에 공감하지 못하고 자신의 욕구를 채우는 데만 급급하며 죄의식이나 죄책감을 느끼지 못하는 사이코패스에 대해 연구했는데, 그는 사이코패스의 뇌 구조가 일반 사람들과 다르다고 주장하였다. 특히 두 가지 점에서 차이가 나타나는데, 사이코패스 진단을 받은 사람들은 전전두엽의 기능이 정상인들보다 훨씬 떨어지고 공격적 성향을 억제하는 뇌 분비물인 세로토닌이 부족했다.

전전두엽은 감정과 기분을 적절하게 조절하고, 세로토닌은 격정적인 감정의 기복이 일어나지 않도록 감정과 기분을 안정적으로 만드는 기능을 하는데, 사이코패스는 전전두엽의 기능과 세로토닌 분비에 문제가 있기 때문에 감정조절이 어렵고 사소한 일에도 공격적인 성향을 보인다. 이러한 상태가 계속되면 파괴적이고 바람직하지 못한 인성이 굳어져 사회적인 문제와 범죄로까지 이어질 수 있다.

물론 사이코패스는 학대경험이나 범죄행동을 자주 목격하는 환경에서 자랄 때 형성되는 극단적인 사례지만, 어릴 때 감정을 조절하는 습관을 형성하지 못하면 이후의 삶에 치명적인 악영향을 미치는 것만은 분명하다.

## 인성 습관 형성하기

그렇다면 좋은 인성을 형성하려면 어떻게 해야 할까? 앞서 말했듯 좋은 인성은 감정과 기분을 적절하게 잘 조절하는 것에서부터 출발한다. 그러므로 어릴 때부터 자녀가 자신의 감정에 휩쓸려 내키는 대로 행동하지 않고 감정을 잘 조절하는 연습을 할 수 있도록 도와야 한다. 감정과 기분을 조절하는 연습을 할 때는 다음과 같은 원칙을 따르는 것이 좋다.

첫째, 우선 자신의 감정과 기분이 어떤 상태인지를 정확히 파악할 필요가 있다. 자녀에게 무조건 감정을 참으라는 요구는 무리일 수 있다. 화가 난 것인지, 짜증이 난 것인지, 슬픈 것인지 모른다면 감정을 참으라는 지시 자체가 무의미하기 때문이다. 그러므로 평소에 자녀가 느끼는 감정에 대한 질문을 자주 하는 것이 좋다. "그때 기분이 어땠는데?", "지금 기분이 어떤지 말해줄 수 있어?"라는 질문으로 시작하면 좋다.

자신의 기분을 들여다보고 정확하게 인식하는 연습을 충분히 하지 않았다면 자녀가 자기감정의 이름을 대는 것은 쉽지 않을 수 있다. 감정의 이름을 대더라도 그저 좋다, 혹은 나쁘다 정도의 흑백논리에 파묻힐 가능성이 높다. 감정에 대한 지식, 정보가 차곡차곡 쌓여야 감정을 정확하게 인식할 수 있고, 또 자연스럽게 표현할 수도 있다. 자녀와 대화를 할 때 부모가 겪었던 경험과 그 경험으로 인해 느낀 감정을 자주 이야기해 줄 때 이러한 정보가 자녀에게 쉽게 전달된다.

둘째, 감정과 기분을 전환하는 전략을 안내해야 한다. 어른들에게는 우울하거나 화가 날 때 그러한 감정 상태에서 벗어날 수 있는 각자의 전략이 있다. 노래를 부르거나 책을 읽을 수도 있고 명상을 할 수도 있으며 친구들과 만나 한바탕 수다를 떨 수도 있다. 아직 자신만의 전략을 갖지 못한 자녀들은 부모의 전략을 그대로 따르는 경우가 많다. 아이는 평소 부모가 기분이 언짢을 때 어떻게 기분전환을 하는지를 관찰하고 이를 따라 하는 모방학습을 하기 때문에 부모가 바람직하고 건전한 기분전환의 방법과 전략을 보여주어야 한다.

운동, 등산, 산책 등은 훌륭한 기분전환 방법이다. 이는 편도체가 부정적인 감정과 기분을 계속 만들어내지 않도록 완전히 다른 상황을 접하게 하는 전략이다.

## 공부머리를 만드는 습관

하버드대학교를 비롯한 최고의 대학교에 입학한 대학생 1,600명을 대상으로 학습 습관을 연구한 리처드 라이트 Richard Wright 교수는 학업성취 수준이 높은 학생들의 공통점을 한 가지 밝혀냈는데, 그것은 그들이 나름의 공부 습관을 가지고 있다는 것이었다.

대학생은 고등학생과 달리 마음만 먹으면 얼마든지 놀고 즐길 수 있다. 환경과 상황이 고등학교 때와는 확연히 다르기 때문이다. 라이트 교수의 연구대상이었던 대학생들도 즐길 수 있는 여러 가지 활동, 예컨대 동아리 활동, 친구들과 교제하기, 여행하기 등등에 적극적으로 참여하고 있었다. 그럼에도 불구하고 이 학생들은 공부와 과제 등에 소홀하지 않았는데, 그 비결은 '자신만의 공부 습관, 공부 스타일에 따른 관리'에 있었다. 일단 자신만의 공부 습관이 형성되면 아무리 여러 가지 활동을 하고 여가를 즐겨도 효율적으로 공부를 할 수 있다는 것이 라이트 교수의 주장이다. 즉, 공부 습관에 의해서 공부머리가 만들어졌기 때문에 다양한 활동을 하면서도 학업에 대한 집중력을 놓치지 않을 수 있다는 말이다. 그렇다면 공부머리를 만드는 원리는 무엇이며 구체적인 방법에는 무엇이 있을까?

### 3주, 공부머리를 만드는 인내의 시간

효율적인 공부 습관을 형성하려면 발달의 시기를 고려해야 한다. 아침에 일어나기, 이 닦기, 잠자리에 들기, 음식 골고루 먹기 등과 같은 일상생활의 습관은 생존이나 건강과 관련되어 있기 때문에 아주 어린 유아기, 아동기에도 이러한 행동패턴을 뇌가 학습할 수 있다. 반면 시간 관리하기, 책 읽기, 노트 필기하기 등 공부와 관련된 습관은 초등학교 3~4학년 무렵부터 발달의 시기를 맞이한다. 이 시기부터 인지능력 및 이해능력, 미래에 대한 예측능력, 논리적으로 계획을 세우고 시간을 계산할 수 있는 능력이 발달하기 때문이다. 또한 이 시기에는 다른 아이들과 자신을 비교하며 '잘하고 싶다'는 학습동기도 발달하기 때문에 공부에 필요한 습관을 서서히 형성할 수 있다.

습관을 잘 형성하려면 우선 습관의 뇌과학적 의미를 파악해야 한다. 습관이란 이미 뇌세포의 연결망이 형성되어서 특정 행동을 거부감 없이 받아들일 수 있는 상태를 의미한다. 그렇다면 뇌세포 간 연결망이 형성되는 데에는 어느 정도의 시간이 필요할까?

습관이 형성되는 데 필요한 최소한의 시간은 3주일이다. 3주일이 지나 약 3개월 정도가 지나면 튼튼한 공부 습관이 형성된다. 시냅스는 한

두 번의 행동으로 만들어지지 않고, 반복적으로 행동하면 할수록 튼튼하게 형성된다. 그러므로 특별히 의식하지 않고 자연스럽게 공부를 하기 위해서는 최소한 3주일 동안 꾸준히, 반복적으로 공부하는 습관을 들여야 한다.

### 공부 습관 형성하기

부모의 입장에서 자기주도 학습이라는 말은 상당히 매력적이다. 부모가 일일이 시키지 않아도 자녀가 스스로 할 일을 찾아서 계획을 세우고 목표에 도달하려 노력한다면 얼마나 환상적이겠는가? 그런데 자기주도 학습능력은 저절로 만들어지지 않는다. 자기주도 학습 역시 일종의 공부 습관인데, 어떻게 하루아침에 저절로 만들어질 수 있겠는가? 스스로 공부하는 습관을 형성하려면 여러 가지 노력이 필요하다.

첫째, 공부하는 패턴을 연습해야 한다. 가끔 초등학생들을 보면 숙제만 하면 된다는 생각에 엎드려서, 혹은 텔레비전 앞에서, 밥을 먹으면서 공부를 한다. 이는 매우 나쁜 습관이다. 일정한 시간과 장소에서 공부를 해야 제대로 된 공부 습관을 기를 수 있다. 그래야만 공부에 집중할 수 있는 뇌세포와 패턴이 형성되기 때문이다. 공부는 항상 자신의 책상에서 하고, 집중하는 시간을 고려해 시간대를 정해놓고 하는 것이 좋다. 이렇게 3주일을 반복하면 뇌에는 같은 장소, 같은 시간대에 공부하는 습관의 시냅스가 형성된다.

둘째, 뇌를 자극하는 공부 습관을 가져야 한다. 가장 좋은 방법 중 하나가 소리 내어 읽는 습관인데, 언어자극을 처리하는 좌측 측두엽이 가장 자연스럽고 쉽게 받아들이는 자극이 바로 자신의 목소리이기 때문이다. 그러므로 집중이 잘 되지 않을 때, 그다지 좋아하지 않는 공부를 할 때는 소리를 내어 읽으면 도움이 된다. 또한, 뇌는 자극을 반복할 때 기억을 잘 저장한다. 그러므로 소리 내어 읽는 것으로 끝낼 것이 아니라 소리 내어 읽은 후 자기 나름의 방법으로 노트 필기를 하여 정리하고, 정리한 내용 중 중요한 부분에 밑줄을 그으면 좋다. 이렇게 하면 뇌가 세 번 학습하는 셈이 되어 기억이 잘 저장된다.

셋째, 공부를 시작하기 전에는 항상 기분 좋은 상태를 유지해야 한다. 대부분의 부모가 자녀에게 공부 습관을 들여준다고 강압적으로 지시를 하곤 하는데, 이 역시 습관으로 굳어질 수 있으니 유의해야 한다. 부모의 야단과 지시가 있어야만 공부를 시작하는 시냅스가 형성된다면, 늘 쫓아다니면서 공부하라고 잔소리를 해야 하는데, 이는 부모나 아이 모두에게 득이 될 것 없는 습관이다. 그러므로 자녀가 공부하는 시간대에는 집중할 수 있도록 텔레비전, 전화통화 등의 소음을 없애고 기분 좋은 말로 공부를 시작하도록 유도해야 한다.

또한 공부 습관이 잘 형성되지 않은 자녀에게 장시간의 학습은 오히려 공부에 대한 짜증을 유발할 수 있으므로 주의해야 한다. 공부 습관을 처음 형성할 때 적절한 주의집중 시간은 20~30분이다. 그러므로 일단은 '20분 혹은 30분 집중패턴'을 만드는 데서 시작하는 것이 좋다. 아무리 공부 습관이 들지 않은 아이라도 20분 혹은 30분 동안은 무리 없이 집중할 수 있다. 이 시간 동안 소리 내어 읽고, 마치면 충분히 칭찬을 해 주어 긍정적인 기분을 경험하게 한 후 약 10분 정도 휴식을 취한 다음 다시 20분 혹은 30분 집중패턴을 반복하면 바람직한 공부 습관을 형성할 수 있다.

# 학습에 필요한
# 뇌 준비 방법

## 아침 식사가 아이의 인생을 결정한다

매년 정부가 발표하는 여러 통계 중 유독 변화가 별로 나타나지 않는 항목이 있는데 바로 학생들의 아침 식사와 관련된 것이다. 우리나라 중고등학생 중 아침 식사를 하는 학생의 비중은 늘 50퍼센트 수준에서 왔다 갔다 한다. 절반의 학생이 아침밥 없이 하루를 시작한다는 뜻이다. 외모에 민감한 청소년들은 다이어트를 위해 일부러 아침밥을 굶기도 한다지만 초등학생들은 반드시 아침 식사를 해야 한다. 그 이유는 두 가지다.

첫 번째는 뇌를 깨우기 위해서다. 우리가 잠을 자는 동안에도 뇌는 전날 우리가 보고 듣고 배운 내용들을 정리하고 기억하는 활동을 열심히 한다. 잠에서 깨어난다는 것은 이러한 뇌의 상태를 다시 새로운 무엇인가를 보고 듣고 배울 수 있는 상태로 전환한다는 것을 의미한다. 뇌를 깨우고 뇌의 상태를 전환하는 방법이 바로 저작운동인데 음식을 씹으며 이와 이가 부딪히면 그 자극이 뇌신경을 타고 올라가서 뇌에 새로운 활동을 하라는 신호를 준다.

두 번째는 뇌에 연료를 공급하기 위해서이다. 뇌가 활발히 활동하고 각 기관이 담당한 역할을 잘 수행하려면 탄수화물, 정확히 말해 포도당이라는 연료가 필요하다. 포도당이 제공되지 않으면 뇌는 제대로 기능하기가 어렵다.

보통 저녁 식사를 6시에서 7시에 한다고 치면, 다음 날 아침까지 보통 열두 시간 정도가 공복상태이다. 즉 뇌 역시 열두 시간 동안 포도당이 공급되지 않는 공복상태에 머무르는 것이다. 더구나 뇌는 잠을 자는 동안에도 쉬지 않고 계속 활동을 하니 아침이 되면 포도당이 더욱 절실한 상태가 된다. 그런데 아침에 시간이 없다고 아침밥을 건너뛰고 점심에야 식사를 한다면 열일곱에서 열여덟 시간 동안 뇌는 완전히 에너지가 고갈된 상태에 놓일 수밖에 없다. 이래서야 뇌가 제대로 기능하기를 바란다는 것은 어불성설이다.

실제로 우리나라를 비롯한 주요 선진국에서는 아침 식사의 효과를 검증하기 위해 여러 가지 실험을 했는데, 그 결과 아침 식사가 기억력, 집중력, 학습능력 등을 결정하는 것으로 나타났다. 미국의 경우, 아침 식사를 하는 초등학생이 그렇지 않은 또래보다 수학 성적이 월등하게 높았고 우리나라에서도 아침 식사를 하는 학생이 그렇지 않은 학생보다 학업성취도가 높다는 결과가 나왔다.

또한 아침 식사는 학교에서의 태도와 건강에도 영향을 미친다. 아침 식사를 하는 학생들은 출석률이 높고 지각을 거의 하지 않으며 학교에서도 양호실을 거의 이용하지 않는다고 한다. 또한 수업시간에 집중을 잘하고, 수업을 듣는 태도도 비교적 좋은 것으로 나타났다.

이러한 효과는 시간이 지날수록 누적된다. 아침 식사를 계속해온 학생들은 학교에 가서 수업시간을 충실하게 제대로 보내지만, 아침 식사를 하지 않는 학생들은 뇌에 연료가 공급되지 않아 새로운 학습을 할 준비가 되지 않은 뇌 상태로 수업시간을 견뎌야 한다. 그렇기에 매일 오전 수업시간을 멍한 상태로 보내게 되는 것이다.

특히 한창 성장하는 초등학생에게는 공부를 위해서만이 아니라 건강한 발달을 위해서 온기 있는 아침 식사가 반드시 필요하다. 무심히 지나칠 수 있는 아침 식사가 우리 아이의 미래를 결정할 수도 있다는 사실을 명심하기 바란다.

## 성적향상의 비법, 충분한 잠

학창시절을 이미 지나온 부모들에게 '벼락치기'라는 말은 낯설지 않을 것이다. 시험 볼 과목을 전날 밤을 새워 공부하는 것 말이다. 그 시절 우리는 독서실이나 학교 도서관을 이용하기도 하고, 친구 집에 삼삼오오 모여서 공부하기도 했었다. 그런데 밤을 새워 집중적으로 외우고, 풀고, 정리해서 준비를 해도 막상 시험시간이 되면 머리가 몽롱하고 암기한 내용이 오락가락하면서 답을 맞히기 더 어려웠고, 급기야 기대했던 성적이 나오지 않아 당황스러웠던 기억이 난다.

또 다른 예를 들어보자. 주변에 알고 지내는 초등학교 2학년짜리 남자아이가 있는데 어릴 때부터 똘똘하고 학습속도가 빨라서 부모의 기대가 상당했다. 그런데 초등학교에 들어가 영어 유치원을 다녔거나 선행학습을 해서 학교 학습에서 두각을 보이는 또래들을 만나며 상황이 달라졌다. 월등한 능력을 가지고 있다고 믿었던 아들이 기대만큼의 결과를 내지 못하자 이 아이의 엄마는 초조해지기 시작했고, 결국 영어 학원을 비롯한 이런저런 학원에 등록하기에 이르렀다. 하교하는 시간에 맞춰 학원 버스가 아이를 실어 나르고, 밤 9시가 되어야 모든 일정이 끝나는 고된 하루하루였다. 집에 들어가서도 학원 숙제와 학교 숙제를 하느라 밤 12시 전에는 잠을 자기 어려웠다. 무엇보다 가장 안쓰러운 것은 저녁 식사를 제대로 할 수 없다는 것이었다. 이동하는 학원 버스에서 대충 때우거나 학원 근처 편의점 음식으로 배를 채우는 경우가 허다했다. 그런데 이런 노력에도 불구하고 아이의 실력은 그다지 나아지지 않았다. 오히려 수업시간에 집중을 잘 하지 못하거나 학교 숙제를 종종 잊어서 선생님이 아이 엄마에게 전화를 하는 경우까지 생겼다.

두 사례의 공통점은 과연 무엇일까? 바로 수면이다. 벼락치기가 효과를 보지 못하는 이유, 잠을 줄이고 공부를 더 했는데도 그 결과가 신통치 않은 이유는 모두 수면부족에 있다. 많은 사람들이 잠자는 것과 학습과의 관계를 그리 중요하게 생각하지 않는다. 잠을 줄여서라도 공부를 해야 성적이 올라간다고 믿는다. 그런데 정말 그럴까? 수면이 학습에 미치는 영향은 크게 두 가지 측면으로 볼 수 있다.

첫째, 수면을 하는 동안 우리는 공부한 것을 다시 학습, 즉 복습하여 기억할 수 있는 형태로 저장한다. 수면을 단순히 몸의 피로를 푸는 것으로만 생각하면 큰 오해다. 깨어 있는 동안에 학습하면서 연결되었던 뇌세포의 신경회로망은 잠을 자는 동안 재점화된다. 그렇게 반복학습을 거치며 밤사이 신경회로망이 더욱 튼튼하게 연결되는 것이다. 예컨대 낮 동안에 악기 연주법을 배웠다면 손가락의 움직임에 대한 신경회로망이 연결된다. 그리고 밤에 잠을 자면서 이 신경회로망이 그대로 다시 한

번 연결되는 복습과정이 일어난다. 그렇지만 수면 중에는 뇌간에서 근육을 실제로 움직이지 못하도록 억제신호를 뇌 전체에 보내기 때문에서 몸을 움직이지는 않는다.

이와 관련된 실험도 있다. 하버드대학교 의과대학 교수인 로버트 스틱골드Robert Stickgold 박사는 99명의 사람들에게 미로를 빠져나가는 컴퓨터 과제를 수행하도록 한 다음 절반의 사람들은 잠을 자도록 하고, 나머지 사람들은 조용히 휴식을 취하도록 했다. 일정 시간이 지난 후 잠을 잔 사람들과 휴식을 취한 사람들에게 다시 미로 과제를 수행토록 했더니 잠을 잔 사람들이 훨씬 미로 과제를 잘해내는 것으로 나타났다. 특히 잠을 자는 동안에 미로 과제에 관한 꿈을 꾼 사람들은 다시 미로 과제를 했을 때 다른 사람들보다 열 배나 높은 학습능력을 보였다. 이처럼 잠을 자고 꿈을 꾸는 동안에 뇌는 기존의 뇌세포 신경회로망과 새로운 학습을 비교하거나 통합하면서 기억을 더욱 강화하는 작용을 한다. 그러므로 낮 동안에 학습한 내용이 많으면 많을수록 더욱 잠을 잘 자고 푹 자는 것이 기억을 강화하는 지름길이다.

둘째, 잠을 자는 동안 뇌에서는 기억하지 않아도 되는 정보들의 신경회로망을 가지치기하는 작업이 실행된다. 깨어 있는 동안에 학습한 내용을 모두 기억해야 한다면 뇌는 아마도 과부하에 걸릴 것이다. 다행히 우리의 기억장치는 신통하게도 반드시 저장해야 할 기억들에는 따로 표시를 해두는데, 그 표시가 바로 감정이다. 우리 머릿속에서 사라지지 않는 기억의 면면을 분석해보면, 감정이 실린 것들이 대부분이다. 배울 때 신기하다고 느꼈거나 자신의 이전 경험과 연결되어 친숙하게 느껴질 때 중요한 기억으로 분류되어 저장되는 것이다.

감정이 실린 중요한 기억들은 잠을 자는 동안 신경회로망이 재점화되어 잘 저장되지만, 중요하지 않은 기억의 신경회로망은 점화가 일어나지 않는다. 그러는 사이 신경회로망의 연결이 희미해지다가 마침내 끊어져 사라지는 것이다. 사용되지 않는 신경회로망의 가치지기 현상은 이렇게 잠을 자는 동안에도 일어난다.

위스콘신대학교의 수면연구센터에서는 이를 보다 정확하게 설명하기 위해 잠을 자는 동안 뇌에서 일어나는 현상을 관찰했는데 신기하게도 잠을 자는 동안, 뇌 속 단백질의 30퍼센트 정도가 사라지는 것으로 나타났다. 뇌세포의 신경회로망의 주재료는 단백질이다. 그러므로 잠을 자는 동안에 단백질이 없어진다는 것은 신경회로망의 가지치기가 일어나 연결이 끊어지고 사라진다는 것을 의미한다.

이러한 과정은 이후의 학습을 위해서 반드시 필요하다. 새 책이나 물건을 살 때마다 정리정돈을 하지 못하고 아무 곳이나 쌓아두면 나중에는 발디딜 틈조차 사라지고 만다. 뇌 역시 마찬가지다. 뇌도 남겨둘 것은 남겨두고 폐기처분할 것은 버려야 새로운 기억을 받아들일 공간을 만들 수 있다.

우리가 잠을 자는 동안 뇌는 새로운 학습을 하기 위해 매우 복잡한 일을 열심히 한다. 이렇게 중요한 잠을 제대로 자지 않는다면, 뇌는 학습은 고사하고 일상적인 생활도 하기 어려운 상태가 될 것이다.

그렇다면 초등학생들의 적정 수면시간은 어느 정도나 될까? 얼마나 잠을 자야 뇌기능과 뇌발달에 도움이 될까? 수면을 연구하는 여러 단체와 기관에서는 초등학교 저학년 학생들의 경우는 열 시간에서 열한 시간 정도 자야 학습 장면에서 집중을 잘하고 문제를 해결할 수 있는 최적의 뇌 상태가 된다고 한다. 특히, 잠드는 시간이 중요한데 멜라토닌 melatonin 이라는 신경전달물질이 방출되는 시간을 고려해 잠자리에 드는 시간을 정해야 한다. 멜라토닌은 숙면에 이르게 하는 동시에 다음 날 새로운 학습을 할 때 집중력과 정서적인 안정감을 갖게 하는 중요한 물질이다. 멜라토닌이 방출되어야 다음 날 학습할 때 맑은 정신 상태를 유지할 수 있다.

이러한 멜라토닌은 대략 밤 10시부터 새벽 2시 사이에 방출된다. 때문에 이 시간을 넘겨서 잠을 자면 잠은 자되 멜라토닌이 방출되는 양질

### 수면부족이 초등학생에게 야기할 수 있는 문제

수면부족이 학습에 방해가 된다는 증거는 너무도 쉽게 찾아볼 수 있다. 이전에 공부한 내용을 정리하지 못한 채 다시 새로운 학습 환경에 내몰린 뇌는 제대로 기능하기가 어렵다. 그중 가장 영향을 많이 받는 기능이 바로 기억력과 집중력 같은 학습능력이다.

또한 장기적인 수면부족에 시달리면 듣는 집중력도 현저하게 떨어져서 언어발달에 치명적인 영향을 미친다. 이 시기의 아동들은 다른 사람들이 하는 말을 잘 듣고, 언어를 기억하고, 기억한 내용을 다시 말하는 활동을 해야 하는데 수면부족 상태의 뇌는 소리를 잘 기억하지 못하기 때문에 언어가 입력되지 않는다. 그래서 다른 아이들에 비해 말이 느리고 단어를 잘 기억하지 못하기도 한다.

수면부족은 기분에도 영향을 미쳐서 신경질적인 반응, 의욕상실, 감정조절능력 상실을 초래한다. 어른들도 잠을 충분히 못 자면 다음 날 멍한 상태가 되는데 아동의 경우는 더 심각한 결과가 나오는 것이다. 수면부족의 아이들은 산만하고 충동적인 행동을 제어하지 못한다.

실제로 노스웨스턴대학교의 수면 연구학자들에 의하면 열 시간 미만의 수면을 취하는 아동들은 열 시간 이상 잠을 자는 아이들보다 공격성이나 문제행동 성향이 높다고 한다.

의 수면이라고 볼 수는 없다. 이렇게 질이 낮은 수면을 취하면 아침에 일어났을 때 집중이 되지 않고 마음이 불안하고 조급해지면서 신경질이 부쩍 늘어난다.

양질의 수면은 뇌를 최적의 상태로 만드는 최고의 보약이다. 이 보약을 섭취하는 방법은 간단하다. 밤 9시가 되면 마음이 차분해질 수 있도록 텔레비전이나 휴대전화 등을 모두 차단하고 조용한 분위기를 조성해주면 된다. 그리고 또 하나 뇌에 자극을 주는 청량음료나 설탕이 들어간 모든 종류의 음료를 멀리해야 한다. 이러한 음료에는 뇌가 잠들지 못하게 방해하는 물질이 다량 포함되어 있기 때문이다.

## 책상머리 공부 vs. 놀며 하는 공부

요즘 아이들의 생활을 보면 결핍된 요소가 상당히 많은데, 그중 가장 눈에 띄는 것이 바로 운동이다. 아침부터 밤 늦게까지 학원과 숙제에 시달려야 겨우 하루 일과가 끝난다. 엄마들도 아이들이 안쓰럽기는 하지만 그렇게 하지 않으면 뒤처질까 봐, 남들도 다 그렇게 하니까 어쩔 수 없다는 심정으로 바라볼 수밖에 없다.

외국에서도 이런 학생들이 점차 증가하는 추세인데 문제는 이러한 생활이 학생들의 능력과 삶에 전혀 도움이 되지 않는다는 것이다. 이런 학생들이 늘어나면 자연스럽게 학력이 높아지고, 능력이 발달해야 하는데 오히려 자살률이나 학교폭력이 점차 증가하고 있고 비만 학생도 급속도로 늘어나고 있다.

운동은 단지 몸을 움직이는 활동이 아니라 뇌의 활동과 기능까지 높인다. 일리노이대학교의 찰스 힐먼Charles Hilman 교수는 연구를 통해 이를 입증해내었다. 그는 일리노이 주에 거주하는 초등학생 3학년과 5학년 259명을 대상으로 달리기, 팔굽혀펴기, 윗몸일으키기 등의 기초운동을 규칙적으로 시행토록 한 후, 그로부터 6개월 후 이 실험에 참여한 초등학생들의 운동능력과 일리노이 주의 전체 학생을 대상으로 실시하는 일제고사에서의 수학성적과 읽기성적을 살펴보았다. 그 결과는 놀라웠다. 6개월 동안 규칙적인 운동을 통해 근육량이 늘어나고 운동능력이 좋아진 아이들의 성적이 모두 높게 나타난 것이다.

신기하게도 근육을 움직이고 신체운동을 한 학생들의 뇌는 똑똑해졌다. 이는 다음의 형성과정을 따른다. 일단 운동을 하면 심장이 튼튼해지고, 혈류량이 늘어나면서 뇌에도 신선한 산소가 빠르게 공급된다. 뇌세포는 우리가 먹는 음식과 산소로 활동하는데, 운동이 뇌에 산소를 전달해줌으로써 뇌의 기능을 향상시키는 것이다.

또한, 운동을 하는 동안 근육이 수축과 이완을 반복하면서 IGF-1을 만들어내고, 이를 혈류에 방출한다. 이 단백질은 뇌세포의 성장과 기능을 향상시키는 신통한 기능을 해서 이른바 '신경성장인자'라고도 불리는데, 인체의 신경전달물질 공장에서 명령을 내리는 공장장의 역할을 한다. 운동을 해서 심장이 빠르게 뛰면 뛸수록 IGF-1가 뇌로 빨리 공급되고, 특히 집중력과 기억력을 높이고 학습에 결정적인 도움을 주는 BDNF를 만들어내라고 공장장으로서 명령을 내린다.

힐먼 교수의 연구결과에 따르면 운동은 뇌의 기능뿐 아니라 수학·논리·독서 등 광범한 기술까지도 향상시킨다고 한다. 뇌의 '일부 영역'만이 발달하는 것이 아니라 모든 부위가 활성화되는 것이다.

운동은 자아존중감과 자신감, 정서적인 안정감에 도움이 되는 신경전달물질까지도 생성하게 한다. 운동을 하고 나면 상쾌하고 후련해지며 성취감이 느껴지는데, 운동을 하는 동안 강한 심장박동 신호가 뇌에 전달되고, 이 신호를 받은 뇌에서 기분을 좋게 만드는 세 가지 신경전달물질이 급속도로 증가하기 때문이다. 도파민, 세로토닌, 노르에피네프린은 모두 쾌감을 느끼게 하고 일에 몰두할 수 있게 해주며, 마음을 안정시키는 역할을 한다. 이러한 정서적 체험이 자아존중감과 자존감으로 이어지는 것이다. 우울증 치료 약물은 모두 세 가지 물질과 관련이 있는데, 사실 우울증 치료를 위해서는 약물보다 자연치유제인 운동을 하는 것이 훨씬 건강한 방법이다.

요즘 초등학생 중 우울증으로 고통받는 아이들의 비율이 증가하고 있는데, 이는 운동량의 감소와 직접적인 관련이 있다. 결국 운동은 집중력 및 학습에 도움을 줄 뿐만 아니라 아이들의 정서적 안정과 정신건강에도 막대한 영향을 준다. 몸과 마음이 건강한 똑똑한 아이로 키우고 싶다면 운동에 주목해야 하는 이유가 여기에 있다.

## Check 아이를 위한 정서지능 검사

초등학생용 검사는 자녀 혼자서도 얼마든지 참여할 수 있다. 정답이 있는 것이 아니니 평소 자기 생각이나 감정 등을 있는 그대로 솔직하게 표시하면 된다. 실시 시간은 20분 정도다.

※ 다음 글을 잘 읽고 질문에 답하세요. (1~4번)

> 오늘 우리 반에서 나와 가장 친한 친구 두 명이 말다툼을 했다. 둘은 서로에게 화가 나서 말도 하지 않았다. 나는 두 친구와 모두 친하기 때문에 누구의 편을 들 수도 없고 한 명하고만 이야기를 할 수가 없다. 이럴 때 어떻게 해야 할까?

1. 말다툼을 한 친구의 기분은 어땠을까?
   ① 친구에게 화가 났다.
   ② 후련하다.
   ③ 즐겁다.

2. 친구 두 명이 말다툼을 해서 말을 하지 않을 때 두 친구와 모두 친한 나의 기분은 어떨까?
   ① 재미있다.
   ② 안타깝다.
   ③ 짜증이 난다.

3. 이럴 때 어떻게 하는 것이 좋을까?
   ① 한 친구하고만 이야기한다.
   ② 선생님께 말씀드린다.
   ③ 두 친구의 기분이 좋아지도록 달래준다.

4. 두 친구가 화해를 하지 않겠다고 하면 어떻게 하는 것이 좋을까?

　① 화난 기분이 풀어지도록 좋은 이야기를 해준다.

　② 두 친구 모두와 놀지 않는다.

　③ 어차피 둘의 문제이므로 그냥 내버려둔다.

※ **다음 글을 잘 읽고 질문에 답하세요. (5~7번)**

> 우리 반에서 별로 친하지 않은 친구가 내 책상 앞을 지나가다가 그만 실수로 내 필통을 떨어뜨려 필통이 부서졌다. 필통 안에 있던 물건도 쏟아지고, 엉망진창이 되었다. 이럴 때 어떻게 해야 할까?

5. 실수로 내 필통을 망가뜨린 친구의 기분은 어땠을까?

　① 미안했을 것이다.

　② 별다른 기분을 느끼지 못했을 것이다.

　③ 즐거웠을 것이다.

6. 이런 일이 일어났을 때 나의 기분은 어떨까?

　① 화가 난다.

　② 미안하다.

　③ 친구가 너무 밉다.

7. 이럴 때 어떻게 하는 것이 좋을까요?

　① 친하지도 않은 친구이므로 친구의 필통을 똑같이 부순다.

　② 선생님께 말씀드린다.

　③ 실수로 그런 것이므로 괜찮다고 말해준다.

※ **다음 글을 잘 읽고 질문에 답하세요. (8~10번)**

> 기말고사 시험기간 중인데, 첫날 시험인 국어와 수학 시험점수가 기대했던 것보다 상당히 낮게 나왔다. 지난번에 틀린 것을 만회하려고 열심히 공부하여 준비했는데, 문제를 잘못 읽고 실수를 한 것 같다. 이럴 때 어떻게 해야 할까?

8. 이럴 때 나의 기분은 어떨까?
   ① 개운하다.
   ② 실망스럽다.
   ③ 아무렇지도 않다.

9. 이런 일이 일어났을 때 보통 어떻게 하는가?
   ① 잘못 본 시험이 계속 생각난다.
   ② 노력해도 안 되는 것 같다는 생각이 든다.
   ③ 내일 남은 시험을 위해 더 열심히 공부한다.

10. 내일 시험 준비를 하기 위해서 어떤 마음가짐이 필요할까?
    ① 남은 시험에서 좋은 성적을 거둘 수 있을 것이라는 생각
    ② 왠지 이번 시험은 다 망칠 것 같다는 생각
    ③ 나는 아무리 해도 별 수 없다는 생각

**채점 방법**

문항번호 1, 4, 5, 6, 10번은 ①=2점, ②=0점, ③=0점으로 채점
문항번호 2, 8번은 ①=0점, ②=2점, ③=0점으로 채점
나머지 3, 7, 9번은 ①=0점, ②=0점, ③=2점으로 채점

**결과 해석**

- **총점 16-20점**

정서지능 점수가 높은 편이다. 아이는 자신뿐 아니라 주변 사람들의 감정과 기분을 잘 파악하며, 적절한 방법으로 자기 정서를 조절하고 관리할 줄 아는 능력을 가지고 있다.

- **총점 8-15점**

정서지능 점수가 보통 수준이다. 아이는 자신과 다른 사람들의 감정과 기분을 어느 정도 알고 있지만, 가끔 자신의 감정을 이해하지 못해서 엉뚱한 결과를 초래하는 행동을 하기도 한다. 감정을 어느 정도 관리하고 통제할 수 있지만 때로는 충동적인 행동을 하기도 한다.

- **총점 0-7점**

정서지능 점수가 낮은 편이다. 아동은 자신과 타인의 기분과 감정을 잘 이해하지 못하기 때문에 감정과 기분을 조절하기가 어렵고, 주변 사람을 아랑곳하지 않고 충동적으로 행동하는 경우가 많다.

 ## 학부모를 위한 정서지능 검사

다음 문항을 잘 읽고 자신과 더 가깝다고 생각하는 것에 표시한다. 각 문항에 대해 ① 정말 그렇다 ② 약간 그렇다 ③ 보통이다 ④ 약간 그렇지 않다 ⑤ 정말 그렇지 않다 중 한 가지를 고르면 된다.

| | 문항 | ① | ② | ③ | ④ | ⑤ |
|---|---|---|---|---|---|---|
| 1 | 나는 우리 아이의 표정이나 행동만으로는 기분을 잘 모를 때가 있다. | | | | | |
| 2 | 나는 알 수 없는 감정이나 기분을 느낄 때가 있다. | | | | | |
| 3 | 나는 음악이나 미술작품을 감상할 때 그 속에 담긴 정서의 의미를 잘 이해한다. | | | | | |
| 4 | 나는 평소에 정서나 기분에 관련된 단어를 다양하게 사용하는 편이다. | | | | | |
| 5 | 나는 가족에게 내 감정이나 기분을 적절한 방법과 강도로 잘 전달하는 편이다. | | | | | |
| 6 | 나는 화가 나거나 흥분하면 나도 주체할 수 없는 행동이나 말을 할 때가 있다. | | | | | |
| 7 | 나는 기분이 너무 좋거나 들떠서 아무것도 못하는 때가 있다. | | | | | |
| 8 | 나는 자녀와 가족에게 나의 애정과 사랑을 충분히 표현한다. | | | | | |
| 9 | 나는 쉽게 싫증을 내서 뭔가를 꾸준히 하는 것이 드문 편이다. | | | | | |
| 10 | 나는 주변에서 다혈질이라는 이야기를 듣는다. | | | | | |
| 11 | 나는 누군가에게 화가 나면 뚱해서 말도 잘 안 하고 눈도 안 마주치려 든다. | | | | | |
| 12 | 내 주변 사람들의 기분이 좋지 않을 때 기분을 바꿔줄 수 있는 방법을 잘 알고 있다. | | | | | |

| 13 | 나는 눈치가 좀 없다는 이야기를 종종 듣는다. | | | | |
|---|---|---|---|---|---|
| 14 | 나는 어떤 일을 할 때 일의 효율성을 높이기 위해 기분을 바꾸기도 한다. | | | | |
| 15 | 나는 사람들의 표정이나 목소리를 들으면 기분이 어떤 상태인지 금방 알 수 있다. | | | | |

**채점 방법**

문항번호 1, 2, 6, 7, 9, 10, 11, 13은 ① = 0점, ② = 1점, ③ = 2점, ④ = 3점, ⑤ = 4점으로 채점

나머지 문항번호 3, 4, 5, 8, 12, 14, 15번은 ① = 4점, ② = 3점, ③ = 2점, ④ = 1점, ⑤ = 0점으로 채점

**결과 해석**

● **총점 45-60점**

정서지능 점수가 높은 편이다. 나의 감정뿐 아니라 주변 사람들의 기분을 잘 이해하고 있기 때문에 그에 적절한 정서표현과 조절을 잘하는 편이다.

● **총점 28-44점**

정서지능 점수가 보통 수준이다. 나와 타인의 정서와 기분을 비교적 잘 파악하는 편이지만, 때로는 정확하게 이해하지 못하는 경우도 있다. 평소 기분과 감정을 잘 조절하지만, 부정적인 기분의 강도가 강할 때는 조절이 되지 않아 자기도 모르게 감정에 휩쓸리기도 한다.

● **총점 27점 이하**

정서지능 점수가 낮은 편이다. 나와 주변 사람들의 감정과 기분을 잘 이해하지 못해서 눈치가 없다는 평가도 들으며, 적절한 감정표현 방법을 잘 몰라서 무디다는 소리도 들을 수 있다. 감정과 기분을 통제하고 관리하는 측면이 서툴러서 때로 충동적인 행동을 하기도 한다.

# 우리 아이 공부머리 키우기

**아이마다 생김새가 다르듯 뇌도 다르다**
- 초등 시기에는 뇌의 여러 영역이 결정적 시기에 놓이므로 자녀의 강점 지능이 무엇인지 주의 깊게 탐색해야 한다.
- 다른 아이들과 비교하거나 학교 성적만을 잣대로 삼지 말고, 자녀가 좋아하면서 잘할 수 있는 것을 찾으려 노력해야 한다.
- 자녀의 강점지능을 찾는 가장 좋은 방법은 다양한 체험이다. 다양한 곳을 여행하고, 수많은 박물관에서 체험학습을 하며 자녀가 즐거워하고 관심을 보이는 분야를 찾아보기 바란다. 반복적으로 해도 싫증을 내지 않는 활동이 있다면 강점지능과 관련이 있다고 볼 수 있다.

**우리 아이의 뇌를 망치는 중독**
- 반복적으로 욕을 사용해서 습관이 되면 전두엽의 발달에 문제가 발생한다. 욕을 하면 변연계의 활성화가 확장되어 정서를 조절하는 전두엽

이 성장할 기회가 사라지는 것이다.
- 욕을 자주 듣는 아동 역시 지속적인 스트레스로 인해 뇌발달에 악영향을 받는다. 이러한 아동은 전두엽, 해마의 크기가 일반 아동에 비해서 현저히 작고 좌뇌와 우뇌를 연결하는 뇌량의 두께가 얇은데, 이는 정보 전달의 속도를 느리게 하고 결국 문제해결능력, 대인관계 등에서 문제를 초래한다.
- 스마트폰과 게임 역시 전두엽의 기능을 마비시켜서 집중력과 인지능력 등에 손상을 입힌다.
- 욕, 스마트폰, 게임 등 자녀의 뇌를 망치는 중독에서 벗어나는 방법은 다음과 같다.
    ① 자녀가 매체에서 멀어지게 하고, 실제로 몸을 움직이는 활동을 하도록 유도한다. 그리기, 노래 부르기, 악기 연주, 춤, 영화 보기 등 가상공간이 아닌 실제 공간에서 직접 만들고 체험하는 활동이 도움이 된다.
    ② 중독매체는 조금씩 줄이는 방법으로는 효과를 볼 수 없다. 완전히 단절시켜야 한다. 약 3주 동안 금단증상이 심하게 나타날 수 있지만, 자녀가 즐겁게 참여할 수 있는 활동을 지속적으로 제시하는 동시에 중독매체에 접근하지 못하게 하면 마침내 중독에서 벗어날 수 있다.
    ③ 컴퓨터는 자녀 방에 절대로 두어서는 안 되며, 다른 가족들이 함께 생활하는 장소에 두어 공동으로 사용하도록 한다. 또한 자녀가 컴퓨터로 무엇을 하는지 자연스럽게 지켜보도록 한다.
    ④ 스마트폰은 저녁 9시부터 가족 전체가 사용하지 않는다는 등의 원칙을 세우고 이를 지킨다.
    ⑤ 식사할 때, 숙제할 때, 가족들과 대화할 때는 스마트폰을 사용하지

않도록 한다.

### 땀 흘리며 뛸 때 뇌는 쑥쑥 성장한다
- 운동은 뇌에 다량의 산소를 공급하여 뇌가 원활하게 작동하도록 한다.
- 운동은 시냅스를 튼튼하게 만들어주는 영양분인 BDNF를 생성하게 한다.
- 운동은 뇌세포를 증가시켜 전두엽, 해마 등의 발달을 돕고 인지능력과 학습능력 향상에 기여한다.
- 운동은 긍정적인 기분을 느끼게 하고 정서적 안정감을 주어 인성발달에도 도움을 준다.
- 자녀의 뇌발달에 도움이 되는 운동 방법은 다음과 같다.
  ① 부모와 함께 운동하는 것이 좋다. 주말 한 시간을 '가족 운동의 시간'으로 정하는 것도 좋은 방법이다.
  ② 배드민턴, 축구, 발야구, 피구 등 규칙이 있는 운동을 함께하면서 부모가 규칙을 준수하고 즐겁게 참여하는 모습을 보여주면 자녀의 인성발달에 도움이 된다.
  ③ 운동은 가끔이 아니라 자주 해야 뇌발달에 도움이 된다.

### 좋은 인성과 공부머리를 만드는 습관
- 자녀의 인성발달은 변연계와 전두엽이 담당한다. 변연계의 편도체에서 감정이 발생하고, 이를 전두엽이 조절하고 관리한다. 자녀의 인성발달을 위해 부모가 할 일은 다음과 같다.
  ① 자녀가 자신의 감정을 정확하게 인식하는 능력을 갖출 수 있도록 감정에 대한 질문을 자주 한다. 예를 들어, "그때 기분이 어땠는데?",

"지금은 기분이 어떠니?" 등과 같은 질문을 던질 수 있다.
② 자녀가 자신의 감정과 기분을 전환할 수 있는 방법과 전략을 갖도록 지도한다. 부정적인 기분 상태나 너무 긴장된 상태일 때 그 기분에서 벗어나는 자신만의 방법을 개발할 수 있도록 도와준다. 예를 들어 노래 부르기, 나만의 주문 외우기, 심호흡하기 등이 있다.

- 공부, 학습 습관이 자리를 잡으려면 최소한 3주의 시간이 필요하다. 3주 동안 반복해야만 시냅스가 형성되기 때문이다. 그러므로 자녀가 올바른 공부 습관을 형성할 수 있도록 3주 동안 자녀를 독려하고 지지하는 등 부모도 함께 노력해야 한다.
- 뇌는 소리 내어 공부할 때 자극을 받고 집중이 잘된다.
- 시냅스는 반복학습을 통해 형성되고 튼튼해진다. 소리 내어 읽고, 노트에 정리하고, 밑줄을 그으면서 공부하면 자연스럽게 반복학습이 된다.
- 자녀가 공부를 시작하기 전에 기분 좋은 상태가 되도록 유도한다. 기억력과 집중력은 긍정적인 기분 상태일 때 향상되고 부정적인 기분일 때는 저하된다. 공부하기에 앞서 자녀에게 잔소리를 하기보다 재미있는 농담과 격려의 말로 긍정적인 기분을 만들어주어야 한다.
- 장시간 공부하도록 강요하지 말고, 주의집중이 가장 잘될 만한 시간을 정하여 계획을 짠다.

# 우리 아이, 정말 궁금합니다

 초등학교 3학년인 저희 아이는 옆에서 해라 해라 잔소리를 해야만 공부를 해요. 앞으로 고학년이 되고 중고등학교에 가서도 공부를 잘하려면 스스로 공부하는 자기주도 학습이 중요하다는데 어떻게 해야 하지요?

학년이 올라갈수록 공부할 분량도 많아지고 내용도 어려워지기 때문에 아이들 스스로 자신이 어느 정도 수준의 실력을 가지고 있는지 파악하여 부족한 부분을 보완하고 보충하려는 노력을 기울여야 합니다. 자기주도 학습이 강조되는 이유도 바로 이러한 맥락에서입니다.

 자기주도 학습이란 자녀가 알아서 하는 공부 습관을 뜻합니다. 공부 습관이라고 하면 어렵고 거창하게 생각하는데, 보통의 생활 습관과 별로 다르지 않습니다. 예컨대 같은 시간에 아침 식사하는 습관, 규칙적인 시간에 자고 일어나는 습관, 운동하는 습관, 방 정리하는 습관 등등의 생활 습관과 공부 습관은 같은 원리로 형성됩니다.

**자기주도 학습을 위한 공부 습관 원리: 3주 원칙**
- 매일 늦잠을 자던 사람이 새벽에 일어나는 습관을 들이려면 최소한 3주 동안의 노력과 반복이 필요합니다. 그 시간 동안 시상하부, 변연계, 전두엽 등에서 이와 관련된 시냅스가 만들어지기 때문입니다.
- 자녀가 스스로 공부하는 습관 역시 최소한 3주의 시간이 필요합니다. 초등 시기에는 아직 전두엽이 미성숙하기 때문에 주의를 산만하게 만드는 자극을 스스로 차단하고 집중하고 판단하지 못합니다. 그러므로 주의를 기울여 자신이 해야 할 일을 찾고 실천할 수 있도록 부모가 격려하고 지도해주어야 합니다.

**자녀의 공부 습관을 만들 때 유의할 점**
- 자녀가 해야 할 일을 대신 해줘서는 안 됩니다. 문제집 푸는 것이 더 중요하니 만들기 숙제나 자료 찾기 등은 엄마가 대신 해준다거나 방 정리는 부모가 알아서 해주는 등의 행동은 자녀의 공부 습관 형성을 방해합니다. 자녀와 관련된 일은 모두 자녀가 스스로 책임지고 완수하도록 해야 자신의 공부에도 책임감을 느낄 수 있습니다.
- 매일 같은 시간에 공부하고 쉬고 자는 것이 공부 습관 형성에 도움이 됩니다. 뇌는 외부에서 주어지는 자극대로 프로그램화됩니다. 그러므로 같은 시간에 공부하면 그 시간에 공부하는 뇌세포가 형성됩니다.
- 얼마나 오래 책상에 앉아 있는가보다는 그날 해야 할 일을 어느 정도 완수했는가에 초점을 두어야 합니다. 집중시간이 길지 않은 아이는 책상에 오래 앉아 있다고 해서 공부를 하는 것이 아닙니다. 20분, 30분씩 공부하더라도 집중하면 훨씬 효과적이므로 시간이 아니라 완수해야 할 일을 중심으로 공부하는 것이 좋습니다.

- 맞벌이 부모의 경우에는 자녀 곁에서 지속적으로 공부 습관 형성을 돕기 어려우므로 부모가 없는 동안 자녀를 돌봐줄 기관이나 사람들에게 이러한 규칙을 알려주어 자녀가 공부 습관을 들일 수 있도록 해야 합니다.

마지막으로 자녀의 공부 습관을 형성하는 데 도움이 되는 단계별 방법에 대해서 알아보도록 하겠습니다. 이러한 단계별 방법을 3주 원칙에 따라 실천한다면 자녀의 공부 습관이 형성될 것이며, 이를 바탕으로 자기주도 학습도 가능해질 것입니다.

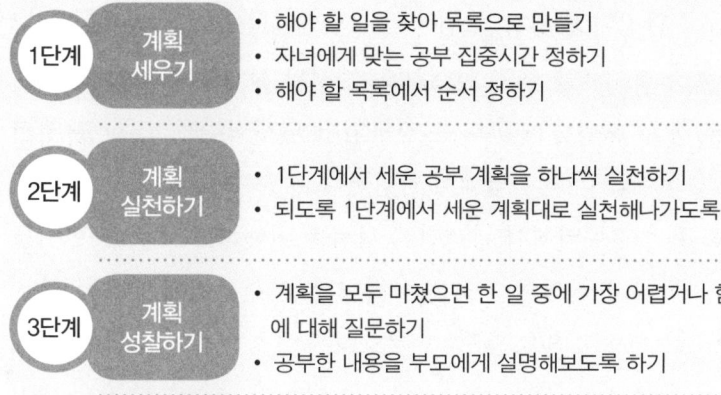

| 1단계 | 계획 세우기 | • 해야 할 일을 찾아 목록으로 만들기<br>• 자녀에게 맞는 공부 집중시간 정하기<br>• 해야 할 목록에서 순서 정하기 |
|---|---|---|
| 2단계 | 계획 실천하기 | • 1단계에서 세운 공부 계획을 하나씩 실천하기<br>• 되도록 1단계에서 세운 계획대로 실천해나가도록 독려하기 |
| 3단계 | 계획 성찰하기 | • 계획을 모두 마쳤으면 한 일 중에 가장 어렵거나 힘들었던 일에 대해 질문하기<br>• 공부한 내용을 부모에게 설명해보도록 하기 |
| 4단계 | 칭찬하기 | • 구체적인 내용으로 충분히 칭찬하기<br>• 계획을 완수하지 못했다면 조언하고 격려하기 |

**Q** 초등학교 3학년인 아들 때문에 걱정이 많습니다. 어릴 때부터 친구들과 종종 다퉜는데, 초등학교에 입학한 후에도 같은 일이 가끔 일어납니다. 그럴 때마다 자신은 아무 잘못이 없고, 친구들 때문에 싸움이 일어났다고 핑계를 대기 일쑤입니다. 최근에는 같은 반 친구와 크게 다투고는 자기 분을 못 이겨 소리를 질러대다가 급기야 책상을 발로 걷어찼다고 합니다. 이제 자신의 감정을 통제할 수 있는 나이인 것 같은데, 어떻게 가르쳐야 할까요?

우리 뇌를 간결하고 알기 쉽게 구분하면 세 부분으로 나눌 수 있습니다. 바로 뇌간과 변연계와 대뇌피질입니다. 인간이 높은 수준의 사고와 인지를 할 수 있는 이유는 대뇌피질이 발달해서입니다. 대뇌피질은 상당히 다양하고 많은 기능을 담당하는데 특히 이마에 해당하는 전두엽은 사고, 판단뿐만 아니라 인간성, 도덕성, 가치판단, 그리고 정서의 조절을 담당합니다.

변연계에서 감정이 발생되면, 감정이 무엇인지(화인지, 기쁨인지, 슬픔인지 등등) 정확하게 이름을 붙여 이해하고, 정서와 감정을 상황에 맞게 적절하게 관리하고 표현하는 기능은 전두엽이 담당합니다. 결국 감정의 조절과 관리, 통제 등은 전두엽에서 담당한다고 볼 수 있습니다.

그렇다고 해서 전두엽에서 한꺼번에 정서를 이해하고 표현하고, 이름을 붙이고 조절하고 관리하는 것은 아닙니다. 어린아이에게 수를 가르칠 때 숫자라는 상징이 의미하는 바, 부호(더하기, 빼기 등등)의 의미, 실제로 더해보는 행동 순으로 가르치는 이유는 아이가 그러한 순서로 수를 이해할 수 있기 때문입니다.

이는 감정, 정서에도 똑같이 적용됩니다. 유아기와 아동 초기에는 주로 자신이 지금 느끼는 정서가 무엇인지, 어떤 느낌인지, 왜 그런 것을 느끼는지 등등 정서를 인식하는 능력이 주로 발달합니다. 내가 지금 느끼는 감정을 왜 참아야 하는지, 참을 수 있는 방법이 무엇인지 등등 조절하고 통제하는 능력은 그보다 나중에 발달합니다.

이러한 능력은 초등학교 저학년에서부터 서서히 발달하기 시작합니다. 그러므로 성급하게 자녀가 너무 폭력적이다, 감정조절을 잘 못한다고 생각하지 말고 지금부터 감정을 조절하고 관리하는 연습을 시켜야 한다고 긍정적으로 생각하기 바랍니다.

이때 주의할 점은 감정을 조절하고 통제하는 능력은 단 한 번 배우고 연습한다고 해서 형성되지 않는다는 것입니다. 하나의 기술과 능력을 담당하는 시냅스가 형성되려면 최소한 3개월에서 6개월 정도의 연습이 필요합니다. 즉, 어떤 상황에서 자녀가 친구에게 화를 내는 것을 단 한 번 참았다고 해서 감정을 통제하는 능력이 생겼다고 볼 수 없으며, 비슷한 상황에서 참고 적절하게 통제하는 연습을 3개월 이상 해야 비로소 그 능력이 자신의 것이 됩니다. 그러므로 꾸준히 연습할 수 있도록 격려해주기 바랍니다.

 저희 딸은 초등학교 3학년입니다. 3학년이 되고부터 아이가 수학 공부만 하려고 하면 유난히 힘이 없고 주눅이 듭니다. 자기네 반에서 자기가 가장 수학을 못하는 것 같다면서 눈물까지 쏟는 모습을 보고 마음이 아팠습니다. 어떻게 도움을 주면 좋을까요?

일단 부모가 기억해야 할 가장 중요한 점은 자녀의 뇌는 아직 성장 중이라는 사실입니다. 이는 자신의 어떤 능력이 강점인지, 약점인지 잘 모르는 상태라는 의미입니다. 사람에게는 독립적인 여러 개의 지능이 있습니다. 이것이 바로 다중지능입니다. 언어적 지능, 논리-수학적 지능, 신체-운동학적 지능, 음악적 지능, 공간적 지능, 대인관계 지능, 자기이해 지능, 자연탐구 지능 등 여덟 가지 지능이 있는데, 사람마다 이 여덟 가지 중 한두 가지 정도의 강점지능이 있다고 합니다.

강점지능과 자신이 선호하는 능력은 서로 다를 수 있습니다. 질문자의 자녀처럼 수학에서 좋은 결과를 얻고 싶지만 논리-수학적 지능이 강점지능이 아닐 수 있습니다. 자신의 강점지능과 관련된 학습은 보다 쉽게 이해가 되고, 빨리 익힐 수 있습니다. 그런데 강점지능이 아닌 학습은 그 속도가 느릴 수밖에 없습니다.

우선은 자녀에게 사람마다 다른 강점지능이 있으며, 어떤 것이 더 중요하고 덜 중요하지 않다고 조언해주어야 합니다. 물론 성적에 영향을 줄 수 있는 강점지능이 있기는 하지만, 더 중요한 것은 나의 강점지능을 어떻게 발달시켜 성인이 되었을 때 행복하게 사느냐에 있다고 말해주세요. 실제로 자신의 강점지능과 정반대의 학과 공부만 하다가 대학교 4학년이 되어서야 강점지능을 발견하고 진로를 바꾸는 경우도 있습니다.

현재 자녀는 상당히 큰 스트레스를 받고 있음이 분명하니, 우선 자녀가 정서적인 안정감과 자신감을 가질 수 있도록 여덟 가지 지능 중 자녀의 강점지능을 찾아주는 것이 좋습니다. 또한, 모든 사람이 똑같은 강점지능을 가질 수 없으며 사람마다 다른 강점지능이 있다는 점을 알려주기 바랍니다.

더 중요한 점은 자녀의 뇌가 현재 한창 발달하고 있다는 사실입니다. 그렇기 때문에 시간이 조금 더 지나면 훨씬 좋아질 수 있고, 스트레스를 받거나 우울해하면 오히려 뇌의 성장에 좋지 않은 영향을 줄 수 있다고 설명해주세요. 실제로 아동이나 청소년 중에는 스트레스 때문에 기억장치인 해마가 이상을 일으켜 기억장애가 나타나는 경우도 있습니다.

자녀가 심리적으로 긍정적인 마음가짐과 자신감을 갖도록 도와주고, 자녀에게 정말 필요하다고 생각되면 적합한 매체(학습지, 인터넷 강의)를 선택하도록 도와주세요.

**Part 4**
초등학교 5~6학년

# 건강한 정서가
# 공부머리를 지탱한다

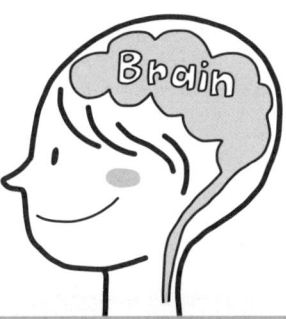

# 감당하기 힘든
# 사춘기 뇌

## 아이가 변한 것이 아니라 뇌가 변한 것이다

청소년 자녀를 둔 학부모들을 만나면 늘 듣는 이야기가 있다. 바로 사춘기 때문에 고민이라는 것이다. 일명 질풍노도의 시기인 사춘기 자녀들이 보이는 행동에 어쩔 줄 몰라 하거나 답답한 심정을 토로하는데 듣는 사람까지 당황스러운 경우가 허다하다. 온순하고 예의 바르고 부모님 말씀을 잘 따르던 아이가 갑작스럽게 반항을 하면 부모의 가슴은 쿵 내려앉는다.

그런데 그렇다고 해서 자녀가 성품이 나빠졌다거나 문제가 생긴 것은 아니라는 점을 반드시 기억해야 한다. 자녀가 급격한 변화를 보이는 이유는 바로 뇌의 상태가 달라졌기 때문이다. 아동기와 전혀 다른 호르몬의 분비와 전두엽의 상태가 자녀의 마음, 정서, 행동을 바꾸어버린 것이다.

자녀들 역시 변해가는 자신의 모습을 즐기고만 있는 것은 아니다. 자녀도 자신의 변화가 당황스럽기는 마찬가지다. 어쩔 줄 몰라 하는 부모의 반응을 보면서 죄책감도 느낄 것이다. 그렇지만 막상 부모와 대면하면 자신도 모르게 툭툭 말하고 행동하게 된다. 즉, 사춘기 자녀는 스스로를 통제하기 어려운 상태인 것이다.

### 감정조절의 핵심, 전전두엽은 공사중

우리 뇌에서 전두엽은 사고, 판단, 기억, 언어 등 다양한 기능을 담당한다. 그래서 전두엽을 우리 뇌의 CEO라고 말하기도 한다. 그중 눈썹과 눈썹 사이의 이마 부분에 해당하는 전전두엽은 우리의 인간성, 도덕성의 장소이다. 흔히 따뜻한 성품이나 도덕적인 품성이라고 말하면서 가슴을 가리키는데, 원칙대로 하자면 이제부터는 이마를 쓰다듬으며 우리의 인간성과 도덕성을 말해야 할지도 모르겠다.

전전두엽은 변연계에서 발생된 감정, 정서, 기분 등이 전해지면 이를 해석, 판단하고 적절하게 통제하고 조절한다. 예를 들어 함께 대화하던 친구가 기분 나쁜 말을 하면 이에 대한 반응으로 변연계에서 불쾌와 화라는 감정이 발생된다. 이 감정이 전전두엽으로 전달되면, 전전두엽에서는 '기분 나쁜데' 혹은 '화가 나는군'이라는 해석과 함께 '지금 버럭 화를 낼까, 아니면 참을까?' 하는 판단과 조절을 한다. 이러한 과정은 우리가 의식하지 못할 정도로 빠르게 진행된다.

사춘기 뇌의 불행은 바로 전전두엽의 미숙함에서부터 시작된다. 상황에 맞게 해석·판단하고, 충동적으로 일어난 감정과 기분을 조절하고 통제하는 전전두엽의 기능이 제대로 이루어지지 않기 때문에 사춘기에 도달한 자녀들은 자신도 모르게 무모한 행동을 하고 어른들의 화를 돋우는 말을 내뱉게 된다.

이러한 사실이 밝혀진 것은 최근의 일이다. 바로 미국국립정신건강연구소에서 이를 연구하였는데, 이 연구소에서는 20년 넘게 인간의 뇌가 어떻게 발달하고 변화되어가는지를 관찰해왔다. 1991년에 3세부터 25세까지의 연령대의 사람들을 모집하여 2년에 한 번씩 뇌의 변화과정과 상태를 단층촬영하여 그 특성을 분석해본 결과, 가장 흥미로운 결과가 사춘기 뇌의 모습에서 관찰되었다.

일단 가장 눈에 띄는 것은 사춘기 때 나타나는 뇌발달의 속도가 영역에 따라 상이하다는 점이다. 뇌세포 조직이 얇은 부분은 가지치기가 일어났다는 의미인데, 사춘기가 시작되는 청소년기에 이러한 현상이 활발하게 일어난다. 그 부위를 살펴보면 시각, 청각, 후각 등을 담당하는 뇌의 영역에서 먼저 가지치기가 일어나고, 의사결정·판단·조절과 같은 능력을 담당하는 전전두엽은 10대 후반에 이르러서야 가지치기가 일어난다. 감정을 통제하고 조절하는 전전두엽의 가지치기가 가장 늦게 일어나기 때문에 사춘기 아이들이 자신의 감정을 다루기 어려운 것이다.

사춘기 자녀들은 대부분의 정보를 빨리 습득하고 익힌다. 바로 이를 담당하는 뇌의 영역에서 가지치기가 일어났기 때문이다. 그렇지만 감정을 조절하고 통제하는 전전두엽의 기능은 아직 미숙하기 때문에 당황스러운 사고를 치기도 한다.

## 흘러넘치는 호르몬

쌍둥이들을 보고 있으면 어느 순간 "아이고, 언제 이렇게 컸지?"라는 말이 절로 나온다. 부쩍 커버린 키도 그렇고, 2차성징의 여러 가지 신체적 변화를 보면 뿌듯함과 함께 복잡한 감정이 느껴진다. 이제 곧 '사춘기적 특징'이 나타날 것이라는 두려움 때문이다.

오토바이를 타고 곡예를 하듯 도로를 폭주하는 십대들, 친구들과 장난으로 부모님의 자동차 열쇠를 훔쳐서 운전하다가 큰 사고를 낸 아이들, 부모님의 꾸중을 듣고 아파트 방에서 뛰어내린 소녀……. 세월이 지나고 시대가 바뀌어도 사춘기 십대들이 저지르는 이러한 사건은 끊이지 않고 등장한다.

그 원인은 앞에서도 살펴본 것처럼 감정을 통제하고 조절하는 전전두엽이 아직 발달하지 않았기 때문이다. 그에 더하여 아동기에서 청소년기로 넘어가는 과정에서 일어나는 호르몬의 급격한 변화 역시 상황을 더욱 악화시킨다.

테스토스테론 testosterone, 에스트로겐 estrogen, 프로게스테론 progesterone, 바로 이 호르몬들이 부모를 놀라게 하는 주범이다. 이 호르몬들은 사춘기 자녀의 뇌 속에서 요동치며 감정을 자극한다. 정확하게 말하자면 호르몬 자체의 문제는 아니다. 이 세 가지 호르몬은 아동기에도 뇌에서 방출되었다. 그런데 사춘기가 되면 그 양이 엄청나게 증가하거나 들쭉날쭉 방출되어 자녀의 감정과 기분을 롤러코스터처럼 휘두른다.

### 공격 호르몬이 1,000퍼센트나 증가하는 시기

아들을 키우는 엄마들은 이런 이야기를 한다.
"아니, 어느새 아저씨 냄새가 나더라구."
"전에는 안 그러더니 요새는 방에만 들어가면 문을 걸어 잠근다니까."

이는 테스토스테론이 만든 현상이다. 테스토스테론은 사춘기 소년들의 2차성징을 이끌어내기 때문에 남성호르몬이라고도 하고, 공격성이나 폭력성을 이끌어내기 때문에 공격 호르몬이라고도 부른다. 엄마에게 응석을 부리고 여자아이들과 하는 짓이 별다르지 않던 아들의 목소리가 갑자기 걸걸해지고, 거뭇거뭇 수염이 나고 키가 훌쩍 크는 것은 모두 이 테스토스테론 때문이다.

테스토스테론은 아동기에 보통 하루 1, 2회 정도 뇌에서 분출되는데, 사춘기가 되면 5~7회 정도로 회수가 급증한다. 소년들의 혈액을 검사해보면 사춘기 혈중 테스토스테론 농도는 아동기에 비해 1,000퍼센트나 높다. 사춘기 소년들의 뇌는 테스토스테론으로 인해 완전히 화약고로 변신하는 것이다. 그러니 누군가 약간의 불씨만 던져줘도 엄청난 충격의 폭발이 일어난다.

보다 정확하게 설명하자면, 테스토스테론은 뇌 전체라기보다는 변연계의 편도체를 자극한다. 편도체는 강력한 감정이 발생되는 장소인 동시에 테스토스테론이 흡수되는 수용체이기 때문에 많은 양의 테스토스테론이 편도체에 전달되면, 그만큼 강한 분노와 공격성이 발생된다. 또한 작은 자극이나 단서에 쉽게 흥분하고 빠르게 반응하는 특성도 나타난다.

게다가 사춘기에는 감정을 통제하고 조절하는 중추인 전전두엽의 작동까지 시원찮은 상태니 사춘기 아이들의 행동이 걷잡을 수 없이 무시무시해질 수밖에 없다. 사춘기 아이들의 뇌는 판단도, 이해도, 설득도 불가능한 상태이다.

사춘기가 되면 소녀의 뇌에도 테스토스테론의 분비량이 증가하지만 소년에 비할 바는 아니다. 사춘기 소년들의 뇌에서는 소녀들보다 무려

20배가 넘는 테스토스테론이 분비된다. 그래서 집단 싸움, 우발적 폭행 등의 주인공은 대부분 소년들이다.

마냥 친절하고 귀엽기만 했던 자녀가 갑자기 평소와 다를 바 없는 엄마의 말 한마디에 화를 버럭 내거나 별것도 아닌 일에 흥분해서 씩씩대거나 가족들을 향해 독설을 날린다면, 마음에 상처를 받고 걱정하기보다 '지금 우리 아이의 뇌 속에 테스토스테론이 넘치고 있구나'라고 판단해야 할 것이다.

### 하루 열두 번도 넘게 바뀌는 기분

사춘기 소년의 뇌를 요동치게 만드는 것이 테스토스테론이라면, 사춘기 소녀의 뇌에서는 에스트로겐과 프로게스테론이 그 영향력을 행사한다. 필자는 이 호르몬이 어떻게 발현되는지 쌍둥이를 통해 확실히 알게 되었다. 언젠가부터 쌍둥이들에게서 감정의 기복이 자주 나타난다는 생각이 들었다.

물론 아동기에도 아이의 기분은 특정 상황이나 사건으로 인해 시시때때로 변화한다. 그런데 사춘기의 소녀들이 보이는 감정의 변화는 아동기 때와는 그 양상이 사뭇 다르다. 첫 번째 특징은 매우 사소한 자극으로 인해 극단적인 기분 변화가 나타난다는 것이다. 사춘기 때는 평소 같으면 그냥 지나쳤을 법한 말에 상당히 예민한 반응을 보인다. 예를 들어, "오늘은 얼굴이 피곤해 보이는구나"라는 말에 "못생겨서 그렇죠. 아무도 나를 좋아하지 않을 거야"라는 당혹스러운 반응을 보이거나, 자신의 물건이 없어졌다고 절망에 빠진 모습을 보이기도 한다.

두 번째 특징은 자신의 감정을 정확하게 인식하지 못하거나 혼란스러운 감정 상태가 된다는 것이다. 그래서 "모르겠어요, 뒤죽박죽인 것 같아요", "나도 내 마음이 왜 이런지 정말 모른다니까"라는 말을 자주 한다. 이러한 특징을 만들어내는 주범이 바로 에스트로겐과 프로게스테론이다.

이 호르몬이 분비되면 초경이 시작되고, 가슴이 나오기 시작하면서 몸에 굴곡이 생긴다. 신체적인 변화뿐 아니라 뇌에도 변화가 일어난다. 두 호르몬은 번갈아가면서 분비되는데, 소녀들의 혈중 호르몬 농도를 측정해보면 에스트로겐의 농도가 상당히 높을 때는 프로게스테론이 거의 나타나지 않으며 프로게스테론 농도가 높을 때는 에스트로겐이 거의 나타나지 않는다.

문제는 호르몬이 번갈아 분비된다는 데 있지 않다. 이러한 분비현상이 기분을 좌우하는 신경전달물질인 세로토닌의 분비를 방해한다는 것이 문제다. 세로토닌은 기분을 안정적으로 유지시켜주는 매우 중요한 조절자인데 분비량이 충분하지 않으면 우울해지거나 지나치게 들뜬 상태가 된다. 때로는 이 두 기분이 왔다 갔다 할 수도 있다. 에스트로겐과 프로게스테론이 반복적으로 번갈아 분비되고 분비량도 많다면, 세로토닌이 충분히 분비되지 않는다. 이 때문에 시소를 타듯 이리저리 왔다 하는 감정을 보이는 것이다.

더욱이 사춘기에는 전전두엽이 미숙하기 때문에 이 감정의 시소를 정확하게 인식하지도 못하고 받아들이지도 못한 채, 감정에 휩쓸려 끌려다니는 모습을 보인다. 이러한 모습은 대체로 사춘기 소녀들이 생리를 할 때 자주 볼 수 있다. 생리가 시작되기 전에 짜증이 잦아지고 우울하고 비극적인 감정에 빠지는 것을 '생리 전 증후군'이라고 하는데 에스트로겐과 프로게스테론의 분비량에 변동이 심해져 세로토닌이 적게 만들어지기 때문이다.

### 사춘기의 악몽, 피니아스 게이지 증후군

사춘기의 대표적 특징 중 하나가 주체할 수 없는 분노의 폭발과 정서의 통제불능 상태다. 또한 다정하고 친절하며 사랑스러웠던 아이가 갑자기 공격적인 행동을 하거나 입에 담기 힘든 험악한 말을 쏟아내면서 부모와는 말도 하지 않으려고 하는 등 완전히 다른 아이로 변해버리기도 한다. 그리고 감정의 기복이 너무 심해서 아무것도 아닌 일로 절망을 느끼다가도 깔깔거리며 웃는 행동을 보이기도 한다.

사춘기 자녀의 부모들을 만나면 모두들 어떻게 해야 할지 모르겠다, 자녀의 행동으로 마음에 상처를 받았다고들 말한다. 초등학교 5학년 아들을 둔 한 어머니는 착하고 순해서 걱정할 것 하나 없던 아이가 어느 순간부터 부모의 잔소리에 싫은 표정을 보이기 시작하더니 어느 날은 폭발해서 자기 방 벽을 걷어차 구멍을 냈다며 하소연을 했다. 그 순간의 공포와 아찔함이 고스란히 되살아난 듯 눈물을 글썽거리며 그 어머니는 이렇게 말했다.

"제가 애를 잘못 키웠나 봐요. 내 딴에는 한다고 했는데……. 어디서부터 잘못된 건지, 언제부터 저렇게 삐뚤어졌는지 알 수도 없어요. 어떻게 하면 좋을까요?"

이렇게까지 돌출적인 행동을 보이지는 않더라도 아이의 성격이 갑자기 변해서 우리 아이가 아닌 것 같다는 생각을 하는 부모도 상당히 많을 것이다. 그런데 반가운 사실은 아이의 인성이나 성격이 변했거나 삐뚤어져서 이런 행동을 하는 것이 아니라는 점이다. 이는 사춘기를 지나고 있는 아이들에게 나타나는 자연스러운 현상인 '피니아스 게이지 증후군 Phineas Gage syndrome'이라고 볼 수 있다.

피니아스 게이지는 사고로 인해 대뇌피질 중 전전두엽이 파괴되었는데, 이로 인해 이전에는 따뜻한 인성을 가졌었지만 도덕성과 인품이 사라지고 욕망과 부도덕함이 가득한 사람으로 완전히 바뀌었다. 사춘기를 겪는 아이들의 돌변이 피니아스 게이지와 같다고 해서 사춘기적 행동과 상태를 피니아스 게이지 증후군이라고 부른다. 그렇다면 사춘기에 나타나는 이러한 변화의 원인은 무엇일까? 가장 중요한 원인은 바로 성호르몬의 장난에 있다.

분노가 많아지고 폭발적으로 화를 내는 것은 테스트로테론이 급증하기 때문인데, 주로 남자아이들에게서 나타난다. 테스토스테론은 공격적인 행동과 순간적인 분노를 촉발한다. 사춘기 이전에는 아무렇지도 않게 받아들였던 엄마의 잔소리나 친구의 놀림에 순간적으로 폭발하고 때로 무엇을 부셔버리기도 하는 폭력적 행동을 보이는 이유가 바로 이 테스트로테론의 급증에 있다.

에스트로겐과 프로게스테론은 여자아이들에게 영향을 주어 급격한 감정의 변화를 보이게 한다. 얼굴에 뭔가 묻은 채로 다녔다고 세상 모든 사람들이 자신을 비웃을 것이라며 엉엉 울다가 친구와 전화통화를 하면서 갑자기 신이 나서 깔깔거리고, 누군가 자신에 대해 이런저런 이야기를 했다는 말을 듣고는 주체할 수 없는 분노로 소리를 질러대기도 한다. 이러한 감정의 널뛰기는 두 가지 호르몬의 왕성한 분비에서 기인한다. 특히 사춘기에는 생리 전에 이러한 감정기복이 더 심해져서 스치기만 해도 벨 정도로 날카롭고 예민한 칼날 같은 상태가 된다.

사춘기 소년, 소녀의 변화를 살펴보면 살얼음판을 걷고 있는 것처럼 위태로워 보인다. 하지만 착하고 사랑스러운 우리 아이의 성격이 영원히 사라진 것이 아니라 사춘기 동안 잠시 변신한 것임을 알아두어야 한다.

## 사춘기 자녀의 뇌 다스리기

사춘기 자녀의 뇌는 한창 속도를 내서 달리는 롤러코스터와 같다. 롤러코스터가 한창 달리고 있을 때는 브레이크가 말을 듣지 않는 것처럼 사춘기의 뇌는 감정조절의 제동장치인 전두엽이 발달하지 않아서 자신을 제어하기 힘들다. 부모는 자녀의 변화된 모습에 당황하고 좌절하고 슬픔에 빠지기도 하지만 사춘기 자녀의 요동치는 뇌도 시간이 지나면 어느 정도 안정을 찾는다. 마치 롤러코스터가 종착점을 향할 때 속도를 늦추는 것처럼…….

그렇다면 부모는 그저 롤러코스터의 종착지점에서 사춘기 자녀의 뇌가 가라앉기만 기다리고 있으면 될까? 답은 '아니오'다. 시냅스는 반복할수록 그 연결망이 단단해지기 때문에 반복되는 행동이나 감정은 패턴으로 굳어진다. 사춘기 자녀의 뇌가 감정통제가 어려운 상태라고 해서 그냥 내버려둔다면, 그 시기에 했던 행동이 그대로 굳어질 수 있다는 말이다.

그러므로 부모는 사춘기 자녀의 뇌의 특성과 상태에 대해 정확하게 이해하고 이를 바탕으로 감정을 통제하고 조절하는 시냅스의 형성에 도움을 주어야 한다. 말처럼 쉬운 일은 절대 아니다. 아니, 생각한 것보다 훨씬 어려울 수도 있다. 이 어려운 일을 수행하는 데 도움이 될 만한 몇 가지 규칙을 알아보도록 하자.

첫째, 사춘기 이전, 즉 아동기의 자녀에게 적용했던 양육규칙을 똑같이 적용하지 않아야 한다. 사춘기의 뇌는 호르몬의 영향으로 쉽게 흥분하고, 호기심이 충만한 상태인데 부모가 이를 제지하면 기름에 불을 붙이는 격이 되어 자녀와의 충돌을 피할 수 없다. 그러므로 사춘기에는 자신이 어떤 사람인지, 무엇을 해야 할지 정체성$^{dentity}$을 탐색하는 사춘기의 발달과업을 치러낼 수 있도록 자녀에게 여유를 제공해야 한다. 다만 규칙 자체는 상당히 구체적으로 만들어 제시해야 한다. 모호한 규칙은 규칙을 어길 수도 있다는 단서를 제공하는 것과 마찬가지이기 때문이다. 예를 들어 귀가 시간에 대해서도 '일찍 들어와야 한다'는 말 대신에 '저녁 10시가 귀가 시간이다. 만약, 이 시간보다 늦게 들어오려면 미리 부모의 허락을 받아야 하고, 상의해야 한다. 이를 어길 때에는 그로부터 2주 동안 귀가 시간은 9시가 된다'처럼 구체적으로 제시해야 한다.

둘째, 사춘기 자녀를 훈육할 때는 적당한 시간을 선택해야 한다. 자녀가 흥분하거나 화난 상태에서 야단을 치면, 상황이 악화될 가능성이 크다. 호르몬이 뇌를 뒤덮고 있는 상태에서는 부모님의 꾸중도, 설득도, 이해도 통하지 않기 때문이다. 이럴 때는 자녀와 계속 대립하기보다 부모도 화가 났다는 것을 언어적으로 표현하고는 일단 나중에 다시 이야기하자고 말한 후, 두 사람 다 감정이 어느 정도 평정상태가 된 후 이야기하도록 한다. 흥분한 상태에서 자녀들은 부모의 말 중 자신을 도발하고 자극하는 말을 찾아 이를 빌미로 싸움을 걸어올 수 있다. 그러므로 어느 정도 감정이 가라앉아서 평소처럼 대화할 수 있는 상태가 되기를 기다릴 필요가 있다.

셋째, 부모는 권위를 가진 양육자라는 것을 잊어서는 안 된다. 사춘기 자녀의 폭력적인 행동과 흥분이 두렵기도 하고 빨리 가라앉히려는 생각에 자녀의 요구를 들어주는 경우가 있다. 그러나 이는 자녀가 이후에 동일한 방법을 되풀이하도록 강화하는 행동이다. 자녀가 공격적으로 날뛸 때에도 감정에 흔들리지 않고 부모가 가정의 중심임을 보여주어야 한다. 그리고 자녀가 감정적인 상태에서 벗어나면 금지행동에 대해 명확히 설명해야 한다. 예컨대 가족에게 욕을 하는 행동, 폭력적인 행동, 부모의 질문을 무시하는 행동 등은 절대 해서는 안 된다는 점을 분명히 해야 한다.

사춘기 자녀들은 부모의 이런 행동을 비난할 수도 있고 자신을 사랑하지 않아서 그런다고 원망할 수도 있다. 때로는 다른 부모와 자신의 부모를 비교하기도 한다. 하지만 그들에게는 지금 부모의 사랑과 걱정을 바탕으로 만들어진 규칙이 절대적으로 필요하다.

 나는 어떤 양육 유형의 부모인가?

바움린드Diana Baumrind는 부모의 애정과 통제 형태에 따라 부모의 양육유형을 구분하였는데, 각 유형이 자녀에게 어떠한 영향을 미치는지 알아보도록 하자.

**권위 있는 부모 유형**
- 필요한 경우 자녀를 엄격하게 통제하고 요구하지만, 자녀에게 애정을 가지고 있으며 자녀를 지지하고 자녀의 말을 경청한다.
- 자녀에게 지시할 때 무조건적 복종을 요구하는 것이 아니라 명백하고 합리적인 이유를 설명한다.
- 권위 있는 부모 유형의 자녀는 대체로 자존감이 높고 자기통제를 잘하며 성취지향적인 경우가 많다.

**권위주의적인 부모 유형**
- 자녀에 대한 통제와 요구 수준이 상당히 높으며, 자녀가 복종하기를 강요한다. 자녀가 부모와 다른 주장을 하는 것을 허용하지 않는 경우가 많다.
- 자녀에게 지시할 때 무조건적으로 복종하도록 하고, 이를 어길 시에는 처벌을 내린다.

- 권위주의적인 부모 유형의 자녀는 불안도가 높고, 자신이 생각한 대로 일이 되지 않을 때 불안정하고 적대적인 상태가 된다.

**허용적 부모 유형**
- 비교적 애정을 많이 표현하며, 자녀에게 요구나 지배를 하지 않고 벌을 주는 경우도 거의 없다.
- 자녀에 대해서 지나칠 정도로 참을성이 많고 모든 것을 자녀가 결정하도록 한다.
- 허용적 부모 유형의 자녀는 미성숙하고 충동을 잘 조절하지 못하며, 의존적인 경우가 많다.

**방임적 부모 유형**
- 자녀양육에 관심이 적으며, 일관성 있게 자녀를 지도하거나 훈육하지 않는다.
- 부모 역할을 적절히 수행하지 않는 경우가 많다.
- 방임적 부모 유형의 자녀는 공격적이고 자존감이 낮으며, 정서조절 등에 문제를 겪는다.

# 아들의 뇌와 딸의 뇌는 다르다

## 📚 남자와 여자의 차이는 뇌에 있다

아들만 넷을 키우는 후배가 있는데, 딸만 키우는 엄마들은 아들만 키우는 자신의 입장을 이해하지 못하는 것 같다며 투덜거릴 때가 있다. 가령 자신이 "아들놈들 키우다 보니까 험악해지고 쩌렁쩌렁한 목소리만 남는 것 같아, 못 살아 진짜……"라고 말해도 "애들이 다 거기서 거기지, 뭐. 잘 다독거리고 알아듣게 설명해주면 되는 거 아냐"라며 대수롭지 않게 반응한다는 것이다. 후배는 딸만 키우니까 이렇게 물색없는 소리만 한다고 투덜거린다.

엄마들이 양육을 하며 느끼는 남녀의 차이에 대한 갑론을박은 한동안 학계에서도 격렬한 논쟁거리였다. 언어중추를 발견한 의사 브로카도 남성의 뇌가 여성의 뇌보다 크다는 증거를 수집해 발표한 바 있고 이 결과를 이용해 여성을 사회적으로 차별하려는 움직임도 있었다. 심지어 프랑스의 과학자인 귀스타브 르 봉 Gustave Le Bon은 파리에 사는 여성들의 뇌 크기가 고릴라와 비슷하다며 여성이 사회적으로 중요한 역할을 맡는 것은 절대 불가능한 일이라고까지 말한 바 있다.

과학기술이 발달해 뇌를 직접 관찰할 수 있게 되면서 과학적 연구를 근거로 남성과 여성을 차별하는 주장은 이제 사라졌다. 대신 남성과 여성의 뇌가 서로 다르다는 것이 지배적인 주장으로 떠오르고 있다. 우리가 말하고 행동하고 사고하는 능력은 모두 뇌에서 시작된다. 남성과 여성이 다른 능력을 보이는 이유는 뇌가 다르기 때문이다. 아들과 딸은 다른 뇌를 가진 존재인 것이다.

### 우뇌의 공간능력이 발달한 아들의 뇌

오래전부터 남자는 수학과 과학에 뛰어나며, 운전이나 주차, 길 찾기 등을 잘한다고 여겨졌다. 이것이 사실인지 입증하기 위해 미국의 심리학자 줄리안 스탠리 Julian Stanley와 카밀라 벤보우 Camilla Benbow 박사는 수학과 과학 분야의 영재들을 대상으로 15년간 연구를 수행했다. 이 연구자들은 자신들의 연구결과가 성차별의 근거로 이용될 가능성이 있음을 잘 알고 있었기에 더욱 조심스럽게 연구하였는데, 그 결과는 놀라웠다. 여학생 중에서 가장 뛰어난 수학능력을 보인 사람도 가장 뛰어난 남학생의 능력을 결코 따라오지 못한다는 것이 그들의 연구결과였다. 게다가 수학영재 중 남학생과 여학생의 비율은 남학생이 거의 열세 배나 높았다.

남성의 뇌는 여성의 뇌에 비해 우반구가 좌반구보다 먼저 발달하고 집중적으로 발달한다. 우반구는 사물을 이미지로 전환하고, 직관적으로 사고하며, 비언어적인 자극과 시공간을 다루는 능력과 관련되어 있다.

그에 비해 좌반구는 언어적인 자극을 주로 다루고, 순서에 따라 일을 처리하며, 주변의 상황과 맥락을 잘 파악하고 이해하는 능력과 관련되어 있다.

우반구가 먼저 발달하는 남성은 어릴 때부터 사람보다 사물에 관심을 더 보이며, 무엇을 만들거나 쌓아올리는 놀이에 관심을 보이고, 직접 만져보고 체험하는 것을 좋아한다. 우반구가 발달한 남성의 뇌는 구기종목을 잘하는 능력과도 관련되어 있다. 구기종목은 야구, 축구처럼 여러 명이 공을 다루는 운동인데 무엇보다 손, 발과 눈의 협응능력이 필요하다. 즉, 눈으로 보면서 몸을 움직이고, 움직이면서 머릿속으로는 계속해서 공간과 공을 상상하고, 변화시키고, 입체적으로 사고하는 능력이다. 이러한 능력은 구기종목뿐 아니라 운전을 하거나 지도를 보며 길을 찾는 행동 등과도 관련되어 있다.

이러한 능력은 매우 어린 시기부터 발현된다. 남녀의 뇌 차이를 연구한 앤 무어Anne Moir 박사는 유아기부터 시작하여 아동기, 사춘기에 이르기까지 남녀의 행동 차이가 분명하게 나타난다고 주장하였다. 무어 박사는 유아기 때 엄마가 아이를 보육시설에 데려다주고 나면, 여자아이들은 엄마와 인사하고 나서 놀이를 하거나 무엇인가를 하려는 행동을 하는 데에 평균적으로 92.5초가 걸리는 반면 남자아이들은 평균적으로 36초 만에 놀이터로 뛰어간다고 설명하였다. 놀이를 할 때에도 여자아이들은 앉아서 하는 놀이를 선호하는 반면, 남자아이들은 블록으로 건물을 쌓거나 손에 잡히는 각종 도구를 가지고 놀며 많은 공간을 차지하는 경향을 보였다고 한다. 또한 남자아이들은 새 장난감에는 눈을 반짝이면서 흥미를 보이지만 새로 온 또래아이나 사람들에게는 큰 관심을 보이지 않는다. 이러한 경향은 아동기와 사춘기에도 이어져서 남자아이는 눈과 손의 기능을 활용하는 활동을 훨씬 선호하며, 말로 설명하고 이해해야 하는 활동에는 집중을 잘 못하는 모습을 보였다.

우뇌가 우세하게 발달한 아들은 움직이고 직접 가서 경험하는 것을 좋아하고, 사람보다 사물에 더 흥미를 느낀다. 이런 뇌 탓에 남자아이들은 학교에서 어려움을 겪을 때가 많다. 학교에서는 주로 앉아서 듣고, 수업을 듣는 동안 움직이지 말아야 하며, 선생님 질문을 잘 듣고 조리 있게 대답해야 하기 때문이다. 아들의 뇌가 잘하는 것과는 거리가 있는 활동이다.

그래서 삶의 초기에는 아들이 딸에 비해 뒤처지는 것으로 보일 수 있다. 그렇지만 사춘기 이후에 수학이 단순히 연산과 계산을 넘어서 이론과 추상적인 개념을 다루게 되면 우뇌가 발달한 남성의 뇌가 실력을 발휘하기 시작한다.

또 하나 간과하지 말아야 할 것이 있다. 아들이라고 해서 다 똑같은 모습을 보이지는 않는다는 것이다. 전형적인 아들의 모습을 보이지 않는 아이들도 있다. 유전자의 영향과 양육경험에 의해 다른 뇌구조를 가질 수도 있다는 사실을 유념해야 한다.

### 딸들의 수다를 만들어내는 언어중추의 발달

우연히 한 남매의 모습을 놀이터에서 본 적이 있다. 두 살 정도 나이 터울이 있어 보였는데, 하는 행동을 보니 오빠가 동생을 챙기는 것이 아니라 여동생이 오빠를 건사하느라 바빴다.

"오빠, 그렇게 하면 위험하잖아."

"오빠! 이제 조금 있으면 집에 가야 할 시간이니까 정리해야지."

집으로 돌아가는 길에도 여동생은 계속 오빠에게 무엇인가를 이야기하면서 오빠 옷에 묻은 흙을 털어주었다.

아들이 가진 남성의 뇌가 공간능력에서 우세하다면, 딸이 가진 여성의 뇌는 언어능력에서 단연 돋보인다. 이러한 능력은 출생 직후부터 나타나기 시작한다. 남자 아기는 눈앞에 보이는 사물이나 모빌에 온통 정신을 뺏기는 반면, 여자 아기는 사람의 얼굴을 더 많이 쳐다보고 옹알이를 하면서 말을 거는 것을 좋아한다. 그래서 여자 아기들은 남자 아기보다 먼저 말문이 트이고, 어휘가 빠른 속도로 늘어난다.

학교에 들어가서도 여학생은 읽기, 쓰기 측면에서 남학생을 짧게는 1년, 길게는 5년 정도 앞선다. 평균적으로도 여학생이 남학생보다 하루에 세 배 정도 말을 더 많이 하고 분당 사용하는 단어의 수도 두 배는 많다. 그 반면 남학생은 언어장애가 발생할 확률이 여학생에 비해 두 배 높고, 언어교정 수업을 듣는 비율도 월등히 높다.

여성은 언어중추가 있는 좌뇌가 우뇌보다 먼저 발달한다. 또한 좌뇌와 우뇌 간의 소통이 빠르게 이루어지고, 서로 자극의 전달이 잘 이루어지는 특성을 보인다. 평균적으로 볼 때 여성은 언어중추에 해당하는 좌측 측두엽의 브로카 영역과 베르니케 영역의 대뇌피질 부피가 남성보다 20퍼센트나 크다. 브로카 영역은 언어를 만들어내는 영역이고, 베르니케 영역은 언어의 의미를 이해하는 영역이다. 여성은 선천적으로 이 두 영역이 모두 발달했기 때문에 남성보다 말을 잘 이해하고, 많이 할 수 있는 것이다.

더욱 놀라운 사실은 여성의 뇌는 언어 속에 담긴 뉘앙스를 남성보다 빨리 알아차린다는 것이다. 우측 측두엽이 말 속에 담긴 감정을 인식하는 기능을 담당하기 때문이다. 그렇다면 남성은 우측 측두엽이 발달하지 않은 걸까? 그렇지는 않다. 남성 역시 언어 속에 담긴 감정을 인지할 수 있다. 문제는 속도다. 여성의 뇌는 남성의 뇌보다 좌뇌와 우뇌를 연결하는 뇌량이 훨씬 두껍다. 약 세 배 정도 차이가 나는데, 이러한 차이가 좌뇌와 우뇌의 연결과 소통속도의 차이를 만들어낸다. 그래서 여성의 뇌는 우뇌 측두엽에서 간파한 감정의 뉘앙스를 좌뇌 측두엽으로 재빨리 보내서 감정을 언어적으로 간파하고 인지하여 빠른 속도로 적절한 대답을 할 수 있는 것이다. 이런 뇌구조를 가진 딸이 매우 어린 시기부터 사람을 쳐다보고 말을 걸기를 좋아하고 어울려서 수다에 빠지는 것은 어쩌면 당연한 것인지도 모른다.

그래서인지 아들과 딸은 휴대전화의 사용내역에서도 확연한 차이를 보인다. 언어중추가 발달한 딸은 휴대전화로 친구들과 전화통화를 하거나 문자메시지를 보내거나 SNS를 주로 사용한다. 반면에 시각적이고 공간적인 대상에 집중하는 아들은 각종 동영상이나 이미지 등을 다운받거나 다양한 게임을 한다.

물론 딸의 뇌도 아들의 뇌와 마찬가지로 개인에 따라 다른 특성을 보일 수 있다. 여성임에도 불구하고 수다스럽기보다 과묵하고, 감정을 빨리 인식하기보다는 다소 둔감할 수도 있다. 전형적인 딸의 모습을 보이지 않는다고 해서 이상하게 생각하거나 걱정할 필요는 없다는 뜻이다.

### 정반대의 뇌를 가진 아이

아들의 뇌, 딸의 뇌에 관한 설명을 읽고 나서 '우리 애는 남자아이인데도 그렇지 않은데……', '우리 딸은 남자아이들보다 오히려 더 가만히 있지 못하는데……'라는 반응을 보이는 부모도 있다. 앞에서 언급했다시피 전형적인 아들의 뇌, 딸의 뇌의 특성을 보이지 않는 자녀들도 있다.

성별에 따른 뇌의 차이와 특성을 연구한 심리학자 사이먼 배런 코언 Simon Baron-Cohen 박사는 자신의 성별과 정반대 성별의 뇌를 가진 사람, 즉 남성적인 뇌를 가진 여성, 여성적인 뇌를 가진 남성의 비율이 전체 인구의 약 17퍼센트 정도라고 말했다. 정반대 성별의 뇌를 갖게 된 이유는 무엇일까?

사이먼 박사와 마찬가지로 두뇌 성별에 대한 연구를 꾸준히 해온 앤 무어 박사는 이러한 성별이 엄마의 뱃속에 있을 때 결정된다고 주장한다. 임신 중에는 엄마의 호르몬이 자주 불규칙하게 분비되는데, 이때 태내 아기의 성별이 이미 결정되었다고 해도 어떤 호르몬에 자주 노출되었는가에 따라 아기의 두뇌 성별이 다르게 형성될 수 있다는 것이다. 특히, 남성호르몬인 테스토스테론과 여성호르몬인 에스트로겐이 이에 큰 영향을 미친다.

예를 들어, 엄마 뱃속에 있는 태아가 아들이라고 하더라도 엄마의 에스트로겐 분비가 많아지면 이것이 태내의 아기 뇌에 영향을 준다. 그래서 아들이라고 하더라도 여성적 뇌의 특성을 갖게 되기도 하는 것이다. 그 반대의 경우도 마찬가지다.

그렇다면, 우리 아이의 뇌가 어떤 성별을 가지고 있는지 어떻게 알 수 있을까? 사이먼 박사의 연구에 따르면, 손가락의 길이로 이를 알 수 있다고 한다. 네 번째 손가락이 임신 중에 엄마에게서 분비된 테스토스테론의 양이 어느 정도인지를 알려주는 지표 역할을 하기 때문이다. 호르몬이 어느 정도 분비되었고, 어떤 호르몬이 분비되었는지는 육안으로 확인할 수 없다. 다만 네 번째 손가락은 테스토스테론의 분비량에 반응하여 분비량이 많으면 많을수록 길어진다. 그래서 두 번째 손가락과 네 번째 손가락을 비교해보았을 때, 두 번째 손가락보다 네 번째 손가락이 길다면 엄마의 뱃속에서 많은 양의 테스토스테론에 노출되었다고 유추할 수 있다. 이런 경우 비록 여성의 몸을 가졌다고 해도 뇌는 남성적 특성을 갖게 될 가능성이 높다.

우리 아이가 전형적인 아들의 뇌, 딸의 뇌를 갖지 않았다고 해서 염려할 필요는 없다. 진화론자들의 주장에 따르면, 오히려 자신의 성별과 반대 성별의 뇌를 가진 사람이 '이기적 유전자'를 가졌다고 볼 수 있기 때문이다. 이기적 유전자란 생존에 훨씬 유리한 유전자라는 의미이다. 생물학적으로는 남성이지만 여성의 뇌를 가졌다면 반대의 성별과 훨씬 효과적으로 의사소통과 생활을 할 수 있으며, 여성이지만 남성의 뇌를 가졌다면 남성들과의 치열한 경쟁에서도 지지 않을 수 있다.

중요한 것은 뇌의 전형성이 아니라 후천적으로 어떤 교육과 양육경험을 제공하느냐이다. 아기는 그 능력과 특성이 어느 정도 결정된 상태의 뇌를 지니고 태어나지만, 경험에 의해 시냅스 연결망이 다르게 형성될 수 있는 가능성은 얼마든지 열려 있다. 아들이라고 해서 이렇게, 딸이라고 해서 저렇게, 정해진 틀이나 방식으로 양육할 것이 아니라 아직 미성숙한 능력과 특성을 보완하는 교육과 양육을 제공할 때 다양한 뇌 특성을 가질 수 있다.

## 우리 아이의 두뇌 성별은?

남성임에도 불구하고 책을 좋아하고 말을 잘하는 사람이 있는가 하면, 여성이라도 수학, 과학을 좋아하고 말보다는 직접체험을 좋아하는 사람이 있다. 생리적인 성별을 떠나서 뇌의 성별이 다를 수 있기 때문이다. 그렇다면, 우리 아이의 두뇌 성별은 과연 무엇일까? 또 부모의 두뇌 성별은 어떠할까? 이를 알아보는 간략한 심리검사를 실시해보자.

**1.** 강아지가 끙끙대는 작은 소리가 들릴 때, 돌아보거나 찾아보지 않고 소리가 나는 쪽을 가리킬 수 있는가?
① 여러 번 신경 써서 들으면 가리킬 수 있다.
② 금방 가리킬 수 있다.
③ 잘 가리키지 못할 것 같다.

**2.** 처음 들어본 노래를 듣고 나면 얼마나 기억하는 편인가?
① 어느 정도 기억하고 후렴 부분은 따라 부를 수도 있다.
② 리듬이나 음정이 쉬운 노래는 기억한다.
③ 음악이나 노래는 잘 기억하지 못하는 편이다.

**3.** 별로 친하지 않은 친구가 전화를 걸었을 때, 목소리만 들어도 누구인지 금방 알아차리는 편인가?
① 쉽게 알아차릴 수 있다.
② 어느 정도는 알아차릴 수 있다.
③ 잘 알아차리지 못한다.

4. 친구들을 보면 누가 누구를 좋아하고, 사귀고 있는지 잘 알아차리는 편인가?
   ① 잘 알아차리는 편이다.
   ② 대체로 알아차리는 편이다.
   ③ 잘 알아차리지 못하는 편이다.

5. 처음 보는 친구들을 한꺼번에 많이 소개받았을 때 다음 날에도 그 친구들의 이름과 얼굴을 쉽게 생각해낼 수 있는가?
   ① 거의 대부분 생각해낼 수 있다.
   ② 몇 명은 생각해낼 수 있다.
   ③ 거의 생각나지 않는다.

6. 다른 과목보다 받아쓰기와 글짓기를 잘하는 편인가?
   ① 둘 다 잘하는 편이다.
   ② 둘 중 하나 정도만 잘하는 편이다.
   ③ 둘 다 잘하지 못한다.

7. 퍼즐 게임이나 스도쿠 게임을 좋아하고 잘하는 편인가?
   ① 좋아하지도 않고 잘하지도 않는다.
   ② 잘하지는 못하지만 그래도 즐겁게 해보려고 한다.
   ③ 좋아하고 쉽게 잘하는 편이다.

8. 처음 가보는 낯선 장소에서 길을 찾을 때 지도나 약도를 봐도 잘 찾지 못하고 어려움을 겪는 편인가?
   ① 대부분 길을 잘 찾지 못한다.
   ② 조금 시간이 걸리지만, 찾아내는 편이다.
   ③ 길 찾는 데 어려움을 느끼지 않는다.

9. 병원에서 진료를 위해 대기하고 있을 때 낯선 사람들과 어느 정도 거리를 두고 앉는 편인가?
   ① 매우 가까이에도 앉을 수 있다.
   ② 한 자리 정도 거리를 두고 앉을 수 있다.
   ③ 두 자리나 세 자리 정도 거리를 두거나 서 있는다.

10. 집 안에서 작은 소리나 물 떨어지는 소리가 들리는 것 같을 때 어떻게 하는가?
    ① 어디서 들리는 소리인지 알 것 같지만 그대로 둔다.
    ② 어디서 들리는 소리인지 찾아서 소리가 안 나게 한다.
    ③ 소리가 들리는지 잘 모른다.

**채점 방법**

자신의 성별에 따라 다음과 같이 채점을 한다.
- 자신이 남성이라면 ①번은 10점, ②번은 5점, ③번은 −5점으로 채점한다.
- 자신이 여성이라면 ①번은 15점, ②번은 5점, ③번은 −5점으로 채점한다.
- 응답하기가 어려운 문항이 있어 표시하지 않은 경우에는 5점으로 채점한다.

합산하여 총점을 계산한다.

**결과 해석**

- 총점이 0~60점이면, 남성의 뇌를 가졌다고 볼 수 있다.
- 총점이 50~100점이면, 여성의 뇌를 가졌다고 볼 수 있다.
- 점수가 겹치는 영역, 즉 50~60점에 사이라면 양성적인 뇌를 가졌다고 볼 수 있다.

## 아들의 뇌, 딸의 뇌에 맞는 양육법

아들과 딸은 생김새뿐 아니라 뇌의 발달상태와 특성도 다르다. 더욱이 사춘기에 이르면 호르몬 분비량의 증가로 그 특성이 더욱 두드러지면서 이해하지 못할 행동을 하기도 한다.

우선은 아들과 딸은 서로 다른 뇌 특성을 가졌다는 것을 이해할 필요가 있다. 그래야 자녀에 대한 양육방식을 다르게 선택할 수 있기 때문이다. 그렇다고 해서 아들의 뇌는 이렇다, 딸의 뇌는 저렇다는 식의 틀에 박힌 이해방식은 경계해야 한다. 유전과 독특한 환경도 뇌발달 특성에 영향을 미치기 때문이다.

개인차는 분명히 존재하지만 여기에서는 아들의 뇌, 딸의 뇌가 갖는 일반적 특성에 따라 어떻게 양육방식을 달리해야 하는지에 대해 알아보도록 하자.

### 공감과 표현 연습이 필요한 아들의 뇌

진화적인 관점을 가진 연구자들은 남자들은 사냥을 하며 진화했기 때문에 사람의 소리보다는 동물이나 사물의 소리에 반응을 보이고, 청각보다는 시각이 발달해왔다고 주장한다. 실제로 뇌과학적 관점에서도 남자는 시공간과 관련된 우뇌가 빠른 속도로 집중적으로 발달하기 때문에 눈에 보이는 것에 신속하게 반응한다. 그래서 남자아이들은 읽기나 말하기 등에서 여자아이보다 뒤처지고, 읽기 장애의 비율도 훨씬 높다. 읽기나 말하기는 '보는 것'이 아니라 '듣기'와 관련이 있기 때문이다. 말을 빨리 배우기 위해서는 누군가의 말을 열심히 듣고 따라 해야 한다. 아기에게 말을 가르칠 때도 "엄마 해봐, 엄! 마!"라고 말을 들려주고 이를 따라 하게 시키는데, 남자아이들은 여자아이들만큼 청각기능이 빨리 발달하지 않기 때문에 기존의 방법처럼 들려주기만 해서는 언어발달을 기대할 수 없다.

이에 대한 대안으로 미국의 심리학자인 다이앤 맥기네스$^{Diane\ McGuinness}$는 남자아이들에게 읽기를 가르칠 때 시각을 활용할 것을 제안하였다. 남자아이들은 청각보다는 시각기능이 빨리 발달하기 때문에 단지 청각적 자극만으로는 읽기를 배우기 어려울 수 있다는 것이다.

맥기네스 박사는 한 가지 실험을 했는데 한 문단 내에서 S가 포함되어 있는 글자에 동그라미를 치거나 밑줄을 그어보라고 하면 여자아이보다 남자아이가 훨씬 빠른 속도로 검사를 마친다는 것을 발견했다. 그런데 여러 단어를 들려주고 그중 S가 포함된 단어를 찾아보라고 하면 여자아이들이 훨씬 높은 수행결과를 보였다. 전자는 시각을 활용한 과제이고 후자는 청각을 활용한 과제이기 때문이다.

이 연구를 통해 아들의 뇌에 적합한 언어학습 방법을 유추할 수 있다. 첫째, 시각적인 자료가 포함되어야 한다. 테이프나 CD 등을 들려주는 식의 학습방법보다는 그림이나 시각적인 내용이 포함된 시청각 자료가 적합하다.

두 번째, 직접 해보는 활동이 포함된 언어학습이 효과적이다. 선생님이 질문하고 답하는 방법보다는 연관성 있는 단어의 퍼즐을 맞추거나 게임을 하면서 어휘를 익히는 방법이 효과적이다.

부모교육 강의를 하면, 엄마들이 아들 키우기가 쉽지 않다는 하소연을 많이 한다. 자신들이 크면서 경험하지 못했던 것을 아들을 키우며 처음 접하기 때문에 어려움을 느낄 수밖에 없는 것이다. 그렇다면 아들의 뇌발달 특성에 맞춘 양육방법은 과연 무엇일까?

　아들의 뇌의 대표적 특성은 테스토스테론에서 나온다. 테스토스테론은 공격성 호르몬이자 활동 호르몬이기 때문에 끊임없이 몸을 움직이게 만들고, 이것저것 들춰보고 직접 손을 대봐야 직성이 풀린다. 그래서 집안에 가만히 앉아서 책이나 텔레비전을 보라고 하거나 실내에서 가만가만 놀라고 잔소리를 하는 행동은 시한폭탄의 심지에 불을 붙이는 것과 마찬가지다.

　아들의 뇌에 적합한 양육방법은 바로 뛰게 하는 것이다. 이러한 양육법은 청소년기까지 유효하다. 활동 호르몬인 테스토스테론의 에너지를 분출할 수 있는 격렬한 운동이나 야외활동을 하고 나면 오히려 더 집중력이 향상된다. 이에 더해 아들의 친구들과 정기적으로 운동이나 야외활동을 하면 더 효과적이다. 아들의 뇌는 경쟁을 좋아하고, 순위 매기는 것을 선호하기 때문에 친구들과 경쟁하는 구기종목이나 게임을 할 때 쾌감을 불러일으키는 도파민이 분출되어 의욕이 넘치는 상태가 된다.

　또 하나 중요한 양육법칙이 있는데, 바로 공감과 표현을 지도해야 한다는 원칙이다. 남성의 뇌는 여성의 뇌만큼 감정표현에 유능하지 않다. 여성만큼 뇌량이 두껍지 않아서 정보전달이 잘 이루어지지 않는 데다가 언어표현과 관련된 좌뇌가 여성만큼 발달하지도 않기 때문이다. 이러한 사실은 보다 심각한 결과를 초래할 수도 있다.

　최근 몇 년 동안 한국 청소년의 사망 원인 중 1위는 자살이며, 극단적인 방법으로 자살을 실행하는 쪽은 남자 청소년이 압도적으로 많다. 자신이 얼마나 괴로운지, 무엇을 두려워하는지를 표현하지 못하고 누군가에게 도움을 받고 싶어도 선뜻 손을 내밀지 못하기 때문에 혼자 괴로워하다가 비극적인 선택을 하는 것이다. 그러므로 부모는 아들이 감정을 제대로 잘 표현할 수 있도록 양육할 필요가 있다. 쑥스럽더라도 부모가 먼저 자녀에게 감정을 표현하는 모습을 보임으로써 아들이 이를 모델링하도록 유도하고 아들이 감정을 드러냈을 때 아낌없이 칭찬하고 적절한 반응을 보임으로써 감정의 표현을 강화해주어야 한다.

또한, 아들의 뇌는 사춘기에 가까워질수록 테스토스테론의 영향을 많이 받기 때문에 공격적이고 충동적인 행동을 하고 피니어스 게이지 증후군을 나타낸다. 온순하고 친절했던 아들이 무뚝뚝하고 금방이라도 폭발할 것 같은 행동을 보이기도 한다. 이럴 때일수록 부모는 감정을 통제하고 조절하는 절제력에 초점을 맞추어 훈육을 해야 한다. 가장 좋은 방법은 평소 부모가 절제력의 롤모델이 되는 것이다. 아들과 충돌할 때 함께 감정의 소용돌이에 휘말리거나 아이를 향해 감정을 폭발하지 말고, 감정이 가라앉은 후 다시 이야기를 하는 모습을 보여주는 것이 좋다. 단, 충돌했던 사안에 대해서는 이후 반드시 짚고 넘어가야 한다.

또한 사춘기 아들의 뇌는 분노를 폭발시키고 나면 이후 어떤 결과가 초래될지 그 결과를 예측하는 연습이 필요하다. 지금 당장의 문제에 집중하는 경향이 있는 아들의 뇌는 앞으로의 일이나 닥쳐올 비극에 대한 예측능력이 부족하다. 지금 하는 행동이 어떤 결과를 몰고 올지 설명해주고, 무슨 말인지 이해할 수 없다는 표정을 짓더라도 반복적으로 이야기해주는 것이 감정을 통제하고 조절하는 능력을 키우는 데 도움이 된다.

마지막으로 아들을 지도할 때에는 매우 구체적인 지침을 정할 필요가 있다. "알아서 하라"는 식의 두루뭉술한 지침은 오히려 아들에게 혼란을 줄 수 있다. 아들의 뇌는 딸의 뇌에 비해 언어와 관련된 좌뇌의 발달이 천천히 일어난다는 점을 기억해야 한다. 그러므로 아들의 잘못을 지적할 때나 고쳐야 할 점, 해야 할 일 등을 설명할 때에는 가능한 한 구체적이고 상세하게 내용, 시간, 장소까지 이야기하는 것이 좋다.

### 타인의 감정에 빠져들지 않는 교육이 필요한 딸의 뇌

사실 딸의 뇌는 현재의 학교 학습체제와 잘 맞는다. 청각을 활용하여 교육내용을 잘 습득할 수 있고, 오랜 시간 앉아 있는 것을 아들에 비해 잘 참아낼 수 있다. 무엇보다 좌뇌가 발달한 딸들의 뇌에 적합하게 학교 학습은 거의 대부분 언어로 가득 차 있다. 그렇지만 남성의 뇌에 비해 우뇌가 월등하게 발달하지 않았기 때문에 추상적인 수학적 개념이나 이론을 접하면 어려움을 겪기도 한다.

딸이 즐겁게 수학과 과학을 접하도록 하려면 적절한 맞춤식 공부법이 필요하다. 예컨대 공식과 원리를 문장으로 표현하여 수학을 공부하고, 과학 실험보다는 이론을 발견하게 된 역사적 배경이나 인물에 대한 소개 등을 함께 제공하면 과학에 대한 거부감을 덜 가질 수 있다.

엄마의 입장에서 아들에 비해 딸은 같은 여성으로서 이해하기 쉬울 수도 있지만, 딸의 뇌에 맞추어 양육하면 더욱 효과적으로 아이를 지도할 수 있다.

우선, 딸의 뇌에 적합한 양육방법 중 가장 중요한 것은 감정조절이다. 여성의 뇌는 청각기능이 발달해서 다른 사람들의 이야기를 잘 들을 수 있으며, 공감도 잘한다. 그래서 딸들은 엄마의 눈치도 잘 살피고, 엄마의 표정만 봐도 기분을 금방 알아차린다. 친구도 마찬가지다. 딸은 아들보다 친구들의 감정이나 기분을 많이 고려하고 공감하며 우정을 돈독히 한다. 공감은 인간관계를 맺고 유지하는 데 있어 매우 중요한 능력이지만 부정적인 감정에 초점이 맞춰지면 헤어나오기 어렵다는 단점도 있다.

예를 들어 친구가 가슴 아픈 일을 겪었다거나 마음에 상처를 입었을 때 이에 공감하고 친구를 위로해주는 데 그치는 것이 아니라 친구의 부정적인 감정에 함께 빠져서 허우적거리고, 심하게는 우울증까지 겪는 경우도 있다. 게다가 친구 관계가 그 어떤 관계보다 중요한 사춘기로 갈수록 이런 현상은 두드러진다.

그러므로 딸에게는 부정적인 감정에서 긍정적인 감정으로 전환하는 능력을 키워줄 필요가 있다. 자신과 친구를 위해서는 마냥 슬픔에 빠져 있는 것보다 슬픈 마음을 위로해주고 긍정적인 측면을 찾아 회복할 수 있는 힘을 길러야 한다고 가르쳐야 하는 것이다.

이때도 부모의 도움이 절실하다. 부모가 먼저 절제하는 모습으로 아들에게 롤모델이 되어주어야 하듯, 딸에게도 부정적인 일을 경험한 후 회복하고 긍정적으로 생각하는 모습을 보여주는 것이 바람직하다. 특히 딸의 뇌는 인간관계나 부모와의 의사소통에 많은 영향을 받기 때문에 부모의 모습이 상당히 큰 영향을 줄 수 있다. 부모가 실패나 좌절을 겪더라도 건강한 일상생활을 유지하고, 감정의 동요를 보이지 않을 때 딸들은 상심이 아니라 회복이 답이라는 것을 깨닫게 된다.

딸의 뇌에 적합한 두 번째 양육법은 강력하고 강렬한 감정을 해소하는 기회를 만들어주는 것이다. 이는 언뜻 감정조절이라는 첫 번째 양육법과 상반돼 보일 수 있지만, 건강하고 긍정적인 정서를 가진 어른으로 성장하기 위해서는 감정을 적절하게 발산할 수도 있어야 한다. 우리나라는 문화적 특성상 여성은 어릴 때부터 부지불식간에 인내와 억제를 배운다. 이는 사회적 분위기 때문이기도 하지만 일찍부터 엄마, 아빠, 친구 등 주변 사람들의 감정을 잘 간파하기 때문에 자신의 감정보다 다른 사람들의 감정을 우선시해서 일어나는 현상이기도 하다. 이는 딸의 자아존중감에도 영향을 미친다.

그러므로 딸에게도 감정을 후련하게 드러낼 수 있는 기회를 만들어주어야 한다. 샘이 난다거나 억울하다거나 화, 짜증 등이 솟구칠 때 감정을 쏟아낼 수 있도록 딸과 함께 야외에서 실컷 소리를 질러보는 것도 좋다. 자신을 소중하게 생각하고 자신의 감정을 중요하게 여기는 자아존중감 높은 딸로 키우기 위해서는 부정적인 감정을 표현하고 해소할 수 있도록 도와주어야 한다.

# 집중력과 기억력을 키우는 뇌 활성화 방법

## 📚 집중력이라고 다 같은 집중력이 아니다

얼마 전에 초등학생 자녀를 둔 학부모를 대상으로 부모교육 강의를 한 적이 있는데, 강의가 끝난 후 한 어머니가 조심스럽게 다가와 질문을 하셨다. "우리 애는 컴퓨터 게임을 시작하면 두 시간, 세 시간이 지나도 꼼짝도 안 하고 있어요. 일단 시작하면 밥 먹는 것도, 화장실 가는 것도 잊어버리고 하는데 담임선생님께서는 집중력에 문제가 있다고 하시네요. 두세 시간씩 게임을 완전히 집중해서 하는데 우리 애가 정말 집중력에 문제가 있는 게 맞을까요?"

실제로 온라인 게임이나 스마트폰으로 게임을 하는 아이들을 보면, 정말 놀라울 정도의 집중력을 보인다. 한자리에 앉아서 꼼짝도 안 하고 게임을 하는 모습을 보면 대단하다는 생각까지 든다. 하지만 이런 집중력은 우리가 흔히 알고 있고 생각하는 집중력이 아니다.

컴퓨터나 스마트폰의 게임을 할 때 보이는 집중력은 반응성 집중력 responsive attention 혹은 자극유도성 집중력 stimulus-driven attention 이라고 부른다. 이는 책상에 앉아서 책을 보거나 수업을 들을 때 나타나는 집중력이 아니라 큰 소리나 화려한 색, 빠른 움직임 등에 집중하는 것을 말한다. 즉, 감각적이고 두드러진 자극이 빠르게 자주 변화하며 주어질 때 집중을 하는 것이다. 컴퓨터 게임이나 스마트폰에서 볼 수 있는 화려한 색의 동영상, 빠른 움직임 등에 반응하는 것은 바로 이 반응성 집중력과 관련이 있다.

한편 가만히 앉아서 수업을 듣거나 책을 읽을 때 나타나는 집중력은 초점성 집중력 focused attention 이나 선택적 집중력 active attention 이라고 한다.

반응성 집중력은 두정엽과 측두엽에서 담당하지만 초점성 집중력은 기억, 판단, 의사결정과 같은 사고능력을 담당하는 전두엽 특히 전전두엽에서 담당한다. 그러므로 몇 시간씩 컴퓨터 게임이나 스마트폰에 몰두할 때 보이는 집중력과 수업시간에 필요한 집중력은 분명 다르다.

문제는 우리 자녀들이 살아가야 하는 현실은 자극이 많은 게임 속 세상이 아니라 자극의 변화가 적고 심지어 지루하기까지 한 일상으로 가득한 세상이라는 점이다. 다시 말해, 컴퓨터나 스마트폰보다는 책상에서 책을 보고 수업을 듣고, 골똘히 생각하고, 공부를 해야 할 때가 훨씬 많기 때문에 첫 번째 집중력보다는 두 번째 집중력이 더 필요하다.

### 집중력, 뇌의 여러 기관이 만들어낸 합작품

학습에 필요한 집중력은 초점성 집중력과 선택적 집중력이다. 즉, 여러 가지 자극 중 더 중요한 자극을 선택하여 이에 집중해야 공부를 잘할 수 있다. 예를 들어보자. 초등학생이 숙제를 하기 위해서 책상에 앉아 있다. 방 밖에서는 텔레비전 소리도 들리고 다른 가족들의 웃음소리도 들리며, 책상 위에는 장난감도 놓여 있다. 이렇게 많은 감각적 자극 중 지금 당장 해야 하는 중요한 자극으로 숙제를 선택해 이에 집중하는 것이 바로 선택적 집중력의 처리과정이다.

이러한 과정은 전두엽과 두정엽이 담당하는데, 초등학교 고학년 시기에는 전두엽이 상당한 수준으로 발달할 뿐만 아니라 전두엽과 변연계 간의 조절통로가 발달하기 때문에 변연계에서 발생하는 감정을 잘 통제하고 선택적으로 집중할 수 있는 능력이 충분하다. 예를 들어 변연계에서 놀고 싶다거나 지루하다는 감정이 발생하여 이러한 감정이 전두엽으로 전달되더라도 전두엽에서 이 감정을 차단하고 주의를 기울이려는 노력을 하도록 작동하는 것이다.

주의력결핍 문제를 겪는 아동들은 전두엽의 활성화는 약한 반면, 변연계의 활성화는 상당히 높다. 변연계에서 발생한 감정은 활발하게 작동하는데, 이를 차단하고 통제하는 전두엽이 약하기 때문에 집중력이 떨어지고, 충동조절이 어려워지는 것이다.

두정엽은 초등학교 입학 시기부터 활발하게 발달하는데, 주로 체감각과 관련된 자극의 집중과 관련된다. 위스콘신대학교의 리처드 데이비슨 교수에 따르면 특정 사물이나 위치에 집중할 때 두정엽의 활동이 급격하게 증가하고 특히 정밀하고 세밀한 자극을 선택하여 집중할 때 두정엽이 중요한 역할을 한다고 한다. 예컨대 촘촘하게 적힌 글을 읽을 때나 노트를 작성할 때 이에 집중할 수 있도록 해주는 역할을 두정엽이 담당하는 것이다.

집중력을 담당하는 기관에는 시상하부도 있다. 시상하부는 체온조절,

식욕조절, 호르몬 조절 등 우리가 건강하게 살아가는 데 필수적인 기능을 담당할 뿐만 아니라 여러 가지 자극이 들어왔을 때 중요한 자극을 선별하여 집중적으로 에너지를 쏟는 역할도 한다.

중요한 자극을 선별하고 집중적으로 에너지를 쏟는 과정은 학습에 있어서 매우 중요하다. 숙제를 할 때 필요한 정보를 찾고 그것을 이해하는 데 에너지를 쓰는 것이 아니라 숙제를 하다가 갑자기 친구 생각, 교실 모습 등을 떠올리면 쓸데없는 배경정보를 처리하는 데 에너지가 소모

 **집중력도 종류가 있다**

누군가 무엇인가에 몰두한 모습을 보면 우리는 무조건 "집중력이 대단하다"고 말한다. 그러나 집중력이라고 해서 다 같은 집중력이 아니고, 집중력에도 여러 가지 종류가 있다. 반응성 집중력, 초점성 집중력, 선택적 집중력, 분리된 집중력 등이 그것이다. 각각에 대해 알아보도록 하자.

**반응성 집중력**
주로 두정엽과 측두엽이 담당하는 집중력으로 큰 소리, 화려한 색, 빠른 움직임, 두드러진 자극 등에 반응하여 집중하는 것을 말한다. 예상치 못한 새로운 색과 움직임의 자극에 주의를 돌리도록 만든다. ADHD를 겪고 있는 아동이나 청소년은 반응성 집중력이 주로 발달해서 자극적인 변화에는 빠르게 반응하지만, 지루하고 천천히 움직이는 자극에는 주의를 기울이기 어렵다.

**초점성 집중력**
초점성 집중력은 목표지향적 집중력(goal-directed attention)이라고도 한다. 초점성 집중력은 주로 전두엽, 특히 전전두엽에서 담당하며 지루한 상황에서도

돼 정작 중요한 일에 쓸 에너지가 바닥나고 만다. 이렇듯 시상하부가 제대로 기능하지 않으면 정보가 여과 없이 전두엽으로 보내져서 전두엽의 집중까지 방해를 받는다.

집중력에 문제가 있는 아동은 대부분 전두엽, 두정엽, 시상하부의 기능이 원활하지 않아서 학습부진을 겪는다. 전두엽과 두정엽이 중요한 자극과 정보에 선택적으로 집중하지 못하고 사소하고 부적절한 정보에 주의를 쏟고, 변연계의 기능을 조절하지 못해서 본능적이고 충동적

주의를 유지할 수 있도록 해준다. 재미없고 지루하더라도 자신이 중요하다고 생각하는 과제나 일에 주의를 기울이고 집중할 수 있는 것은 전전두엽이 초점성 집중력을 보이는 덕분이다.

**선택적 집중력**
선택적 집중력은 여러 자극들이 한꺼번에 쏟아질 때 보다 중요하고 의미 있다고 생각되는 자극을 선택하여 집중하는 것을 말하며 주로 전두엽, 두정엽, 뇌간, 시상에서 담당한다.

**분리된 집중력**
분리된 집중력은 서로 다른 형태의 감각 자극이 주어질 때 서로 충돌을 일으키지 않는 범위 내에서 이 자극들을 동시에 처리하는 것을 말한다. 음악을 들으면서 책을 본다거나 음식을 먹으면서 책을 보는 것 등이 이에 해당된다. 분리된 집중력이 좋으면 시각, 청각, 촉각, 미각, 후각 등 서로 다른 감각기관을 통해 들어오는 여러 가지 자극을 한꺼번에 처리할 수 있다.

인 욕구를 채우려는 행동을 보이기 때문이다. 또한 숙제나 공부와 상관없는 상황에 주의를 집중하여 갈피를 못 잡고 우왕좌왕하면서 에너지를 허비해 시상하부가 에너지를 낭비하고, 정작 필요한 일을 해야 할 때는 에너지가 떨어져서 아무것도 하지 못하는 특징을 보이기도 한다.

## 기억력의 비밀, 시냅스 연결

세인이와 다인이는 이란성 쌍둥이라서 그런지 많은 점에서 다르다. 외모, 식성, 성격 등등에서는 정반대의 특성을 보이기도 한다. 재미있는 점은 기억하는 내용도 다르다는 것이다. 같은 상황, 장면 등을 경험해도 세인이는 그 상황과 장면의 특성, 즉 누가 어떤 색깔의 옷을 입었으며 어떤 행동을 했고, 그때 들렸던 음악은 무엇인지를 기억한다. 그런데 다인이는 그 상황에서 나눈 대화의 내용을 중심으로 기억을 한다. 서로 나누었던 말, 표정 등을 기억하는 것이다.

더욱 흥미로운 것은 세인이와 다인이가 강점을 보이는 능력과 기억의 내용이 상당히 유사하다는 점이다. 공간지능이 발달한 세인이는 감각 자극을 중심으로 기억하고, 언어지능이 발달한 다인이는 말을 중심으로 기억을 한다.

기억에는 여러 종류가 있다. 개념과 관련된 기억이 있고, 숫자나 기호와 관련된 기억이 있으며, 장면이나 상황과 관련된 기억도 있다. 이처럼 다양한 종류의 기억 중에서 자신에게 많이 남아 있는 기억을 중심으로 새로운 기억이 추가되기 때문에 아이들마다 기억하는 내용의 특성이 다를 수 있다.

우리의 뇌는 완전히 처음 보는 내용을 그대로 저장하지 않는다. 우리의 뇌는 새로운 정보를 접했을 때 예전에 활성화된 적이 있거나 이와 일치하는 시냅스 연결망을 발견하면 그 정보를 이에 덧붙인다. 이러한 과정을 통해 시냅스는 더욱 튼튼하고 견고해진다.

그런데 새로운 정보가 이미 형성된 시냅스와 관련이 하나도 없으면, 그 새로운 정보는 뇌에서 완전히 무시된다. 그래서 기억의 흔적조차 남지 않게 된다. 예컨대 불어를 처음 듣는 사람은 아무리 간단한 단어라도 그 말을 쉽게 기억할 수 없다. 그렇기 때문에 예전에 해당 학습과 관련된 정보를 어느 정도 알고 있어서 시냅스 연결망이 형성되어 있는지, 아니면 전혀 연결망이 없는지가 새로운 정보에 대한 기억을 좌우한다고 말할 수 있다.

많은 사람들이 '기억을 잘한다, 기억력이 좋다'는 말의 의미를 전혀 모르는 내용이나 난생 처음 들어보는 정보도 쏙쏙 잘 기억하는 것으로 생각하는데, 엄밀히 말하자면 기억이란 과거의 경험에 기초해 새로운 자극을 해석하는 과정이다. 즉, 이미 머릿속에 저장해놓은 정보와 관련된 내용이 추가되는 과정이 기억인 것이다.

그런데 일부 사교육에서는 생판 처음 들어보는 기호나 숫자를 억지로 외우게 하면서 이것이 바로 기억력을 높이는 훈련법이고, 이를 통해 학교 성적을 올릴 수 있다고 말하기도 한다. 뇌과학적 관점에서 보면 과연 이 방법이 우리 자녀들의 기억력을 향상시키는 데 도움이 될지 의문이 든다. 무의미한 숫자나 기호라는 정보가 들어오면, 뇌는 이러한 정보를 어떤 시냅스와 연결해야 할까? 무의미한 정보의 나열이 어떻게 시냅스의 연결망을 튼튼하게 만들 수 있을까?

### 이미 잘 자리 잡은 시냅스가 기억력을 좌우한다

우리는 매 순간 셀 수 없이 많은 감각 자극들을 받아들인다. 필자에게는 지금 이 순간에도 여러 자극들이 쏟아지고 있다. 창밖에서 들리는 자동차 소리, 아이들이 떠들며 지나가는 소리, 그리고 차가운 바람의 느낌, 눈에 들어오는 책상 위의 여러 가지 사물들……. 1초 동안에도 엄청난 감각 자극이 발생하는데, 우리의 뇌는 이 중 일부의 자극만을 처리한다.

그 첫 번째 처리기관이 바로 편도체이다. 편도체는 수많은 정보 중에서 무엇을 기억할지를 걸러내는 역할을 한다. 그래서 더 중요하게 여겨지는 정보에 감정적으로 자꾸 마음이 쓰이는 것이다.

두 번째로 기억을 처리하는 기관은 해마이다. 해마는 편도체에서 걸러진 여러 가지 정보를 뇌의 어떤 기관으로 보낼 것인지를 결정하는 역할을 한다. 즉, 중요하고 오래 기억해야 하는 장기기억의 내용을 잘 처리할 수 있는 뇌의 각 영역과 기관으로 보내는 것이다. 신체적인 정보, 즉 자전거 타기, 야구, 축구 등을 할 때 몸의 움직임에 대한 기억이나 공기놀이, 실뜨기 등을 할 때 손의 움직임에 대한 정보 등등은 두정엽으로 보내고 수업시간에 배운 개념은 전두엽과 좌측 측두엽으로 보낸다. 기억은 이렇게 편도체와 해마의 작용으로 만들어진다.

그렇다고 해서 생전 처음 들어보는 내용을 편도체와 해마가 기억할 수 있는 것은 아니다. 앞에서 설명한 바와 같이 기억이란 선행지식이나 정보의 시냅스가 있을 때 이루어진다. 새로 들어온 정보와 관련된 시냅스가 전혀 없는 상태에서 기억이 이루어지기란 거의 불가능하다.

물론 시냅스는 후천적으로 얼마든지 만들어질 수 있다. 또한, 어떤 경험을 했는가에 따라 시냅스의 연결망이 변하기도 한다. 하지만 이렇게 새로운 시냅스가 만들어지고 시냅스의 연결망이 변화되려면 이미 자리 잡고 있는 시냅스가 있어야 한다. 미리 형성된 시냅스를 바탕으로 하면 큰 노력을 들이지 않고도 빠른 속도로 새로운 시냅스를 만들 수 있고 변형도 쉽게 이루어지지만 아무런 시냅스도 없는 상태라면 잠깐 뇌에 머물다가 흔적도 없이 사라지고 만다.

예를 들어 중국어를 한 번도 들어보지 못한 초등학교 5학년 학생에게 중국인들의 대화를 들려주면 아무리 열심히 들어도 금방 잊어버릴 수밖에 없다. 시냅스가 전혀 만들어지지 않았기 때문이다. 그런데 이미 알고 있는 한자와 연결하여 이것이 어떻게 발음되는지 설명해주면 기억을 할 수 있다. 즉, 선행적으로 알고 있는 정보인 한자와 연결하여 중국어를 알려주면 기억하기가 훨씬 수월하다는 의미이다.

그러므로 기존에 자녀가 알고 있는 정보와 연결하여 설명을 해야 공부한 내용을 기억할 수 있다. 이미 머릿속에 형성되어 자리 잡고 있는 시냅스에 새로운 내용을 연결해 제공하면, 아무것도 모르는 상태에서 공부할 때보다 훨씬 쉽고 빠르게 학습할 수 있다.

 **기억의 과정과 기억의 종류**

무엇이든지 보는 족족 기억할 수 있다면 얼마나 좋을까? 그러나 안타깝게도 보고 듣고 느끼는 것 중 일부만이 기억의 형태로 남는다. 우리는 인식하지 못하지만 기억으로 남기기 위해 뇌 속에서는 여러 가지 과정이 진행되며 이 과정 끝에 다른 종류의 기억들이 생겨난다.

기억은 대체로 세 단계를 거쳐 저장된다. 첫 번째는 입력 단계로 많은 정보가 귀, 눈, 피부, 코, 혀 등 감각기관을 통해서 뇌로 들어오는 과정이다. 두 번째 단계는 저장이다. 이는 감각기관별로 입력된 정보를 뇌의 해당 영역으로 보내어 기억으로 남을 수 있도록 담아두는 과정이다. 세 번째 단계는 인출이다. '머릿속에 있는 것 같기는 한데 생각이 나지 않는다'면 이것은 기억하는 것이 아니다. 저장된 정보를 끄집어낼 수 있어야 기억이라고 부를 수 있다. 이 과정이 바로 인출이다. 원활한 인출을 위해서는 꺼내기 쉽도록 잘 저장해야 한다. 이러한 과정을 거쳐 형성된 기억은 다음 네 가지 유형으로 구분할 수 있다.

**감각기억** … 눈, 코, 귀, 혀, 피부 등 감각기관을 통해서 매 분, 매 초 입력되는 수많은 정보를 감각기억이라고 한다. 감각기억은 대체로 주의를 기울이지 않으면 금방 사라지는 경향이 있다.

**단기기억** … 감각기관을 통해 들어온 감각기억이 오래 지속되어 몇 분 정도씩 남아 있는 상태를 말한다. 예를 들어, 몇 분 전에 들었던 영어 단어가 이에 해당되는데, 이 단어를 반복적으로 읽거나 외우려고 노력하지 않으면 잘 기억나지 않는 상태가 된다.

**작업기억** … 집중하여 사용하는 기억으로, 평소에는 머릿속에 떠오르지 않지만 필요할 때 떠올리려고 하면 생각나는 기억이다. 조금 전 장을 봐 온 물건들이 어디에 정리되어 있는지 떠올리는 것이나 오늘 해야 할 일들을 정리하여 생각하고 있다가 실제로 하는 것 등이 작업기억에 해당된다.

**장기기억** … 잘 저장되어 오랫동안 남아 있는 기억을 말한다. 잘 잊히지 않고 언제든 의식적으로 생각해내면 떠오른다. 장기기억에는 개념, 사실뿐 아니라 몸의 움직임, 손의 감촉, 냄새 등도 포함된다.

# 집중력 뇌, 기억력 뇌 만들기

"우리 애는 정말 산만해요. 저래서 제대로 뭘 할 수 있을지 모르겠어요."
"기억을 못하는 건지, 기억을 안 하는 건지 왜 몇 번을 가르쳐줘도 기억을 못하는 걸까요?"

뇌발달과 관련해 부모교육 특강을 하면 자주 듣는 부모들의 고민이다. 뇌과학적 관점에서 답하자면 '집중력과 기억력은 개선할 수 있다'고 확실히 대답할 수 있다. 누구나 집중하여 공부를 하거나 책을 읽을 수 있고, 읽고 들은 내용을 잘 기억할 수 있다. 어떻게 해야 이를 가능하게 할 수 있을까?

## 집중력 뇌 만들기

요즘에는 한 손에 책을 들고, 연신 스마트폰의 메시지를 확인하며 음악까지 듣는 학생들의 모습을 쉽게 볼 수 있다. 어떻게 저렇게 한꺼번에 여러 가지를 할 수 있을까 신기한 생각까지 든다. 과거 몇 해 전만 해도 이렇게 여러 가지 일을 한꺼번에 처리하는 것을 멀티태스킹multitasking이라고 부르며 다양한 활동을 동시에 하면 관련된 뇌의 영역을 모두 활성화시키고 발달시킬 수 있다고 생각하기도 했다.

그런데 최근에는 이러한 생각이 틀렸다는 연구결과가 등장하였다. 카네기멜른대학교의 뇌과학자들은 과제나 작업을 할 때 뇌가 활성화되는 정도를 측정한 결과 흥미로운 사실을 발견해냈다. 한 번에 한 가지씩 과제를 수행할 때와 여러 가지의 과제를 동시에 수행할 때의 뇌 활성도를 비교해보니 한 가지씩 할 때의 뇌가 훨씬 효율적으로 작동하고 활성도도 더 높게 나타난 것이다.

게다가 세 가지의 과제를 수행토록 했을 때, 한 번에 한 가지씩 완성한 사람과 세 가지 과제를 동시에 수행한 사람의 결과를 살펴보니 한 번에 한 가지씩 하는 사람의 처리속도가 1.5배 빨랐고, 실수도 여러 가지 과제를 한꺼번에 한 사람의 절반 정도에도 미치지 않았다.

이 연구결과로 미루어볼 때, 학습이나 공부를 할 때는 여러 가지 활동을 동시에 하는 것은 자제하는 것이 좋다. 즉, 책을 읽거나 공부를 하면서 음악을 듣거나 텔레비전을 보거나 스마트폰을 들여다보면 뇌의 활성도가 떨어진다. 그러므로 자녀의 집중력을 키우려면 '한 번에 한 가지씩'이라는 규칙을 지키는 것이 좋다.

그리고 집중력을 높이기 위한 물리적 환경을 조성할 필요가 있다. 집중을 잘할 수 있는 환경이란 시선을 끄는 자극이 없는 상태를 말하는데, 아동이나 청소년은 집중력을 떨어뜨리고 산만하게 만드는 외부 환경이나 자극이 주어지면 집중을 하기가 어렵다. 그러므로 자녀의 방에는 절대로 텔레비전이나 컴퓨터, 스마트폰을 들여놓지 않아야 한다. 아동과 청소년이라면 당연히 이러한 매체에 시선을 빼앗기게 되어 있기 때문이다.

또한 책상 주변에는 어떤 기억이나 생각이 떠오를 만한 자극을 두지 않는 것이 좋다. 친구들과 찍은 사진, 친구들과 주고받은 편지, 운동 기구, 장난감 등은 시선을 흐트러뜨린다. 공부하는 장소에는 공부와 관련된 물건만 놓는 것이 좋다. 또한 너무 덥거나 어두운 상태도 집중력을 떨어뜨린다.

그다음에는 집중을 할 수 있는 심리적 환경을 조성하는 것이 중요하다. 심리적 환경이란 자녀의 마음에 변화를 주는 부모의 말, 감정, 기대, 지지, 격려 등을 말한다. 공부하라고 야단을 치거나 소리를 지르는 행동은 집중에 전혀 도움이 되지 않는다. 부모에게 야단을 맞거나 잔소리를 들으면 자녀의 뇌 속 변연계에서 부정적인 감정이 발생되고 코티졸이 방출된다. 코티졸의 지속적인 방출은 전두엽의 기능을 저하시키고, 전두엽의 기능저하는 집중력에 문제를 일으키고, 충동적인 행동을 조절할 수 없도록 만든다. 부정적인 연쇄반응이 일어나는 것이다. 그러므로 자녀가 집중력을 요하는 활동을 하기 전에는 우선 정서적으로 안정된 상태가 되도록 도와야 한다. 자녀에게 필요한 것은 야단이나 잔소리가 아니라 심리적 지지와 지원이다.

자녀의 주의집중 시간을 고려한 시간계획표를 만들어 실천하는 것도 중요하다. 초등학교 아동과 청소년의 경우 대략적인 주의집중 가능시간은 30~40분 정도이다. 그 정도 시간은 주의가 흐트러지지 않은 상태에서 무엇인가에 집중하고 몰입할 수 있다는 뜻이다. 집중력이 그렇게 높지 않은 자녀라면 집중시간이 그보다 짧을 수도 있다. 그러므로 자녀가 딴 생각을 하지 않고 집중을 할 수 있는 시간이 어느 정도인지 점검하여 시간표를 만들어야 한다. 예를 들어 '20분 계획표', '30분 계획표'를 만들어 그 시간 안에 할 수 있는 과제에 집중하도록 하면 된다. 20~30분이 지나면 10분 정도 휴식을 취한 후 다시 20분 혹은 30분 동안 과제를 하면 된다.

고작 20~30분 동안 무엇을 할 수 있느냐고 생각할 수도 있지만 이 활동을 다섯 번 하면 약 100분에서 150분 정도의 학습시간을 확보할 수 있다. 한 차례의 집중을 마칠 때마다 심리적인 지지와 지원을 충분히 제공하는 것도 중요하다. "30분 동안 꼼짝도 안 하고 책을 읽을 수 있다니 대견하구나"와 같은 격려는 다음 30분 동안 즐겁게 집중할 수 있는 원동력이 된다.

### 기억력 뇌 만들기

기억을 연구한 독일의 인지심리학자 에빙하우스Hermann Ebbinghaus가 주장한 망각곡선에 따르면 무엇인가를 배우고 학습한 10분 후부터 망각이 이루어지기 시작한다고 한다. 그래서 한 시간 뒤에는 배운 내용의 50퍼센트가 사라지고, 하루 뒤에는 70퍼센트가 망각된다.

에빙하우스는 기억을 유지할 수 있는 가장 좋은 방법으로 반복을 들었다. 망각곡선을 반대로 생각하면 기억곡선으로 활용할 수 있다. 망각곡선은 무엇인가를 배우고 학습하고 난 10분 후부터 복습, 반복을 하기 시작하면 쉽게 잊어버리지 않는다는 말과 마찬가지이기 때문이다. 에빙하우스는 이를 입증하기 위해 여러 가지 기억실험을 하였고 이를 통해 새로운 내용을 배우고 10분 후에 복습하면 하루 동안 기억이 유지되고, 다시 하루 후에 복습을 하면 일주일 동안 기억이 유지되며 다시 일주일 후 복습을 하면 한 달 동안 기억이 나고, 한 달 후에 다시 복습하면 그대로 장기기억으로 남는다는 사실을 입증해냈다. 결국 기억력을 높이는 가장 확실한 비법은 반복인 셈이다.

기억력 뇌를 만드는 두 번째 방법은 시냅스의 연결망을 활용하는 것이다. 기존에 형성되어 있는 시냅스와 전혀 상관없는 지식이나 정보를 기억하기는 정말 어렵다. 그러므로 자녀가 이미 알고 있는 내용이 무엇인지 파악하여 새로운 내용을 이와 연결해 설명해야 기억력을 높일 수 있다. 그러면 시냅스 연결망에 새로운 정보가 덧붙여져 훨씬 쉽고 빠르게 학습하고 기억할 수 있다.

세 번째는 감정을 연결하는 방법이다. 흥미롭게도 기억장치인 해마는 변연계에 있다. 즉, 감정을 발생시키는 변연계의 기능과 해마는 밀접한 관계를 갖는다. 해마는 변연계에서 발생된 정서, 기분, 감정을 기억하는 기능도 담당하기 때문에 감정과 연결된 기억은 잘 잊히지 않는다. 그러므로 자녀가 기억해야 할 내용이 있으면 이 내용을 자녀의 과거 경험이나 감정과 연결해 설명해주는 것이 좋다. 이미 느꼈던 감정과 기분과 관련된 정보와 지식은 자신과의 연관성이 높아서 기억하기가 훨씬 쉽다.

기억력 뇌를 만드는 네 번째 방법은 수면과 휴식을 취하는 것이다. 벼락치기, 당일치기는 아무리 열심히 해도 다음 날 시험을 치르고 나면 마치 연기처럼 사라지고 만다. 이는 망각곡선에 따라 망각이 이루어졌기 때문이기도 하고, 기억의 입력과 저장에 도움이 되는 휴식과 수면을 생략했기 때문이기도 하다. 데이비드 월시 박사는 수면과 휴식이 기억을 강화한다고 주장한 바 있다. 무엇인가를 배우고 나서 일정 시간 휴식을 취한 후 다시 반복하면, 장기기억으로 가는 신경망이 더욱 튼튼해지기 때문이다. 해마에 기억된 내용이 장기기억으로 전환되려면 이 기억이 해마에서 대뇌피질의 각 영역으로 보내져야 하는데, 수면과 휴식을 취한 후 다시 반복학습을 하면 해마에서 대뇌피질로 가는 연결망이 더욱 견고해져서 수월하게 기억을 할 수 있다.

자녀를 무조건 책상에 오랫동안 앉혀놓기보다 적절한 휴식과 수면을 취할 때 스트레스 호르몬으로부터 자녀를 보호할 수 있고 집중력 뇌와 기억력 뇌가 활성화된다는 사실을 명심하기 바란다.

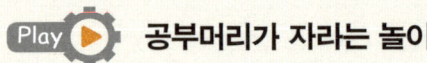 **공부머리가 자라는 놀이**

### 신발 던지기

야외나 놀이터에서 할 수 있는 단순하고 간단한 놀이다. 다리와 눈의 협응능력을 높여줄 수 있다. 두정엽과 후두엽을 자극하여 균형감각 능력도 향상될 수 있다.

**놀이 장소**   야외

**준비물**   분필을 사용할 수도 있고, 바닥이 흙이라면 그냥 막대기 등으로 선을 그릴 수 있다. 분필이나 막대기 등을 이용해 바닥에 과녁 모양을 만든다. 여의치 않다면 모자, 장갑, 나뭇잎 등 주변의 다양한 물건을 과녁 대용으로 사용해도 좋다.

**놀이 방법**

① 순서를 정해서 신발 한 짝을 발에 걸친 후 과녁을 향해 찬다. 과녁 안쪽에 넣을수록 높은 점수를 받을 수 있다.

② 물건을 과녁으로 사용할 때는 그 물건을 맞출 때 가장 점수가 높다고 규칙을 정한 후 놀이를 시작한다. 같은 방법으로 신발 한 짝을 발에 걸친 후 물건을 맞춘다.

### 카드 게임

초등학교 고학년 때는 전두엽이 발달하면서 추상적 사고능력이 발달한다. 그래서 매우 상징적인 기호나 도구에 흥미와 재미를 느끼게 된다. 이와 관련된 대표적인 놀이가 카드 게임이다. 시중에 판매되는 초등학생용 카드(원 카드, 우노, 할리 갈리 등등)를 활용할 수도 있지만, 자녀와 직접 만들어 사용할 수도 있다. 자녀와 만들어 놀이를 할 때는 두꺼운 마분지나 달력을 적당한 크기로 잘라 숫자, 기호, 낱말, 그림 등을 함께 그려 넣으면 된다.

**놀이 방법**
- 1부터 10까지 숫자와 +, -의 기호 카드를 만들어 카드 세 장, 혹은 네 장을 이용해 일정한 숫자를 만드는 게임을 할 수 있다. 예를 들어 카드 세 장을 활용해 누가 15를 빨리 만드는지 시합할 수 있다. ×, ÷ 기호나 ( ) 등을 추가해 진행할 수도 있다.
- 자음, 모음을 적은 카드를 만들어 뜻이 통하는 단어나 낱말을 만드는 방법도 있다. 이때는 시간제한을 둘 수도 있으며, 영어 알파벳을 사용해서 단어를 만드는 식으로 응용할 수도 있다.

# 행복한 삶의 핵심, 정서

## 📚 부정적인 기억과 감정이 뇌를 아프게 한다

상담 분야의 일을 하다 보면 마음 아픈 사연을 가진 아이들을 자주 접하게 된다. 몸이 아픈 아이들은 겉으로 드러나는 신체적인 증상이 있기 때문에 빨리 치료할 수 있지만, 마음이 아픈 아이들은 증상이 겉으로 크게 드러나지 않아서 주변에서 모르고 있다가 곪고 곪은 후에야 치료를 받는 경우가 많다.

봄에 만난 초등학교 5학년 남학생의 경우가 그러했다. 그 아이는 같은 반 친구들도 모자라 전교 학생들에게 따돌림을 받은 이른바 '전따'였는데, 맞벌이로 바쁜 부모님은 이를 뒤늦게 알아챘고 부모님이 도와주려고 나섰을 때는 이미 마음을 너무 많이 다친 후였다.

이처럼 극심한 스트레스 상황을 겪고 나면 정신적 외상 후 스트레스 장애Post Traumatic Stress Disorder: PTSD가 나타난다. PTSD는 대학살이나 전쟁처럼 생명을 위협받는 극한상황에서 겪는 정신장애인 트라우마$^{trauma}$와 비슷하다. PTSD와 트라우마의 무서운 공통점은 끔찍한 기억이 그 사람을 지배한다는 것이다. 무서운 경험은 가장 부정적이고 좋지 않은 기억으로 남아 감정을 담당하는 편도체에 완전히 각인된다.

각인이 일어나면 유사한 상황이나 대상을 맞닥뜨릴 때마다 반사적으로 과거의 공포가 떠오르고 한 사람의 의지로 통제할 수 없는 상태가 된다. 예를 들어 친구들로부터 따돌림을 받아 극심한 스트레스를 겪었다면 비슷한 또래를 보기만 해도 극도의 공포심을 느끼고 정신적으로 무너지는 상태가 되는 것이다. 아무리 노력해도 이러한 공포심은 떨쳐버리기 어려우며, 우울증 상태로까지 심화된다.

### 스트레스가 뇌에 미치는 나비효과

한동안 집단따돌림, 학교폭력으로 세간이 떠들썩했었다. 그 강도에 경중이 있을 뿐이지 아이들에게 끔찍한 기억으로 남을 만한 문제는 지금도 끊임없이 발생하고 있다. 이는 한 아이의 인생에 지울 수 없는 상처와 후유증을 남긴다. 따돌림이나 학교폭력과 같은 사건을 경험한 후 나타나는 PTSD나 트라우마의 증상이 심각하거나 오래 지속되면 해마의 기능까지도 망가지기 때문이다.

극심한 공포는 스트레스를 유발하고, 이에 따라 코티졸이 방출되어 해마의 활동을 억제하거나 해마의 뇌세포를 손상시킬 수도 있다. 그렇기에 스트레스가 심하거나 오래 지속되면 새로운 것을 학습하기도 이후 기억으로 저장되기도 어려워진다.

사실 코티졸은 스트레스 호르몬이기 때문에 치명적인 물질로 생각하기 쉽지만 반드시 그런 것만은 아니다. 우리의 뇌는 근본적으로 온 힘과 기능을 다해 생존하도록 프로그램되어 있다. 그래서 기분이 나쁘거나 화나는 일, 슬픈 일, 불안하고 걱정스러운 일 등을 경험하고 나면 뇌는 생존하기 위해 총력을 기울인다.

이때 생존을 위해 분비하는 세 가지 호르몬이 바로 코르티코트로핀 방출호르몬, 아드레날린, 코티졸이다. 코르티코트로핀 방출호르몬은 순간적으로 엄청난 에너지를 만들어내는 아드레날린의 분비를 유도하는 역할을 하고, 아드레날린은 위협이나 위험 상황에 대처할 수 있도록 몸을 최대한 긴장시키는 역할을 한다. 코티졸은 혈당을 올려서 몸이 힘을 쓸 수 있는 에너지를 만들어내고, 통증에 둔감해지도록 만든다. 전쟁터에서 생명의 위협을 받는 군인들은 피가 철철 나는 상황에서도 통증을 느끼지 못하고 싸우거나 도망을 가는데, 이는 이 세 가지 호르몬 덕분이다. 여기까지 보면 코르티코트로핀 방출호르몬, 아드레날린, 코티졸은 스트레스 상황을 견딜 수 있게 해주는 고마운 존재이다. 문제는 스트레스 상황이 장기적으로 이어질 때이다.

심한 스트레스를 오랫동안 경험하면 코르티코트로핀 방출호르몬이 계속 분비되어 시냅스를 망가뜨린다. 특히 BDNF의 형성을 방해해서 뇌를 성장하지 못하게 만든다. 또한 코티졸은 기억중추인 해마를 망가뜨리면서 건망증을 초래하고, 기억을 떠올리기 어렵게 만든다.

이를 입증하는 연구는 쉽게 찾아볼 수 있다. 포르투칼의 뇌과학자인 누노 소우자<sup>Nuno Souza</sup> 박사는 만성적인 스트레스를 겪는 사람들은 전두엽에 마비가 일어나 문제해결을 하지 못한다는 것을 발견하였다. 스탠퍼드대학교의 로버트 사폴스키 박사 역시 계속해서 걱정하고 불안을 느끼면 전두엽의 활성화가 현격히 감소해 사고가 막히는 증상이 나타난다고 주장하였다.

이러한 증상이 점점 심각해지면 뇌는 아예 그 기능을 멈춰버린다. 즉, 스트레스를 계속 경험하면 코티졸이 전두엽의 기능을 떨어뜨리다가 결국 완전히 얼어붙는 상태가 되는 것이다. 이 상태가 바로 우울증이다.

따돌림, 학교폭력 등과 성적으로 인한 스트레스, 가정폭력을 경험한 아이들은 대부분 집중력과 기억력이 떨어지다가 수면장애나 분노조절 문제를 겪고 나중에는 우울증으로까지 진행된다. 우울증에 걸리면 아이들은 비슷한 또래나 사람들이 자신을 공격하고 미워할지도 모른다는 피해의식에 시달리고, 사람들을 경계해 대인관계에서도 문제를 겪는다.

그런데 참으로 안타까운 것은 따돌림과 학교폭력을 가한 아이들의 생각이다. 폭력을 저지른 아이들과 상담을 해보면 너무나 쉽게 모든 아이들이 "그냥 장난이었어요"라고 대답한다. 심지어 가해 학생의 부모조차도 "애들 장난이 심했던 모양"이라고 가볍게 말한다. 장난으로 시작한 따돌림과 폭력이 한 아이의 뇌를 망가뜨리고 완전히 다른 삶을 살게 한다는 경각심을 가질 필요가 있다.

나비효과라는 말이 있다. 작은 사건 하나가 나중에 커다란 결과를 초래한다는 의미로 사용되는데, 스트레스에 시달리는 뇌에도 이 효과는 그대로 나타난다.

### 회복할 수 있는 뇌 만들기

부모들의 마음은 모두 똑같을 것이다. 모든 부모는 우리 아이가 험한 일을 겪지 않고, 그저 즐겁고 행복하고 순탄하게 성장하기를 바란다. 그런데 예상치 못한 스트레스 상황이 발생해 자녀가 고통을 겪는다면 부모는 어떤 역할을 해야 할까?

지속적인 따돌림으로 우울증까지 걸린 6학년 여학생을 만나 상담을 한 적이 있다. 이 아이는 4학년 때부터 학년이 바뀔 때마다 같은 반 친구들에게 따돌림을 받아왔다. 한 번의 집단따돌림도 아이에게는 큰 충격인데 매 학년이 바뀔 때마다 3년 동안이나 따돌림을 받았으니 아이가 받은 상처와 충격은 아마 상상 못할 정도로 컸을 것이다.

이렇게 계속해서 따돌림을 받은 이유는 처음 따돌림이 발생했을 때의 대처방법 때문이었다. 평소 딸과 관련된 일이라면 물불 가리지 않는 부모가 자신의 딸이 친구들에게 따돌림을 받자 교실로 무작정 찾아가 다른 학생들에게 욕설을 해대며 다시 자신의 딸을 힘들게 하면 가만두지 않겠다는 위협을 하고 각서까지 받아내었다. 이때부터 다른 학생들은 아예 이 아이의 근처에도 오지 않았다. 대놓고 따돌리지는 않았지만 친구들과의 관계는 전혀 회복되지 못했다.

자녀에게 문제가 발생하면 안타깝고 어떻게든 도움을 주고 싶은 것이 부모의 마음이다. 그 마음을 이해하지 못하는 것은 아니지만 "너는 엄마 뒤에 있어. 엄마가 다 해결해줄게"하며 자녀의 모든 문제를 부모가 해결해주는 것은 결코 도움이 되지 않는다. 이렇게 자녀의 문제를 나서서 해결하는 엄마들을 '헬리콥터 맘'이라고 하는데 이와 같은 행동은 자신의 문제를 스스로 해결해야 한다는 의지를 자녀에게서 박탈하는 것과 마찬가지다.

더군다나 사람은 평생 크고 작은 스트레스를 겪어야 하고, 이를 스스로 극복하고 이겨내야 건강한 삶을 살 수 있다. 그러므로 자녀의 미래를 위해 아무리 안타까운 마음이 들더라도 자녀 스스로 해결할 수 있도록 그저 옆에서 돕는 자세가 필요하다.

스트레스 상황을 어느 정도 감내하고 이겨낼 수 있는 방법과 전략을 실행해서 성공하면, 자녀는 쾌감을 느끼고 자신에 대해 긍정적인 느낌을 갖게 된다. 자아존중감도 이때 형성된다. 이는 뇌에서 일어나는 보상체계 시스템이기도 하다. 땀을 뻘뻘 흘리며 운동을 하고 나면 기분이 상쾌해지고 뿌듯해지는 것과 마찬가지 원리다. 우리가 어떤 행동이나 일을 성공적으로 끝내면 뇌에서는 그에 대한 보상으로 쾌감을 불러일으키는 도파민을 마구 방출하는데, 어려운 일을 극복해냈을 때에도 똑같은 과정이 일어난다.

이러한 뇌의 보상체계 시스템은 무엇인가를 성취하기 위해 노력하고자 하는 동기를 만들어준다. 그러므로 자녀가 적극적인 동기를 가지고 긍정적인 정서경험과 자아존중감을 형성하기를 바란다면 자녀가 난관에 처하더라도 스스로 문제를 해결하도록 도와야 한다. 누구나 스트레스를 느끼지만 이를 잘 조절하고 처리하는 노력을 기울여 성공했을 때 자녀는 이후에도 성공적이고 행복한 삶을 살 수 있다.

긍정심리학의 대가이자 일리노이대학 교수인 에드 디에너$^{Ed\ Diener}$의 연구는 이를 뒷받침한다. 그는 200여 명의 사람들을 대상으로 자신이 어느 정도 행복한지를 평가해보도록 했는데, 매우 불행하다고 느끼면 1점, 매우 행복하다고 느끼면 10점으로 평가하도록 하였다. 그러고 난 뒤 사람들의 교육 수준, 소득, 가정의 화목도, 사회적 성공 여부 등을 측정하였다. 재미있게도 자신이 매우 행복하다고 평가한 사람들, 즉 9점이나 10점이라고 말한 사람들보다 어느 정도 행복하다고 평가한 사람들, 즉 7점이나 8점 정도라고 답한 사람들의 교육 수준이나 소득이 높았으며, 사회적으로도 성공적인 삶을 살고 있었다.

여기서 중요한 것은 무조건 자신이 행복하다고 착각하며 사는 사람들보다는 어느 정도 부정적인 정서도 경험하지만 이를 잘 조절하고 관리하는 사람이 객관적으로 건강하고 행복한 삶을 살 수 있다는 점이다. 그렇다면, 스트레스를 극복하고 긍정적인 감정으로 전환하는 뇌를 갖추려면 어떻게 해야 할까?

무엇보다도 자녀가 정서적 안정감을 가질 수 있도록 지지와 격려, 신뢰를 보여주어야 한다. '우리 애는 아직 너무 어리니 내가 다 해주는 것이 낫지', 혹은 '얘가 뭘 알겠어. 그냥 부모가 시키는 대로 잘 따르기만 하면 돼'라는 생각은 부모의 신뢰가 아니라 불신이며, 자녀 역시 '우리 부모님은 나를 믿지 못하는구나'라고 느끼게 한다. 부모가 자녀를 신뢰하지 않으면 자녀는 정서적으로 불안한 상태가 되고, 감정을 조절하는 전두엽의 기능이 떨어진다.

자녀가 어떤 행동을 하고자 노력할 때 서툴고 불안하더라도 자녀 스스로 문제를 완수할 때까지 기다려주고, 문제를 해결하고 난 후 충분히 칭찬하고 지지해주면 스트레스를 잘 관리하고 긍정적인 뇌를 가진 아이로 성장할 수 있다.

## 정서, 공부의 핵심

자녀의 공부 때문에 심각하게 고민하는 부모를 만난 적이 있다. 학교에 들어가기 전까지는 꽤 똑똑한 편이어서 공부도 잘하리라 기대했는데 그 기대가 여지없이 무너졌다고 한다. 공부에는 눈길도 주지 않고, 무엇에도 도통 관심이 없다는 것이다. 숙제나 시험도 엄마가 잔소리를 해야 마지못해 하는데 집중해서 하지 않으니 시간도 많이 걸리고, 제대로 해놓지도 않을 때가 태반이라고 한다. 학교에서 보는 단원평가나 수행평가 결과가 나오면 정말 가슴이 무너져 내리는 것 같다면서 머리가 나쁜 아이도 아니고, 오히려 좋은 편인데 왜 공부를 못하는지 미칠 것만 같다고 하소연을 했다.

'학습부진'이라는 말이 있다. 이는 공부할 능력을 갖추고 있고 인지적으로 학습을 성취할 수 있는 능력이 있지만 학습목표를 달성하지 못하고 계속해서 낮은 학업성취를 보이는 상태를 말한다. 학습부진은 학습지진이나 학습장애와는 확연하게 그 개념이 다르다. 학습지진은 지능 수준이 낮고 기본적인 학습능력이 저조하여 또래의 학생들과 함께 공부를 할 수 없는 경우를 말한다. 또한 학습장애는 뇌손상 등으로 인해 듣기, 말하기, 읽기, 쓰기, 산수 등의 영역 중 하나 이상에서 학습을 거의 하지 못하는 장애군에 속하는 개념이다.

이에 비해 학습부진은 지능 수준도 정상적이고, 뇌손상도 없지만 학습이 곤란한 경우이다. 실제로 학습부진이 의심되는 아이들을 살펴보면 학습 이외에 다른 장면, 예컨대 놀이 장면이나 친구들과의 의사소통 장면 등에서는 전혀 문제가 없고 오히려 문제해결력이나 판단력이 좋은 편이다. 그렇다면, 무엇이 문제일까?

바로 정서다. 일상생활뿐만 아니라 공부 장면, 학습 장면에서도 정서는 언제나 발생한다. 국어공부를 할 때는 즐겁다, 수학공부를 할 때는 지겹다, 체육수업을 할 때는 신난다 등등 아이들은 교과에 대한 학습정서를 지니고 있다.

학습부진 아이들은 이러한 학습정서에 문제가 있는 경우다. 공부를 하기 싫다, 재미가 없다, 흥미가 없다, 할 자신이 없다 등등의 학습정서가 책상에서 아이를 멀어지게 하고 책도 싫어지게 만든다. 그렇기 때문에 학습정서를 긍정적인 방향으로 조성해주어야만 학습부진에서 탈출할 수 있다.

### 공부가 싫은 우리 아이의 뇌

비단 학습부진으로 힘들어하는 경우뿐 아니라 대부분의 학생들은 공부를 재미없어 하고, 짜증나지만 어쩔 수 없이 하는 것이라고 생각한다. 그렇게 공부에서 멀어지면 일순간 성적도 떨어지게 되어 있다. 이런 경우 더 심각한 문제는 이후에 발생한다. 반복적으로 낮은 성적을 받고 공부를 못하는 아이로 낙인이 찍히면 당연히 아이들은 위축감을 느끼고 자신감이 떨어진다. 이러한 자신감 결여는 학습 장면 이외로까지 확대되어 일상생활에서도 자신감 없는 아이가 되고 만다.

어른들도 작은 일에서 실패를 겪거나 좌절을 경험하면 우울해지고, 이후 비슷한 일을 할 때 똑같은 실패를 되풀이할까 봐 불안해진다. 어른들도 이러한데 하물며 아직 성장 중에 있는 우리 자녀들에게 실패와 좌절이 얼마나 큰 충격으로 다가올지 짐작하기는 어렵지 않다.

반복적인 실패를 경험한 아이들은 시험이 임박하면 시험불안에 시달리기 시작한다. 시험불안은 편도체와 시상하부와 관련이 있다. 편도체는 공포, 불안, 걱정, 두려움 등의 감정을 발생하게 하는 기관으로, 외부의 자극이나 자신이 경험한 어떤 일에 정서를 부여해 의미를 만드는 역할을 한다. 예를 들어 어두운 골목에서 모자를 푹 눌러쓴 사람이 뒤를 쫓아와서 혼비백산 도망간 경험이 있다면, 그 사람의 편도체에서는 모자를 눌러쓴 사람에 대한 공포와 두려움이라는 정서적 의미가 생겨서 이후에는 모자를 눌러쓴 사람만 봐도 공포와 두려움을 느끼게 된다.

시상하부는 뇌간 바로 윗부분에 자리 잡고 있는데 엄지손톱 정도의 크기이다. 그 위를 시상이 둘러싸고 있는데 시상에서는 보통 눈, 코, 입, 귀, 피부 등을 통해서 감각정보를 전달받는다. 전달받은 감각정보를 시상하부로 보내면, 시상하부에서는 감각정보를 두 가지의 뇌세포 경로로 내보낸다. 바로 사고·인지 기능과 관련된 경로와 정서와 관련된 경로이다. 사고·인지 기능과 관련된 뇌세포 경로로 내보내진 정보는 전두엽이나 측두엽처럼 사고와 기억을 담당하는 영역으로 가서 기억의 재료가 되고, 정서와 관련된 뇌세포 경로로 내보내진 정보는 신체반응을 이끌어낸다.

시험불안을 느끼는 학생의 반응 메커니즘은 다음과 같다. 일단 눈을 통해 시험지나 시험을 보는 교실 등의 정보가 들어오고, 이 정보가 시상을 통해 시상하부로 전달되면 사고·인지 기능과 관련된 뇌세포 경로를 통해 전두엽에 전달된다. 그러면 예전에 시험을 망쳤던 기억이 떠오르고 시상하부에서 두려움의 감정이 발생되며 정서와 관련된 뇌세포 경로를 통해 눈앞이 캄캄해지고 손이 떨리고 땀이 나는 신체반응이 발생한다.

스트레스 호르몬인 코티졸도 이러한 현상에 한몫 거든다. 일시적인 스트레스로 인한 코티졸은 오히려 몸을 튼튼하게 만들지만, 장기적인 스트레스와 심리적인 상처 때문에 오랜 시간 동안 분비되는 코티졸은 뇌 전체의 코티졸 농도를 높여 뇌세포들을 공격한다. 공격하는 것에만 그치는 것이 아니라 뇌세포를 파괴하고 뇌세포 연결망인 시냅스를 제거한다. 그래서 공부로 인해 장기적인 스트레스를 겪은 아이들의 뇌를 촬영해보면, 변연계와 대뇌피질 모두 일반 아이들에 비해 부피가 작으며 뇌세포의 수도 적다.

특히 기억중추인 해마에는 코티졸을 흡수하는 수용체가 많이 자리 잡고 있어서 스트레스를 많이 받으면 직접적인 타격을 받는다. 공부 때문에 짜증 나고, 낮은 성적 때문에 부모와 선생님께 꾸지람을 듣는 아이들의 해마는 코티졸의 공격 때문에 그 기능이 더욱 떨어져 기억력에 문제가 생긴다.

결국 공부에 대한 부정적인 감정과 스트레스가 뇌세포를 파괴하고, 파괴된 뇌세포가 제대로 기능하지 않아 더욱 학습능력이 떨어지고 공부와 담을 쌓는 악순환이 반복되는 것이다.

 **학습부진은 왜 발생할까?**

우리나라 학생의 학습부진의 원인에 대한 연구는 최근 10년 동안 진행되어왔는데, 특히 장미숙의 석사논문(2008)은 학습부진의 원인을 학습자의 특성과 환경 특성으로 구분하여 상세하게 제시하고 있다.

**학습자**

| 하위 영역 | 원인 |
| --- | --- |
| 태도 | • 흥미, 의욕, 노력 등 학습의 동기가 낮다.<br>• 학습 지속력, 집중력이 짧고 주의가 산만하다.<br>• 장래에 대한 희망이 없다.<br>• 지적 흥미와 호기심이 부족하다.<br>• 학습속도가 느리다. |
| 선수학습경험 | • 학습결손이 누적되어 기초 학력이 미약하다.<br>• 수학, 과학과 같이 조직성, 계통성이 있는 교과에서 부진하다. |
| 자아개념 | • 자신은 능력이 없다거나 못났다는 등 부정적인 자아개념을 가지고 있다.<br>• 특정한 학습과제에 특히 부정적인 자아개념이 있다. |
| 학습방법 | • 부적절한 학습방법을 가지고 있다. |

### 공부에 대한 긍정적인 정서 만들기

공부에 대한 부정적인 정서 때문에 공부에서 점점 멀어지는 아이에게는 어떤 변화가 필요할까? 무엇보다 공부에 대한 부정적인 정서를 긍정적인 정서로 바꾸어주어야 한다.

뉴욕대학교의 신경과학자인 조지프 르두[Joseph E. LeDoux]는 이러한 주장을 뒷받침할 만한 실험연구를 수행한 바 있다. 그는 쥐를 대상으로 시

**환경**

| 하위 영역 | 원인 |
|---|---|
| 가정 | • 발달 초기에 지적 자극이 결핍된 경우나 언어를 제대로 배우지 못하는 등 가정환경에서 교육적 결함이 있었다.<br>• 자녀의 학습에 대한 부모의 관심이나 흥미가 낮다.<br>• 아동의 지적 성취에 대한 부모의 기대나 보상이 없다. |
| 학교 | • 획일적 지시와 일방적인 학습 진도로 지적 실패를 겪은 경우가 많다.<br>• 학습 실패로 인해 정서적 상처를 받은 경우가 많다.<br>• 아동이 학습 활동에 개별적으로 참여하지 못하였다.<br>• 교사 주도의 획일적 수업 형태에서 수업을 받았다.<br>• 교사와 아동 간의 인간적 접촉이 부족하였다. |

자녀에게 학습부진이 나타났다면, 위 다양한 원인 중 어떤 원인이 가장 큰 영향을 미쳤을지 생각해보기 바란다. 원인을 파악할 수 있다면 학습부진은 얼마든지 수정될 수 있다.

각과 청각에 공포를 불러 일으킬 만한 감각정보를 제공하였다. 즉, 쥐가 두려워할 만한 모습의 인형을 보여주며 동시에 불쾌한 소리를 낸 것이다. 실험을 진행하는 중에 쥐의 뇌를 계속해서 촬영을 했더니 시각 및 청각 신호가 가장 먼저 전달되는 뇌의 기관이 시상이고, 시상은 편도체와 곧바로 연결돼 있다는 점을 발견하였다. 그는 두려움과 공포를 유발하는 시각 및 청각 신호를 반복적으로 보여주면 시상에서 편도체로 정보가 바로 전달되어 편도체와 해마에 공포기억이 저장된다고 주장하였다. 이를 입증하기 위해 그는 쥐의 시상과 편도체가 연결되어 있는 뇌세포 경로를 차단했는데, 놀랍게도 두려움과 공포 반응이 사라지는 것으로 나타났다. 결국 편도체와 해마에 정서기억이 저장된다는 사실이 밝혀진 것이다.

그러므로 부정적인 정서기억이 긍정적인 정서기억으로 저장되는 경험을 제공하면 공부와 관련된 악순환에서 벗어날 수 있다. 예를 들어 수학을 싫어하는 자녀에게 억지로 수학문제를 풀라고 하면 이는 오히려 수학에 대한 부정적인 정서를 각인하는 셈이다. 수학문제를 잘 풀지 못한다는 위축감과 자신감의 결여 때문에 수학을 싫어할 가능성이 높기 때문에 우선은 자녀가 풀 수 있는 기초적인 수학문제부터 출발하는 것이 좋다. 자신이 풀 수 있는 수학문제가 있다는 것을 경험하면, 수학에 대한 위축감을 상당히 개선할 수 있다. 그러기 위해서는 수학 문제집을 가져다주고 무조건 풀라고 하기보다 부모가 자녀의 수준에 맞게 수학문제를 구성해 매우 쉬운 난이도부터 차근차근 풀어보도록 하는 방법이 도움이 된다. 설사 틀리는 문제가 있다고 하더라도 다시 풀 수 있는 기회를 주어서 100점을 받아보게 하는 방법도 유용하다. 자신이 싫어하는 과목에서 100점을 받으면 자녀에게 자신감을 불러일으킬 수 있다.

또한 문제를 스스로 해결할 때마다 적극적으로 칭찬과 지지를 해주어야 한다. 무조건 "잘했어"라는 칭찬보다 "포기하지 않고 문제를 풀려고 노력하는 우리 아들이 정말 멋져 보인다", "엄마의 도움을 받지 않고 스스로 해결하려는 우리 딸이 대견하다"처럼 구체적인 칭찬을 해야 도움이 된다.

교과에 대한 부정적인 감정을 억누르지 말고 말로 표현하도록 하는 것도 도움이 된다. UCLA대학교의 인지사회연구소에서는 연구 대상자들이 자신의 감정과 정서를 말로 드러낼 때의 뇌 활동을 탐색했는데, 자신의 정서를 말로 표현하고 나면 정서가 발생하는 편도체의 활성화가 약해지면서 전두엽의 활성화가 높아지는 것으로 나타났다. 또한 연구에 참여한 사람들은 말로 자신의 정서를 드러낸 후 분노가 확연하게 줄어들었다고 응답하였다.

이 연구를 통해 교과에 대한 긍정적인 정서를 심어줄 수 있는 방법을 유추할 수 있다. 대부분의 아이들은 공부를 싫어하는 감정이나 특정 교과에 대한 자신의 심정을 솔직하게 쏟아낸 적이 없다. 그러면 이런 부정적인 정서가 계속해서 뇌에 영향을 주기 때문에 부모에게만큼은 속 시원하게 교과에 대한 자신의 생각과 정서를 말하도록 하는 것이 좋다. 이 과정을 통해 교과에 대한 부정적인 정서를 약화시킬 수 있다.

공부한 내용을 잘 기억하고 높은 학습효과를 거둘 수 있는 비법은 정서에 있다. 기억과 정서는 항상 같이 붙어 다닌다. 아무리 멋진 경치를 봐도 아무런 감흥이나 정서를 느끼지 못한다면, 그 장소는 금방 잊힌다. 매우 강렬한 정서를 느낀 일에 대한 기억이 또렷하게 오래가는 이유는 장기기억으로 전환하는 기능을 하는 해마와 정서가 발생하는 편도체가 서로 밀접하게 연결되어 있기 때문이다. 그러므로 공부와 긍정적인 정서를 항상 연결해주어야 한다.

 **Check 내 아이를 위한 자아존중감 검사**

다음 문항을 잘 읽고 자녀가 스스로와 더 가깝다고 생각하는 것에 표시하도록 한다. ○ = 그렇다, × = 아니다 중 한 가지를 고르면 된다.

| | 문항 | ○ | × |
|---|---|---|---|
| 1 | 나는 내가 결심한 대로 해낼 수 있다. | | |
| 2 | 나는 또래 친구들 사이에서 인기가 있다. | | |
| 3 | 나는 내가 해야 할 일에 최선을 다한다. | | |
| 4 | 나에겐 친구가 많다. | | |
| 5 | 누구든지 나를 좋아한다. | | |
| 6 | 우리 집은 상당히 행복한 편이다. | | |
| 7 | 내 문제는 내가 주로 해결할 수 있다. | | |
| 8 | 다른 사람들은 나와 함께 있는 것을 좋아한다. | | |
| 9 | 나는 나 자신을 잘 알고 있다. | | |
| 10 | 나는 남을 재미있게 해주는 사람이다. | | |
| 11 | 나는 나의 학교 성적에 만족한다. | | |
| 12 | 나는 나 자신이 무척 마음에 든다. | | |
| 13 | 나는 다른 사람들에게 좋은 친구이다. | | |
| 14 | 우리 가족은 이 세상에서 가장 훌륭하다. | | |
| 15 | 내 친구들은 내 말을 귀담아 들어준다. | | |
| 16 | 나는 좋은 아들(딸)이다. | | |
| 17 | 내 친구들은 내 생각을 잘 따른다. | | |
| 18 | 부모님께서 나를 자랑스러워하실 만하다. | | |
| 19 | 나는 원하면 좋은 친구를 항상 사귈 수 있다. | | |
| 20 | 나는 우리 가족에게 중요한 사람이다. | | |

**채점 방법**
○ = 2점, × = 0점으로 채점하고 총점을 계산한다.

**결과 해석**

- **총점 25점 이상**

자아존중감 점수가 높은 편이다. 자신에 대해 긍정적으로 평가하고 다른 사람과의 관계에서나 학교생활에서 잘해내고 있다고 평가할 수 있다. 자아존중감이 높은 사람은 좌절이나 난관도 쉽게 극복할 수 있으며, 도전적인 일에도 잘 참여하고 성취하기 위해 노력한다.

- **총점 15-24점**

자아존중감 점수가 보통 수준이다. 어떤 측면에서는 자신에 대해 긍정적으로 생각하기도 하지만 어떤 측면에서는 자신감이 부족하다. 도전적인 과제나 어려운 일이 닥치면 고민하고 주저하기도 하지만, 해내고자 하는 마음이나 성취 욕구도 갖고 있다. 자신을 좀 더 긍정적으로 생각하고 사랑할 수 있도록 주변에서 격려와 지지를 해주어야 한다.

- **총점 14점 이하**

자아존중감 점수가 낮은 편이다. 자신을 부정적으로 생각하고 자신감을 잘 느끼지 못하는 경우가 많다. 어떤 일을 해야 할 때 쉽게 도전하지 못하고 망설일 때가 많으며 실패에 대한 두려움이 많다. 자신감을 갖고 자신에 대해 긍정적으로 생각할 수 있도록 강점과 장점에 대해 칭찬하고 작은 일이라도 스스로 하고 성공하는 경험의 기회를 많이 가져보도록 독려하는 것이 중요하다.

 **Check 내 아이를 위한 학교생활 적응 검사**

다음 문항을 잘 읽고 자녀가 스스로와 더 가깝다고 생각하는 것에 표시하도록 한다. ① 그렇다 ② 보통이다 ③ 아니다 가운데 하나를 고르면 된다.

| | 문항 | ① | ② | ③ |
|---|---|---|---|---|
| 1 | 나는 학교의 규칙과 질서를 잘 지키고 있다. | | | |
| 2 | 나는 우리 학교의 행사나 활동에 빠짐없이 참여하고 있다. | | | |
| 3 | 나는 학교에 있는 시설이나 물건을 내 것처럼 아껴 쓴다. | | | |
| 4 | 나는 학교에서 내가 해야 할 일을 즐겁게 하고 있다. | | | |
| 5 | 나는 학교생활이 즐겁고 재미있다. | | | |
| 6 | 나는 학교 준비물을 잘 준비해간다. | | | |
| 7 | 나는 우리 학교를 다른 학교 학생들에게 자랑하고 싶다. | | | |
| 8 | 나는 학교에 가면 마음이 편안하고 집중이 잘된다. | | | |
| 9 | 나는 학교에서 만나는 모든 친구들을 친절하게 대한다. | | | |
| 10 | 우리 학교에는 나를 이해해주는 친구가 많다. | | | |
| 11 | 나는 우리 반 친구가 어려운 일을 당하면 위로하고 도와준다. | | | |
| 12 | 학교에서 친구와 다투면 내가 먼저 사과한다. | | | |
| 13 | 나는 우리 학교 친구들을 믿고 의지한다. | | | |
| 14 | 나는 고민이 생길 때 믿고 의논하는 친구들이 많다. | | | |
| 15 | 나는 학교에서 선생님과 편안하게 이야기를 나눈다. | | | |
| 16 | 나는 길에서 선생님을 만나면 반갑게 인사를 한다. | | | |
| 17 | 우리 선생님은 나를 이해하고 인정해주신다. | | | |
| 18 | 나는 수업시간에 딴 짓을 하거나 다른 생각을 하지 않는다. | | | |
| 19 | 나는 수업시간에 배운 내용을 대부분 이해하고 넘어간다. | | | |
| 20 | 나는 학교에서 가장 중요한 것은 수업시간이라고 생각한다. | | | |

**채점 방법**
①=2점, ②=1점, ③=0점으로 채점하고 합산하여 총점을 계산한다.

**결과 해석**

- **총점 25-40점**

학교생활적응 점수가 높은 편이다. 학교 규칙을 잘 지킬 뿐만 아니라 적응도 매우 잘하는 편이라고 볼 수 있다. 선생님과 친구들과의 관계형성도 잘해나가고 있다.

- **총점 15-24점**

학교생활적응 점수가 보통 수준이다. 전반적으로 볼 때 학교에서 그럭저럭 잘 지내고 있다고 할 수 있지만, 겉으로 드러나지 않는 고민이 있을 수 있다. 가정에서 표현하지 못한 친구 문제나 학교생활에 관한 걱정이 있을 수 있으니 편안한 분위기에서 학교생활에 대해서 이야기 나눠보기 바란다.

- **총점 14점 이하**

학교생활적응 점수가 낮은 편이다. 학교생활과 관련된 규칙이나 수업에 문제를 겪고 있을 수 있으며, 적응을 잘 못하고 있을 가능성도 있다. 말 못하는 걱정이 있을 수 있으니 부모 자신이 어렸을 때 이야기나 주변 이야기를 들려주면서 학교생활에서의 어려운 점에 대해 이야기 나눠보기 바란다.

# 우리 아이 공부머리 키우기

**감당하기 힘든 사춘기 뇌**

- 사춘기가 시작되는 초등학교 고학년 시기에는 공격 호르몬인 테스토스테론이 아동기에 비해 1,000퍼센트나 증가하면서 강한 분노, 공격성을 드러내고 쉽게 흥분한다.
- 소녀들의 경우 여성호르몬인 에스트로겐이 증가하면서 급격한 기분의 변화가 발생하고 혼란스러운 감정 상태가 된다.
- 부모는 사춘기 자녀의 뇌발달에 대한 이해를 바탕으로 자녀가 감정을 통제하고 조절하는 시냅스를 형성할 수 있도록 도와야 한다. 도움이 될 만한 규칙은 다음과 같다.
  ① 자녀가 지켜야 할 규칙을 구체적으로 제시한다. 예를 들어, "일찍 들어와라" 대신에 "밤 9시까지는 들어와야 한다"라고 정한다.
  ② 자녀가 흥분해 있거나 공격적인 상태일 때는 일단 철수한다. 뇌에 테스토스테론이 가득 차 있는 상태일 때는 전두엽이 작동하지 않기

때문에 부모의 훈육과 지도가 무의미하다. 그러므로 자녀의 분노와 흥분이 가라앉은 후에 지도한다.

③ 평소에 가족 간의 규칙을 분명하게 제시하고, 부모는 자녀를 보호하고 지도할 수 있는 권위와 의무가 있음을 말해준다.

④ 자녀가 폭발적으로 화를 내는 것이 두려워 규칙을 철회하거나 일관성 없이 규칙을 바꾸는 것은 바람직하지 않다.

**아들과 딸의 뇌는 다르다**

- 남자아이들은 시공간과 관련된 우뇌가 빠른 속도로, 집중적으로 발달한다. 아들의 뇌 특성을 반영하여 고려해야 할 점은 다음과 같다.

  ① 아들에게 읽기를 가르칠 때에는 청각보다는 시각적 방법이 효과적이다. 남자아이들은 눈에 보이는 대상에 즉각적인 반응을 보이기 때문에 테이프, CD 등을 들려주는 것보다 그림, 사진, 영상 등의 시각매체 혹은 시청각이 함께 포함된 매체를 활용하는 것이 좋다.

  ② 아들의 언어학습에는 직접 해보는 활동이 포함되어야 효과적이다. 설명을 들으면서 학습하는 것보다 단어 찾기나 퍼즐 등 놀이나 활동 중심으로 학습할 때 빠른 진전을 보인다.

  ③ 아들의 뇌는 언어표현과 공감능력의 미발달이라는 특징을 지닌다. 그렇기 때문에 보다 건강하고 긍정적인 사회생활과 정신건강을 위해서는 어릴 때부터 아들이 자신의 감정을 언어적으로 표현할 수 있도록 격려해야 한다.

  ④ 사춘기 아들의 뇌는 공격 호르몬인 테스토스테론의 분비가 급증해 감정의 통제와 조절이 어렵다. 그러므로 부모가 절제력의 롤모델이 되도록 노력해야 한다.

- 여자아이들은 청각과 관련된 능력이 빠르게 발달한다. 딸의 뇌 특성을 반영하여 고려해야 할 점은 다음과 같다.
  ① 아들에 비해서 우뇌가 발달하지 않은 딸에게는 스토리텔링 식 학습 방법이 효과적이다. 수학이나 과학도 언어적으로 표현하고 설명할 때 더 잘 이해할 수 있다.
  ② 청각기능이 발달한 딸의 뇌는 공감능력이 뛰어나지만, 자칫하면 친구의 감정에 휘말릴 수 있으므로 어릴 때부터 부정적인 감정에서 긍정적인 감정으로 전환할 수 있는 능력을 키워주어야 한다.

**집중력과 기억력을 키우는 뇌 활성화 방법**
- 학습과 공부에 필요한 집중력은 게임을 할 때의 집중력과 전혀 다르다. 학습과 관련된 집중력을 키우려면 전두엽, 두정엽, 시상하부를 활성화시켜야 하는데 그 방법은 다음과 같다.
  ① 공부할 때는 여러 가지 활동을 한꺼번에 하지 않도록 지도한다. 뇌는 한 번에 하나의 활동을 할 때 가장 효과적으로 기능하며 실수도 적다.
  ② 집중력을 방해하는 물리적 환경을 제거한다. 초등학생 자녀는 집중력을 방해하는 요소들을 스스로 차단할 수 있을 만큼 전두엽과 두정엽이 성숙하지 않았으므로 방해가 되는 요소는 아예 공부하는 장소에 두지 않도록 한다. 자녀의 방에 텔레비전, 컴퓨터, 스마트폰은 절대로 들여놓지 않도록 하고, 운동기구나 사진, 장난감 등 산만하게 만드는 물건을 치우도록 한다.
  ③ 공부방에는 공부와 관련된 물건만 배치한다.

- 자녀의 집중시간을 고려하여 공부시간을 계획한다. 집중시간이 짧다면 20분, 약간 더 집중할 수 있다면 30분 정도의 단위로 공부하도록 한다. 공부시간이 끝나면 10분간 휴식하고, 다시 공부한다. 다음은 그 한 예인 '30분 공부 계획표'이다.

- 자녀의 기억력은 편도체와 해마에 의해 좌우된다. 자녀의 기억력을 높이는 방법은 다음과 같다.
  ① 기억력을 높이는 가장 좋은 방법은 반복이다. 수업 시작 5분 전에 공부할 내용을 대강 훑어보고, 수업이 끝나고 나면 공부한 내용을 5분 정도 다시 보고 집에 돌아와서 복습하면 전체 학습한 내용의

90퍼센트를 기억할 수 있다.

② 기억력을 높이려면 이미 기억하고 있는 내용과 새로운 내용이 어떻게 연결되어 있는지 살펴보는 것이 좋다. 이미 배운 내용과 새롭게 배운 내용으로 마인드맵 등을 그려보는 것도 좋은 방법이다.

③ 감정을 연결시켜 공부할 때 기억이 오래 유지된다. 해마는 정서 기억을 상당히 오래 유지하므로 기억해야 할 내용을 자녀의 감정, 기분 등과 관련시키면 기억에 도움이 된다.

④ 수면과 휴식은 기억력에 도움이 된다. 기억이 입력, 저장되려면 적절한 수면과 휴식이 절대적으로 필요하다.

**행복한 삶의 핵심, 정서**

- 부정적인 정서와 스트레스는 자녀의 뇌를 망가뜨린다. 이는 기억력과 집중력을 저하시키며 수면장애, 분노조절의 문제를 일으키고 우울증으로 이어질 수도 있다.
- 긍정적 정서를 형성하기 위해 필요한 부모의 노력은 다음과 같다.

  ① 자녀에게 부모의 애정뿐만 아니라 격려, 신뢰를 보여준다.

  ② 공부에 스트레스를 받거나 부정적인 정서기억을 갖고 있다면 긍정적인 정서기억으로 전환될 수 있는 경험을 제공한다. 자녀의 학습 수준에 맞는 문제를 풀게 함으로써 문제를 틀릴 가능성을 최소화하고, 100점의 기회를 제공하는 것도 하나의 방법이다.

  ③ 자녀의 성취에 대해 구체적인 칭찬을 한다. 막연하게 "잘했다"가 아니라 "요새 수학 공부시간을 늘리고 열심히 노력하니 이렇게 향상되었구나"나 "엄마의 도움을 받지 않고 스스로 해결해내는 우리 딸이 대견하다"처럼 구체적으로 칭찬하는 것이 좋다.

# 우리 아이, 정말 궁금합니다

 초등학교 5학년인 아들이 너무 산만해서 걱정입니다. 간단한 숙제 하나를 하는데도 들락날락하고 책상에 앉아 있지를 못하네요. 저희 아이 집중력 키우는 방법 좀 알려주세요.

자녀의 집중력은 늘 부모의 관심사지요. 자녀의 집중력을 향상시키려면 우선 자녀의 특성과 집중하지 못하는 원인을 파악해야 합니다. 자녀가 집중하지 못하는 이유는 무엇일까요?

첫 번째 가능성은 공부에 대한 긍정적인 감정이 없어서일 수 있습니다. 공부에 대한 긍정적인 감정을 우리는 흔히 '흥미'라고 합니다. 자녀가 공부 이외의 다른 것에 흥미가 더 많다면, 그 활동을 어느 정도 허용해 자녀의 욕구를 채워준 뒤 공부하도록 하는 것도 방법입니다. 또한 자녀가 '100점 경험'을 할 수 있도록 도와주는 것도 좋습니다. 자녀의 수준에 맞게 문제를 만들어 높은 점수를 받도록 유도하면 공부에 대한 위축감이나 불안감을 해소할 수 있습니다.

두 번째 가능성은 발달적 특성 때문일 수 있습니다. 초등학교 5학년의 남자아이라면 이제 서서히 사춘기 특성이 나타날 때입니다. 즉, 남성호르몬인 테스토스테론이 많이 분비되어 뇌에 영향을 미치는 것입니다. 테스토스테론의 영향을 받은 뇌는 공격적이고 충동적이며, 에너지가 넘칩니다. 그래서 부모의 눈에는 산만하게 보일 수 있습니다. 만약 자녀가 이러한 이유로 산만하다고 생각이 든다면, 일정 시간을 운동을 한 뒤 책상에 앉도록 하면 오히려 더 차분해질 수 있습니다.

**자녀의 집중력을 높일 수 있는 방법**

① 해야 할 일을 자녀가 정하기

- 자녀가 해야 할 일을 부모님이 정하면, 자녀는 그것을 자신의 일이 아니라 부모의 일이라고 인식합니다. 그러므로 그날그날 해야 할 일을 스스로 생각해 정하도록 하는 것이 좋습니다.
- 자녀가 해야 할 일을 알고 있더라도 '엄마는 잘 모르겠는데, 뭔지 궁금하다'는 태도로 질문하고, 자녀가 생각해낼 때까지 기다려줄 필요가 있습니다.
- 처음부터 해야 할 일을 스스로 정하기는 어려울 수 있으므로 부모님이 질문하여 할 일을 떠올리도록 하는 것도 좋습니다. 예를 들어, "오늘 학교 숙제는 뭐야?", "알림장에 적힌 오늘 숙제가 뭔지 생각해봐", "이번 주가 과학의 날 주간인 것 같은데, 과학 창작 과제 마감이 언제야?"라고 질문할 수 있습니다.
- 자녀가 할 일을 생각해내면 기록하도록 지도해주세요. 시각적으로 확인할 수 있도록 책상 달력, 수첩, 작은 화이트보드에 적어두는 것이 좋습니다.

② 공부 분량과 시간 정하기

- 할 일이 정해지면, 그날그날 해야 할 분량과 소요시간을 정하도록 지도합니다. "그럼, 수학 익힘 책 푸는 데 몇 분이나 걸릴 것 같아?" 등 자녀가 직접 시간을 정해서 그 시간 안에 공부할 분량을 끝낼 수 있도록 지도하는 것이 중요합니다. 부모님이 몇 시 몇 분부터 시작해 언제까지 끝내라는 식으로 이야기하면 이후 자녀가 스스로 계획을 세워서 실천하기가 어렵습니다.
- 시간을 정할 때는 몇 시 몇 분부터 시작해서 몇 시 몇 분에 끝낸다는 식으로 정하지 않는 것이 좋습니다. 촘촘한 계획은 어길 가능성이 많습니다. 주로 숙제하는 시간대를 정해서 끝내는 데 필요한 시간을 적는 것이 실천하기에 좋습니다.
- 너무 무리한 계획도 자녀에게는 스트레스가 됩니다. 세운 계획 중 지키지 못한 것이 더 많아지면 계획이 무의미해지고, 자신이 계획을 지키지 못하는 사람이라는 무력감이 형성될 수 있습니다.
- 완수할 수 있는 계획을 세우고 실천할 때 성취감을 느낄 수 있고 이후 집중력 형성에도 도움이 됩니다.

③ 집중 잘되는 환경 만들기

- 집중력이 낮은 자녀는 주변의 소음이나 소리에 예민하게 반응합니다. 그러므로 자녀가 공부하는 20분, 30분의 시간 동안에는 소음 등에 의해 자극을 받지 않도록 해야 합니다.
- 자녀가 공부하는 시간 동안 부모도 같이 책을 읽거나 무엇인가에 집중하는 활동을 하면 자녀의 집중력도 향상됩니다. 단, 설거지나 전화, 텔레비전 등과 관련된 활동은 삼가는 것을 추천합니다. 집중력이 낮은 아

이들은 이러한 소리에 예민합니다.
- 공부하는 장소는 한군데로 정해놓는 것이 좋습니다. 정해진 장소에 앉으면 집중이 되게끔 뇌세포의 연결망을 형성하는 것입니다.
- 공부하는 장소에서는 간식을 먹거나 엎드려 잠을 자지 않도록 합니다. 간식은 20분, 30분의 공부시간이 끝난 후에 먹어야 집중력 형성에 도움이 됩니다.
- 공부할 준비를 사전에 점검하고 공부를 시작하는 것이 좋습니다. 필기도구, 공부에 필요한 자, 테이프 등이 준비되었는지 체크하고 공부에 필요하지 않는 물건은 눈에 띄지 않도록 치워두는 것이 좋습니다.

**Question**
저는 두 딸을 키우고 있는 아빠인데요, 6학년인 큰딸이 언제부터인가 방에 들어가면 문을 잠그고 노크를 하면 깜짝 놀랄 정도로 신경질을 부립니다. 애교 많고 붙임성 있던 딸이 너무 냉랭해지니까 부모 입장에서는 상처도 받고 많이 섭섭합니다. 사춘기에 접어들면 흔히 일어나는 일이라고는 하지만 직접 당해보니까 어찌할지 모르겠어요. 완전히 모른 척할 수도 없는 노릇이고요. 어떻게 해야 할까요?

예전에는 엄마, 아빠를 최고로 생각하던 자녀가 사춘기를 맞이했다는 것을 알 수 있는 징표 중 하나가 바로 부모에게 쌀쌀맞은 행동을 하고, 비밀이 많아진다는 것입니다. 그래서 "엄마는 몰라도 돼", "제발, 엄마, 아빠는 내 일에 참견 좀 하지 마세요" 등의 말을 하기도 합니다. 이럴 때면 아이가 어렸을 때가 그리워지기도 하지요.

그렇지만 이렇게 생각해보면 어떨까요? 사춘기 전의 아이가 진짜 우리 아이고, 지금 사춘기라는 힘든 고개를 넘고 있는 우리 아이는 고개를 넘다가 지치고 힘들어서 평소와 달리 짜증을 내고 말이 없어진 상태라고요.

아동기의 자녀에게는 부모가 누구보다 가장 의미 있고 중요한 사람입니다. 부모의 관심과 사랑이 가장 중요한 시기인 것이지요. 하지만 자녀가 사춘기에 접어들면 그 대상이 또래로 바뀝니다. 그래서 사춘기 아이들은 부모와 다른 나를 찾아보고 싶어하고, 부모의 통제에서 벗어나고자 하는 심리적 특성을 보입니다. 그러다 보니 부모보다는 친구들에게 하고 싶은 이야기가 많아지는 것이지요.

게다가 청소년기에는 감정의 변화까지 급격하게 일어납니다. 아동기까지는 호르몬의 생성이 안정적이지만 청소년기는 성호르몬이 예측불가능한 수준으로 분비되기 때문입니다. 즉, 테스토스테론이라는 성호르몬의 지배를 받아서 분노가 차오르다가도 잠시 후에는 에스트로겐이 비정상적으로 방출되어 너무도 슬퍼지는 감정의 격변을 느낍니다.

그렇다면 자녀의 사춘기에 부모는 어떤 역할을 해야 할까요? 사춘기적 특성은 어쩔 수 없다고 생각하고 부모 역시 자녀를 똑같이 냉랭하게 대해야 할까요? 주변을 살펴보면 다 큰 어른이 되어서도 부모와 눈도 마주치지 않고 너무도 퉁명스럽게 행동하는 사람들이 있습니다. 사춘기에 부모님을 대했던 습관이 그대로 굳어져버린 탓입니다. 그러므로 자녀가 부모에게 퉁퉁거리고 말하기를 꺼리더라도 자녀와 지속적인 대화와 접촉을 시도하는 것이 좋습니다. 가족이란 서로의 생활을 존중하기도 해야 하지만, 서로의 행동과 생각에 대해 알 권리도 있다는 것을 자녀에게 분명히 밝혀야 합니다. 즉, 부모는 자녀의 생활에 대해 알 권리가 있는 보호자임을 말하고 부모가 걱정하지 않도록 자신의 일상을 공개해야 한다는 약속을 정하기 바랍니다. 참고로 사춘기 자녀에 대한 양육원칙과 대화규칙, 태도규칙은 다음과 같습니다.

### 양육규칙

- 다른 사춘기 아이들이 하는 행동에 이끌려 부모의 양육기준을 변경하지 않는다.
- 사소한 일에 화를 내지 않는다. 중요한 문제에 대비해 미리 자녀와 신뢰관계를 쌓아두는 것이 좋다.
- 자녀가 불평하더라도 가족의 전통을 고수한다.
- 자녀의 삶에서 다른 어른들과의 관계를 구축한다. 자녀가 상의할 수 있는 믿을 만한 어른을 곁에 두는 것은 매우 중요하다. 부모에게는 이야기하지 않더라도 그에게는 고민을 이야기할 수 있기 때문이다.
- 자녀가 가족과 떨어져 있고 싶어해도 이를 용인하지 않는다.

### 대화규칙

- '너'라는 말보다 '나'라는 말로 시작하기 ‥ '너'로 시작하는 대화는 상대방을 방어적으로 만든다.
- **일반화시켜서 말하지 않기** ‥ '한 번도', '절대로', '언제나'라는 말은 사용하지 않는 것이 좋다.
- 애매모호함을 없애기 위해 부탁이나 질문을 할 때는 상세하게 말한다.
- 질문할 때는 한 단어 이상의 대답이 나올 수 있는 것을 묻는다.
- 그 시점의 주제에 대해서만 이야기한다.

### 태도규칙

- 시선을 마주치되 오랫동안 응시하지는 않는다.
- 자녀가 말하는 중간에 끼어들거나 말을 끊지 않는다.
- "그랬구나", "알겠어" 등의 반응을 보이며 자녀가 계속해서 말을 이어가도록 격려한다.
- 부모의 마음이 열려 있다는 것을 보여주는 태도를 취하고 팔짱을 끼지 않는다.
- 자녀가 한 말을 잘 이해하지 못했다면 다시 질문한다.

**Question** 저희 딸아이는 6학년입니다. 부부가 모두 맞벌이라서 꼼꼼하게 아이를 챙기지는 못하고 있습니다. 그런데 어느 날 자기 반 남자 친구를 집에 데리고 와도 되냐고 전화가 왔습니다. 당황스러웠지만 일단 엄마, 아빠가 없을 때는 친구를 데려오지 말라고 말했습니다. 이제 정말 이성에 눈을 뜨는 시기인 것 같고, 요새 딸을 보면 신체적으로도 훌쩍 큰 것 같아 고민입니다.

식생활, 매체 등의 영향으로 사춘기가 점점 당겨지고 있습니다. 특히 여아의 경우 빠르게는 초등학교 2~3학년이면 초경을 시작하고, 5학년 정도면 대부분의 아이들이 월경을 한다는 공식적 통계도 있습니다. 그러한 변화가 부모의 입장에서는 그리 반갑지만은 않지요. 그만큼 더 빨리 부모로서 조심하고 주의를 기울여야 하기 때문입니다.

이성에 대한 호기심과 사랑의 감정은 사춘기의 가장 큰 특징입니다. 특히 열 살 정도면 안드로젠$^{androgen}$이라는 호르몬이 뇌에서 생성되어 어른에 가까운 신체적 발달과 열렬한 감정, 성적 충동도 느끼지요. 이 시기의 남자아이들은 몽정을 하고, 여자아이들은 성적으로 각성을 하고 충동도 느낍니다.

　자녀가 자신의 행동에 책임을 지고 진정성 있는 사랑을 하려면 무엇보다 어릴 때부터 부모가 사랑에 대한 좋은 본보기가 되어주어야 하고, 객관적인 지식과 정보를 알려주어야 합니다. 부모가 정확한 내용을 알려주는 성교육을 하지 않으면 자녀들은 또래끼리 왜곡된 성지식을 쌓을 가능성이 매우 높습니다. 사춘기가 되면 나타날 수 있는 생리적 변화와 2차성징의 특징, 생리적 변화로 인해 발생되는 강렬한 충동, 몽정, 감정의 변화 등에 대해 구체적인 정보를 제공해주세요.

　그렇다고 정색을 하고 성교육을 하면 자녀도 경직되고 부끄러워할 수 있으니 특별한 시간을 마련하기보다 일상생활에서 자연스럽게 대화를 나누는 것이 좋습니다. 그리고 자녀와 이런 대화를 하는 것이 부모도 쑥스럽고 힘들지만 자녀에게 중요한 이야기이기 때문에 최선을 다하고 있다는 솔직한 심정도 전하기 바랍니다.

　얼굴을 마주 보고 이야기하기 어렵다면 초반에는 남녀의 차이나 사춘기의 발달적 특징을 다루는 책 또는 다큐멘터리를 같이 보며 느낀 점을 나누거나 부모로서 당부하고 싶은 말을 전달해도 좋습니다.

　맞벌이 부모이기 때문에 자녀와 생활규칙을 함께 정하는 것도 중요합니다. 예를 들어 부모로서 걱정되는 마음이 크고, 남자아이가 완력을 사용하면 위험할 수 있으므로 단 둘이 집에 있는 행동(친구의 집에 가는 것도 포함)은 안 하기, 밤늦게까지 친구들과 어울려 다니지 않기 등등의 규칙을 공유하는 것이 바람직합니다.

## 부록

# 아이를 위한
# 엄마의 뇌 공부

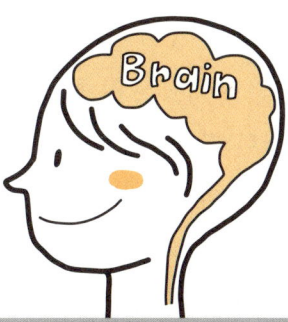

지금까지 최적의 뇌발달 환경이란 과연 무엇인지, 어떻게 해야 아이들의 뇌발달을 촉진할 수 있는지, 시기별로 무엇에 더 신경을 써야 하는지 등을 중점적으로 살펴보았다. 이를 더욱 명확히 이해하려면 뇌에 대한 기초지식을 공부할 필요가 있다. 우리의 사고·감정·언어를 뇌의 어떤 기관에서 담당하는지, 언제 발달이 이루어지는지 등 뇌를 이해하면 뇌기반 학습의 실천방법을 별로 어렵지 않게 찾을 수 있기 때문이다.

적절한 때 뇌발달에 적절한 환경을 우리 아이에게 만들어주고자 하는 부모라면 먼저 뇌에 대해 알아야 한다. 이 부록은 책을 읽기 전에 먼저 읽어도 되고, 본문을 읽다가 뇌의 각 부분에 대한 궁금증이 생겼을 때 읽어도 된다. 아니면 본문을 모두 읽은 후 뇌에 대한 개념을 뚜렷이 잡기 위해서 읽어도 좋다. 부디 아이의 뇌가 어떻게 발달하는지 이해함으로써 학부모들이 불안과 초조함이 아닌 확신과 자신감을 갖게 되기를 바란다.

# 우리 뇌는
# 어떻게 이루어져 있을까?

객관적으로 말하자면 뇌 또한 위나 간과 마찬가지로 신체기관 중 하나이다. 다른 기관과 마찬가지로 세포로 구성되어 있고 세포들끼리 연결되어 있기도 하다. 그런데 뇌는 다른 기관과 다른 점이 있다. 가장 큰 차이는 뇌가 몸의 기관일 뿐만 아니라 '마음의 기관'이기도 하다는 것이다. 또한 뇌는 다른 신체기관들과 긴밀하게 연결되어 있고 외부환경과 적절히 상호작용을 해서 사람이 생존할 수 있도록 해준다.

  뇌는 인간의 신체기관 중 가장 복잡하고 섬세하게 연결되어 있는 신경회로 덩어리다. 그런데 얼마나 복잡한지 눈부신 과학기술의 발전을 자랑하는 지금까지도 인간 뇌의 기능과 역할에 대해서는 단 5퍼센트도 알아내지 못했다고 한다. 뇌과학자에게도 난해한 뇌를 일반 사람들이 보다 쉽고 명확하게 이해하려면 뇌의 기관 하나하나를 기능과 역할별로 살펴보기보다는 생명, 감정, 이성이라는 세 가지 중요 역할을 중심으로 살펴보는 것이 좋다. 이것이 바로 폴 맥린Paul MacLean의 삼위일체 뇌이론이다. 즉 뇌간, 변연계, 대뇌피질이라는 세 영역이 생명, 감정, 이성의 역할을 맡아서 한다는 것이다. 이 이론은 진화론적 관점에서 뇌를 설명하는데 호흡, 혈압, 심장박동 등과 같은 생명기능을 담당하는 뇌간이 가장 먼저 만들어지고, 다음으로 감정을 담당하는 변연계가 만들어지며, 마지막으로 이성의 뇌인 대뇌피질이 형성된다고 주장한다.

### 뇌간 - 생명의 뇌

뇌간은 제일 먼저 만들어지는 가장 안쪽의 뇌로서 우리가 생명을 유지할 수 있도록 해준다. 일명 '파충류의 뇌'라고도 하는데, 이는 뇌간이 척수와 관련되어 있기 때문이다. 뇌간은 척추 속의 신경세포에 해당하는 척수의 윗부분, 즉 머리 쪽에 있는 척수가 점차 확대되고 커지면서 만들어졌다고 한다. 이는 뇌간이 척수가 하는 역할과 관련 있다는 뜻이기도 한데, 호흡·혈압·심장박동 등 중요한 생명반사의 역할이 바로 그것이다. 이처럼 척수가 변형된 뇌간은 파충류 이상의 동물이라면 모두 가지고 있다.

이렇게 생명에 직접적인 영향을 미치는 뇌간이 손상되면 어떤 일이 생길까? 드라마를 보면 머리를 다친 환자를 두고 의사가 "뇌사입니다"라고 진단을 내리는 장면이 종종 등장한다. 뇌사 상태란 생명체가 스스로의 힘으로 생명을 유지할 수 없는 상태이다. 즉, 호흡기와 같은 기계장치가 있어야 숨을 쉬고, 인공 심폐기가 있어야 심장박동이 유지된다.

흔히 뇌사를 식물인간과 혼동하기도 하는데, 이 두 가지는 엄연히 다르다. 식물은 광합성을 하고 호흡을 하며 스스로 생명을 유지할 수 있다. 그렇지만 사고하거나 감정을 느끼거나 걸어 다니지는 못한다. 이처럼 그 이름에서 알 수 있듯 식물인간은 뇌간을 제외한 다른 부위를 다쳐서 스스로 생명을 유지할 수는 있지만 깨어나지 못하는 상태를 이른다. 그렇기에 뇌간을 다친 뇌사 환자는 다시 살아날 수 없지만 식물인간은 시간이 한참 지난 뒤에 다시 깨어날 수도 있다.

### 변연계 - 감정의 뇌

뇌의 구조 중 가운데 부분에 해당하는 변연계는 흔히 '감정의 뇌'라고 불린다. 이 영역에서 감정이 발생되기 때문이다. 파충류는 변연계가 없고 포유류 이상의 동물에게만 변연계가 있다. 그렇다면 변연계가 있고 없음의 차이는 무엇일까?

이는 뱀의 행동으로 알 수 있다. 대부분의 뱀은 배가 고프면 자기 새끼나 알을 먹어치우는 잔인한 행동을 보이는데, 이는 감정의 뇌인 변연계가 없기 때문이다. 모성애, 부성애는 정말로 중요한 감정인데 이 감정에서부터 자신의 새끼를 보호하고자 하는 마음, 돌보고자 하는 행동이 촉발된다. 그런데 뱀은 변연계가 없기 때문에 이러한 감정을 느끼지 못하고 배가 고프다는 자신의 본능적 욕구를 충실히 채우기 위해 새끼를 먹어치운다.

그 외에도 변연계는 공포나 불안 같은 감정도 느끼게 한다. 어두운 골목길을 걸어가다가 시커먼 물체가 보이면 본능적으로 촉각이 곤두서면서 근육에 힘이 들어가는데, 위험신호가 느껴지면 곧바로 몸이 방어태세를 갖추도록 하는 것도 바로 변연계의 역할이다. 이러한 준비태세는 위험을 감지하는 감정이 발생되지 않는 한 불가능하다.

또한 변연계에는 해마가 포함되어 있는데, 해마는 새로운 내용을 배우면 그 내용을 머릿속에 머물게 하면서 학습과 기억을 가능하게 한다. 그렇기 때문에 변연계가 손상을 입으면 기억과 새로운 학습이 불가능해진다. 그리고 콩알만 한 크기의 시상하부도 변연계에 포함되는데 여기서는 호르몬의 방출, 음식섭취, 수면 등을 조절한다. 시상하부가 손상되면 인간은 정상적인 행동을 하기가 어려워진다.

### 대뇌피질 – 생각의 뇌

가장 바깥쪽에 자리 잡고 있는 대뇌피질은 진화적 관점으로 볼 때 가장 최근에 만들어졌으며, 인간이 인간답게 살아갈 수 있도록 해주는 핵심적 역할을 한다. 사람이 생각하고, 판단하고, 감정을 통제·조절하고 바른 인성과 도덕성을 가질 수 있는 이유는 바로 대뇌피질이 있기 때문이다.

대뇌피질은 인간의 뇌 중 가장 많은 부분을 차지하는데, 인간과 가장 비슷한 침팬지나 고릴라 같은 영장류의 뇌에도 대뇌피질이 상당 부분 포함되어 있지만 인간만큼은 아니다. 인간의 전체 뇌 중 대뇌피질이 차지하는 비중은 약 80퍼센트 정도이고 침팬지나 고릴라는 약 20~30퍼센트 수준이라고 한다. 이는 대뇌피질이 많으면 많을수록 사고력과 이성적 능력이 높다는 것을 의미한다.

대뇌피질은 대체로 위치별로 그 기능과 역할을 구분하는데, 우리에게 익숙한 전두엽, 두정엽, 측두엽, 후두엽이 바로 대뇌피질의 위치별 명칭이다. 대뇌피질은 생명을 유지하는 데 직접적으로 관여하지는 않지만, 이성적으로 사고하고 판단하여 인간답게 행동할 수 있도록 하는 기능을 담당한다.

앞에서 뇌간이 손상되면 뇌사 판정을 받는다고 했는데, 대뇌피질이 손상되면 식물인간이라고 한다. 인간이지만 인간이 아닌 상태, 즉 대뇌피질이 손상되면 스스로 숨을 쉬고 생명을 유지할 수는 있지만 사고하고 판단하며 자신의 의사를 결정하는 능력은 없는 식물과도 같은 상태가 되는 것이다.

# 대뇌피질은
# 인간 능력의 핵심이다

인간이 인간다울 수 있게 해주는 대뇌피질에 대해 자세히 알아보도록 하자. 전두엽, 두정엽, 측두엽, 후두엽은 그 위치에 따라 각기 다른 기능을 관장하고, 또 서로 협력하기도 하면서 인간이 일상적인 생활을 영위할 수 있도록 돕는다.

### 대뇌피질의 CEO, 전두엽

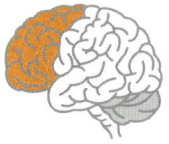

전두엽은 네 개의 엽 중 가장 부피가 넓고, 대뇌피질에서 맏형이자 CEO 역할을 담당한다. 이 영역은 사고뿐 아니라 문제해결, 계획수립 등의 역할을 수행하며 '인간은 무엇으로 사는가?', '사람에게 가장 중요한 것은 무엇인가'와 같은 고차원적인 사고도 가능하게 해준다.

인간과 동물의 가장 큰 차이점은 두 가지로 볼 수 있다. 하나는 암기,

계산뿐 아니라 상황과 조건을 고려해 의사결정을 하고 중요도에 따라 우선순위를 정할 수 있다는 것이다. 그리고 다른 하나는 인간으로서 지켜야 할 도리와 가치 등을 생각하며 윤리적·도덕적 갈등을 하고 죄책감을 느낀다는 것이다. 다른 동물과 차별되는 이 두 가지 능력을 가능하게 하는 것이 바로 전두엽이다.

전두엽은 특이하게도 감정의 뇌에 해당하는 변연계와도 연결되어 있다. 아마도 변연계와 연결되어 있기 때문에 도덕성도 전두엽이 관장할 수 있을 것이다. 일반적인 사고기능은 숫자, 말, 글, 기호 등의 무생물을 대상으로 작동하지만, 도덕성은 사람에 대한 공감, 측은함, 분노 등의 감정으로 작동하기 때문에 변연계와의 연결은 필연적이라고 할 수 있다.

도덕성은 전두엽 중에서도 특히 눈썹과 눈썹 사이의 이마 부분에 해당하는 전전두엽에서 담당한다. 그렇기 때문에 전전두엽이 망가지거나 상하면 도덕성에 심각한 문제가 생긴다.

실제로 미국의 서던캘리포니아대학의 아드리안 레인$^{\text{Adrian Raine}}$은 미국에서 근 10여 년 동안 가장 잔인한 방법으로 무고한 사람을 수없이 살해하고 수감된 남녀 사이코패스를 연구하였는데 그들은 특별한 이유도 없이 재미삼아 사람을 죽였고 심지어 어린아이까지도 아무런 죄책감 없이 살해했다. 레인 교수는 이들이 뇌에 문제가 있어서 정상적인 인간으로서는 할 수 없는 행동을 저지른다고 판단하고 그들의 뇌를 단층촬영하고 뇌파를 검사하였다. 검사 결과, 사이코패스의 뇌는 전두엽의 뇌파 활동이 정상인에 비해 상당히 불규칙하고 도덕성을 담당하는 전전두엽 부분이 상당히 작은 것으로 나타났다. 즉, 전두엽의 기능에 문제가 생기면 기억·판단·계산 등 인지능력이 사라질 뿐만 아니라 따뜻한 인성과 도덕성에도 문제가 생겨서 반사회적 행동을 저지르는 범죄자가 될 위험이 높아진다.

### 언어와 음악을 담당하는 **측두엽**

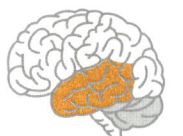
측두엽은 관자놀이 뼈 안쪽에 있으며 좌반구와 우반구 양쪽에 위치해 있다. 측두엽에는 청각피질이 있는데, 이를 통해 청각을 통해 들어오는 정보를 처리한다. 그래서 측두엽의 뇌세포가 파괴되거나 손상되면 귀에 아무런 이상이 없어도 소리를 들을 수 없고 귀를 통해 어떤 소리가 들어와도 그 소리가 어떤 소리인지 인식할 수 없다. 가령 아기의 울음소리와 강아지가 울부짖는 소리를 들어도, 두 소리를 구분하지 못하는 상태가 되어버리는 것이다.

측두엽은 언어능력과도 밀접한 관계가 있다. 보다 정확하게 말하면 좌측 측두엽, 왼쪽 귀 뒤쪽에 있는 관자놀이 부분이 언어능력을 담당한다. 좌측 측두엽에는 브로카 영역과 베르니케 영역이라는 언어의 핵심 중추가 있는데 이 두 영역의 작용으로 언어를 배우고 말을 습득하며, 언어의 의미를 이해하고 모국어와 외국어를 구분할 수 있게 된다. 브로카 영역과 베르니케 영역 둘 중에 하나라도 고장이 나거나 손상을 입으면 언어를 제대로 사용하기 어렵다.

우측 측두엽 역시 소리를 인식하지만, 좌측 측두엽과 달리 음악과 관련된 소리나 말 속에 포함되어 있는 감정적인 뉘앙스와 같은 정보를 인식한다. 예컨대 누군가 비아냥대면서 "잘했군, 잘했어"라고 하는 말과 진심으로 "잘했어, 정말 잘했구나" 하는 말은 같은 단어지만 완전히 다른 의미를 지니는데 이러한 뉘앙스를 이해하고 인식하는 기능을 우측 측두엽에서 담당하는 것이다.

언어를 관장하다 보니 측두엽 역시 전두엽과 마찬가지로 기억에도 관여를 한다. 그래서 측두엽에 심한 손상을 입으면 기억장애가 일어나고, 과거와 현재를 동시에 느끼거나 환각을 느끼기도 한다.

### 위치와 운동 정보를 파악하는 **두정엽**

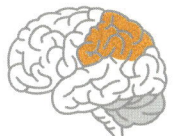
머리 위쪽에서 뒤쪽을 향해 내려가는 부위인 두정엽의 역할은 크게 두 가지다. 첫 번째는 몸을 움직이는 운동 기능과 현재 몸의 상태나 몸의 각 부위에 대한 정보를 수집하는 기능이다. 그리고 두 번째로는 눈을 통해 들어오는 정보를 인식하는 역할인데, 주로 후두엽에서 가까운 위치에 있는 두정엽에서 담당한다. 눈을 통해 들어온 정보는 현재 몸이 위치한 장소를 인식하고 균형을 잡는 데 중요한 역할을 한다.

운동선수들의 뇌를 살펴보면 두정엽의 발달이 잘 이루어져 있다. 이는 다른 사람들보다 빠르게 공간정보, 위치정보, 동작정보를 파악하여 그 정보를 토대로 몸의 균형을 잘 잡고 운동기능을 잘 발휘함을 의미한다.

이처럼 두정엽은 시각정보를 처리하는 역할을 하는데 특히 후두엽에서 두정엽을 거쳐 전두엽을 따라서 형성된 '배측 경로'에서 시각정보를 바탕으로 위치정보와 공간배치 정보를 파악한다. 눈에 보이는 정보가 어디에 있는가를 파악하는 기능을 한다고 하여 배측 경로를 '어디' 경로라고 부르기도 한다. 이 '어디' 경로가 손상되면 물건이나 사람이 어디에 있는지를 인식하지 못한다. 이러한 질병을 '시각적 무시증'이라고 하는데 눈으로 보고는 있지만 제대로 인식하지 못하는 증상을 의미한다. 시각적 무시증 환자는 손상된 배측 경로와 반대 위치에 놓인 물건이나 사람을 보지 못한다.

　우리 몸을 절반으로 나누었을 때 오른쪽 눈, 손, 발을 포함한 오른쪽 신체 부위는 주로 왼쪽 뇌에서 통제하고, 왼쪽 신체 부위는 오른쪽 뇌가 주로 통제한다. 그래서 오른쪽 뇌가 손상되면 왼쪽에 놓인 물건을 보지 못하거나 왼손으로 잡지 못한다. 왼쪽 뇌가 손상되면 반대의 행동을 하게 된다. 시각적 무시증 환자는 주로 오른쪽 두정엽이 손상된 사람을 말하는데 왼쪽에 놓인 사물과 사람들을 인식하지 못해, 이 환자의 눈에는 왼쪽에 있는 모든 물건과 사람이 존재하지 않는 것처럼 보인다. 왼쪽에 있던 사물과 사람을 오른쪽으로 이동하면 제대로 볼 수 있다.

　참고로 우리 뇌에는 '어디' 경로 외에 '무엇' 경로도 있다. 후두엽에서 측두엽과 전두엽을 거치는 복측 경로를 이르는 말인데, 사물의 이름이나 의미를 포함한 시각정보를 처리하기 때문에 이러한 이름이 붙었다. 복측 경로가 손상되면 눈에 보이는 사물이 어디에 있는지는 알지만 그것이 무엇인지 이해하지 못한다.

### 세상을 보는 눈, 후두엽

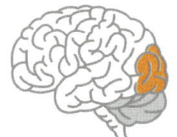

　후두엽은 뒤통수 부위에 위치하고 있는 시각피질이다. 측두엽이 고장 나면 소리를 들어도 무슨 소리인지 인식하지 못하는 것처럼 후두엽에 이상이 생기면 눈을 전혀 다치지 않았어도 눈앞에 보이는 사물이 무엇인지 인식할 수 없게 된다. 눈으로 봐도 무엇을 보고 있는지, 이것과 저것이 어떻게 다르고 같은지 전혀 알 수 없는 상태가 되는 것이다. 실제로 교통사고로 대뇌피질이 손상된 환자는 눈을 전혀 다치지 않았는데도 불구하고 시각적 장애를 겪기도 한다.

  후두엽에서는 사물의 위치, 빠르기, 크기 등을 인식할 뿐 아니라 색, 모양, 질감 등에 대한 정보도 처리한다. 그래서 눈으로 물체, 사람, 공간 등을 바라보면 이러한 시각자극이 후두엽의 시각피질로 전달되어 정보가 인식된다. 또한 후두엽은 이차원의 사물을 보고 입체적인 모양으로 상상하고 사고하는 역할도 담당한다. 그렇기에 지도나 지하철 안내도 등 이차원적인 그림을 보고도 길을 찾거나 출입구를 찾을 수 있는 것이다.

  지금 눈앞에 보이는 사람이 아는 사람인지, 처음 보는 사람인지를 구분하고 기억해내는 일은 후두엽만으로는 가능하지 않고 전두엽 등과 연합을 해야 한다. 예를 들어 지금 보고 있는 그림이 처음 보는 것인지, 아니면 본 적이 있는지 과거의 기억을 들추어 비교할 때는 후두엽뿐 아니라 전두엽과 측두엽 등이 함께 작동하여 그림에 대한 시각적 기억을 찾아내는 것이다.

## 우리 아이 공부머리

**개정판 1쇄 인쇄**  2017년 12월 15일
**개정판 1쇄 발행**  2017년 12월 22일

**지은이** | 곽윤정

**발행처** | 이비에스미디어(주)
**발행인** | 정호영
**기획·구성·편집** | EBS 미디어 장명선  DKJS 성준명

**판매처** | (주)DKJS
**출판등록** | 2009년 11월 18일 (제2009-000323호)
**주소** | 서울특별시 강남구 강남대로 84길 23 1408-2호
**문의 전화** | (02)552-3243  **팩스** | (02)6000-9376
**이메일** | plus@dkjs.com

**ISBN** 979-11-5859-270-7 (13590)

* 이 책은 EBS미디어와 DKJS가 공동으로 기획, 제작한 도서입니다.

* 이 책의 내용을 무단 복제하는 것은 저작권법에 의해 금지되어 있습니다.
* 파본이나 잘못된 책은 구입하신 곳에서 교환해 드립니다.